인간행동과 사회환경

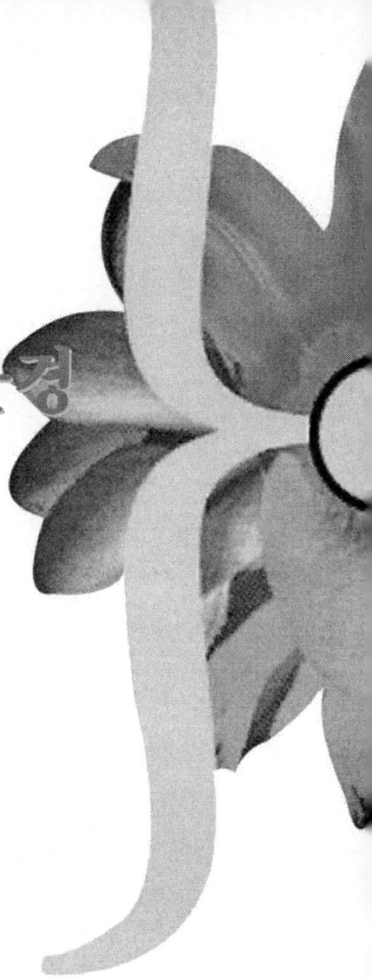

현정환 · 김익균 | 지음

창지사

_Preface

『인간행동과 사회환경』은 사회복지학과나 보육 관련 학과에서는 대개 전공 교과목으로 개설되어 있습니다. 그 이유는 복지나 보육 분야에서 인간의 복지 내지 행복의 달성이라고 하는 궁극적인 목표를 이루기 위해서는 그만큼 인간의 행동과 심리, 그리고 사회체계에 대한 이해가 중요하며, 또한 인간의 행동은 사회적 환경이라는 범주에서 벗어날 수 없으며 이 틀 안에서 인간행동의 문제를 생각해야 한다는 시각이 그 배경에 있기 때문입니다. 이런 시각은 단지 복지 분야만이 아니라 교육이나 상담, 심리 치료가 필요한 분야에서도 매우 중요하다고 할 수 있습니다. 그래서 본 서는 『인간행동과 사회환경』에서 기본적으로 다루어야 할 내용은 거의 수록하였으며 그 내용은 다음과 같이 크게 4부로 나누어서 구성하였습니다.

먼저 제1부의 "인간행동의 이해와 사회복지실천"에서는 인간의 발달을 보는 관점과 정신역동이론, 행동과 인지이론, 인간주의적 인간 이해를 중심으로 다루었습니다.

제2부의 "인간의 성장과 발달"에서는 태아기, 영유아기에서 노년기에 이르기까지 각 발달 단계의 특징과 그 단계에서 요구되는 발달 과제를 중심으로 기술하였습니다.

제3부의 "이상행동의 이해"에서는 정신분열증, 우울증, 신경증, 경계선 인격장애의 문제를 다루면서 임상적으로 이들 증상에 대한 올바른 이해와 대처를 위한 방법을 기술하였습니다.

마지막으로 제4부의 "체계이론과 사회체계"에서는 사회체계 및 생태학이론 그리고 가족, 집단, 지역사회, 조직, 문화 등의 다양한 내용을 다루었습니다.

본 서에서 다루고 있는 이러한 내용들은 사회복지사만이 아니라 보육, 교육, 상담 등을 위해 사회환경 속에서의 인간행동과 심리에 대한 이해가 필요한 교육자나 카운슬러에게도 유익한 참고서로 활용될 수 있기 기대합니다. 이런 목표를 갖고 출발한 본 서는 최대한 내용의 질적 수준을 높이기 위해 해당 분야에 적합한 전공자가 기술하였으며, 그 역할 분담은 인간행동의 이해와 발달, 이상행동의 영역은 발달임상을 전공한 제가 맡았으며, 체계이론과 사회체계 영역은 사회복지를 전공한 김익균 선생님이 맡아서 기술하였습니다.

이 책을 출판하기까지 여러 면에서 도움을 주신 분의 고마움을 잊을 수 없습니다. 그리고 이 책의 출판을 도와주신 창지사 김기섭 사장님, 김정태 과장님, 그리고 편집부에도 감사의 마음을 전하고 싶습니다. 무엇보다도 그동안 심리적으로 버팀목이 되어 준 가족이 큰 힘이 되었기에 고마움을 잊을 수 없습니다.

2006년 7월

현정환

_Contents

PART 1 | 인간행동의 이해와 사회복지실천

PART 2 | 인간 성장과 발달

PART 3 | 이상행동의 이해

PART 4 | 체계이론과 사회체계

인간행동의 이해와 사회복지실천

Chapter 1

인간행동, 발달을 보는 관점

인간의 일생은 수정(受精) 순간부터 죽음에 이르기까지 변화의 연속이다. 이 변화를 심리학에서는 발달(development)이라 부르며 개체가 발생, 환경에 적응해 가면서 죽음에 이르기까지의 생리적·심리적·행동적 성장의 변화 과정이라고 정의한다. 발달이라는 용어와 거의 비슷한 개념으로 사용되는 단어로는 성장(growth)이나 성숙(maturation)이라는 표현이 있다. 대개 이들 단어는 명확한 개념 규정이 없이 동의어로 사용되는 경우가 많은데, 엄밀히 구분하면 신장이나 체중, 신경 계통 등과 같은 신체적·생리적 변화를 주로 '성장'이라 하고, 신경계의 구조나 기능 변화에 의해 사고나 행동 능력의 질적 변화가 생기는 경우를 '성숙'이라 한다.

1_ 인간발달의 기본 원리

인간의 발달은 상당히 복잡하고 다이내믹한 과정이다. 이 과정을 단순화한 형태로 개괄한다는 것은 쉽지 않지만, 이제까지 발달 연구를 통해 확인된 기본적 법칙에는 다음과 같은 것이 있다.

1. 발달은 연속적인 과정이며, 개인차가 있다

발달은 연속적으로 진행되지만 그 진행 속도는 일정하지 않다. 때로는 비연속적이라고도 할 정도의 급격한 변화를 나타내는 발달 현상도 이전의 상태나 단계가 있기에 비로소 가능함으로 실질적으로는 연속적 과정이라 할 수 있다.

또한 발달은 그 속도나 스타일도 개인에 따라 다양하며 성장이 끝나는 시기도 개인차가 있다. 그러므로 평균적 척도의 기준으로 개인의 발달 지체 정도나 정상, 비정상을 판단하는 것은 바람직하지 않다.

인간의 일생을 몇 개의 단계로 구분할 수 있으며, 이를 발달 단계라 부른다. 그런데 각 발달 단계에 도달하는 발달의 속도는 개인마다 달라서 조숙형이 있는가 하면 만숙형도 있다. 조숙형의 아동은 각 발달 단계를 거쳐가는 시간이 빠르지만, 만숙형의 아동은 시간이 걸린다. 그러나 설령 만숙형이라 할지라도 언젠가는 최상위의 발달 단계에 이르게 된다. 즉 이 두 유형의 차이는 발달이 빠르거나 느린 정도의 차이일 뿐, 최종적인 발달 수준에 있어서의 차이를 말하고 있는 것은 아니다. 하지만 우리 사회의 인식은 발달이 빠르면 지적으로 우수하고, 발달이 느리면 지적 능력이 떨어진다고 보는 게 일반적이다. 그러나 이것은 그릇된 인식이며, 어떤 아동일지라도 언젠가는 최고의 발달 수준에 이르게 된다는 사실을 이해하면서 그 아동이 지금 어느 발달 단계에 와 있는지를 적절히 파악하여 그에 맞는 접근 내지 심리적 지원을 해나가는 것이 중요하다.

2. 발달은 분화와 통합의 과정이다

Werner(1957)는 인간의 지각발달은 전체적 미분화 상태에서 점차적으로 분화되어 계층적 통합의 상태로 진행된다고 보았다. 그래서 외부 세계에 대한 유아의 인지 상태는 성인과 같은 객관성이 없고 감정이 개입된 지각 형태를 지닌다. 이는 지각 대상을 상모(표정)적으로 인지하는 현상으로 Werner는 상모적 지각(physiognomic perception)이라 불렀다. 한 예로 유아가 달이나 구름의 형태를 보고 사람 얼굴로 지각한다든지, 바람에 흔들리는 나뭇가지를 보고 화를 내고 있다고 생각한다든지, 컵이 쓰러져 있으면 "컵이 피곤하다"고 말하는 표현을 들 수 있다. 이런 상모적 지각 현상과 유사한 미분화된 인지 특성에는 Piaget가 말하는 유아의 animism 현상, 즉 물활론(物活論)적 사고를 들 수 있다.

한편 영아의 경우, 바로 눈앞에 보이는 장난감을 잡으려고 하지만 잡지 못하고 손만 갖다대거나 전신(全身)을 움직이는 모습을 볼 수 있는데, 이런 현상은 영아의 눈, 손, 몸이 아직 미분화 상태임을 말해주고 있다. 그러나 발달의 진행에 따라 신체 각각의 부분이 분화되고, 심신의 요구에 부합되는 통합적 행동을 취할 수 있게 된다.

3. 발달에는 일정한 순서가 있다

인간이 발달해 가는 모습을 보면 일정한 순서가 있다는 것을 알 수 있다. 예를 들어 아기의 운동발달을 보게 되면 뒤집기에서 시작하여 기어다니기, 일어서기, 걷기의 순으로 발달이 전개되는 과정을 발견할 수 있다.

정신적 능력이나 특성의 면에 있어 발달의 순차적 과정을 설명한 Piaget는 관찰이나 실험 연구를 통해 아동의 사고발달에는 일정한 순서가 있다고 하였다. 먼저 감각이나 운동(동작)을 통해 외부 세계를 인지하는 단계에서 출발하여 언어나 개념을 사용하여 생각하는 단계, 그 다음에는 논리에 의해 사고하는 단계를 거치게 된다고 보았다. 이외에도 신체발달, 욕구발달, 언어발달, 성의식 및 성역할 발달 등의 다양한 영역에 있어서도 각각 발달의 질서가 발견되고 있다.

4. 발달은 유전과 환경의 상호작용 과정이다

인간발달을 규정하는 요인이 "유전인가, 환경인가"라는 논제는 이미 오래전부터 "생득설인가, 경험설인가"라는 관점에서 논쟁되어 왔다. 어릴 때는 모두 귀여운 아이였지만 자라면서 어떤 아이는 건강한 인격체로, 어떤 아이는 흉악한 범죄자가 되어버리는 이유는 무엇일까? 무엇이 이런 차이를 만드는 것일까? 이런 차이는 "유전에 의한 영향인가, 아니면 환경에 의한 영향인가"라고 하는 논쟁이 인간 형성에 관한 과학적 연구, 예를 들어 유전학의 성립 훨씬 이전부터 있었다.

영국의 심리학자 Galton은 가계(家系) 연구를 통하여 과학자, 예술가, 시인 등 여러 분야에서 탁월하게 활약한 사람, 예를 들어 과학자 다윈, 음악가 바흐, 수학자 베르누이 등과 같이 수만 명에 한 명 나올까 말까한 특출한 재능을 가진 사람을 대상으로 이들의 가계를 조사하였다. 그 결과, 이들 가계는 해당 영역에서 특출하게 뛰어난 사람이 배출되는 확률이 일반 가계보다 훨씬 높다는 사실이 밝혀졌다. 이 결과는 천재는 어떤 열악한 환경 조건일지라도 자신의 능력을 충분히 발휘할 수 있다는 것을 말해주고 있다. 1874년 미국 동부의 어느 형무소에 동일 가계에 속하는 6명의 범죄자가 함께 복역하고 있다는 사실을 알게 된 어떤 학자가 18C까지 거슬러 올라가 그들의 가계(가계명은 Jukes 가계라고 함)를 조사한 결과, 조사 대상자 709명 중에 매춘부 126명, 알코올 중독자 131명, 정신병자 66명, 중범죄자 77명(그 중에 살인범 12명) 등 총 400명이나 문제를 갖고 있었으며, 전체적으로 이 가계의 성격 특성은 책임감의 결여, 게으름뱅이, 잔인성 등의 성향이 강했다.

그런데 가계 연구는 유전적 요인과 환경적 요인이 발달 과정에 모두 개입되어 있기 때문에 발달 결과가 유전에 의한 것인지, 아니면 환경에 의한 것인지, 그 구분이 쉽지 않다는 연구상의 한계를 안고 있다. 음악가 바흐의 가계나 과학자 다윈의 가계에서는 각각 우수한 음악가나 학자가 많이 배출된 것은 사실이지만, 이는 훌륭한 음악가나 학자인 부모로부터 그러한 능력이나 특성을 유전적으로 이어받고, 동시에 가정적으로도 이상적인 환경 자극을 효과적으로 제공받았기 때문에 그러한 우수한 자손들이 나오게 되었다고 볼 수 있다. 그러므로 인간발달의 이해는 발달의 규정 요인을 유전 또는 환경이라고 하는 단면적인 관점보다는 두 요인의 상호작용적 관점에서 이해하는 것이 바람직하다. 즉 인간발달의 진행은 유전과 환경을 분리하지 않고, 유전적 요인과 환경적 요인의 상호작용에 의해 이루어진다고 보는 것이 타당하다.

유전과 환경의 상호작용이란 다음과 같은 내용을 담고 있다.

첫째, 개체가 환경에 작용한다는 것을 말한다. 이는 개체가 환경을 자신에게 적합한 형태나 상태로 바꾸거나 흡수하는 것 등 환경과의 관계에 있어서 개체의 주체성을 강조한다. 예를 들어 호기심이 강한 아동(상호작용에 의한 부분도 포함)은 주위 환경에 대한 보다 적극적인 탐색 활동을 통해 그렇지 못한 아동보다 새로운 지식을 더 많이 습득해 나가게 될 것이다.

둘째, 환경이 일정할지라도 개체가 다르면 그 효과도 다르게 나타난다. 즉 환경의 동일성이 반드시 동일한 효과를 가져다 준다고 볼 수 없다는 것이다. 예를 들어 음악에 관한 학습 기회가 동일한 내용과 방법으로 제공되었다 할지라도 "음악에 소질이 있는 자"와 "음악에 소질이 없는 자" 사이에는 그 효과가 다르게 나타난다고 하는 것이다. 그러므로 유전과 환경의 상호작용설이란 「유전 + 환경」이라고 하는 단순히 가산적 견해를 배제하고 환경과의 관계에 있어서 개체의 주체성이나 특수성을 강조하고 있다.

5. 각각의 능력이나 특성은 상호 관련을 맺으면서 발달한다

인간은 인지, 감정, 의지, 흥미, 관심, 사회성 등의 다양한 정신적인 발달만이 아니라 다양한 능력이나 특성을 갖추고 있으며, 이런 것들이 상호 관련성을 맺으면서 발달을 하고 있다. 예를 들어 유아가 언어를 습득하게 되면 친구와의 상호 교섭이 가능해지기 때문에 자연히 사회성도 발달되듯이 각각의 발달 항목이 독립적으로 존재하고 있는 것은 아니라고 하는 것이다. 이는 언어 능력이라고 하는 지적 측면과 또래와의 교류라고 하는 사회성의 측면이 밀접하게 관련되어 있기 때문이다.

이것을 소위 「발달 관련」이라 부르는데, 그 대표적인 것으로는 신체와 정신의 발달 관련이다. 즉 신체적인 측면과 정신적인 측면은 각각 독립적으로 발달하는 것이 아니라, 상호 영향을 주고받으면서 발달해 나간다는 것이다. 마음은 뇌의 활동이다. 그러므로 건강한 뇌의 발달은 심리적 발달에 있어 매우 중요하며, 심리적 불안과 긴장은 식욕 저하나 수면장애를 일으켜 신체적 부조화를 발생시킨다. 이처럼 발달은 신체와 정신의 역동적 상호 관계에 의해 진행된다고 할 수 있다. 발달 관련의 예를 유아교육 현장에서도 얼마든지 발견할 수 있다. 예를 들어 지적 능력에 초점을 맞추어 유아기 때부터 한글 학습이나 수 계산 문제, 영어 등을 가르쳐도 초등학생이 되었을 때 그 효과가 사라지는 경우가 적지 않다. 이는 정서나 사회성 등의 발달이 제대로 되어 있지 않는 상태에서의 지적 능력의 발달은 그 한계가 있는 것을 말해 준다.

2_ 발달 단계의 이해

발달은 연속적이며 점진적으로 진행되지만, 어느 한 시점에서 특히 현저하게 발달하는 시기가 있다. 어느 한 시점에서의 현저한 발달 특징을 지표로 해서 인간의 일생을 몇 개의 단계로 구분한 것을 소위 '발달 단계'라고 한다. 인간의 생애에 걸친 발달 과정에는 몇 개의 절목(節目)이 있다. 이런 절목이 언제, 어떤 형태로 나타나는가는 심신의 구조나 기능이 어느 부분에 주목하는가에 따라 다르다. 발달상의 절목은 심신의 구조나 기능의 질적인 전환 및 출현 시 행동상의 특징 변화에 의해 결정된다. 그리고 이런 절목과 절목 사이를 단계라고 부른다. 대개의 경우 발달 단계는 이러한 질적 전환, 특징적인 행동 경향의 변화에 대응하는 연령에 의해 구분된다.

발달 단계는 보는 관점에 따라 여러 형태로 구분되기도 하지만 일반적으로 태아기, 신생아기(출생~4주), 영아기(생후 4주~2세), 유아기(생후 2~6세), 아동기(생후 7~12세), 사춘기(생후 12, 13세~18세, 19세), 청년기(19, 20세~30세), 중년기, 노년기로 구분한다. 본 서에서는 이 구분에 기준하여 제2부에서 각 발달 단계의 특징과 그 과제에 대해서 알아보기로 한다.

3_ 사회복지실천과의 연관성

인간행동의 발달은 전 생애 동안 신체적·인지적·심리적·사회적인 측면에서 연속적으로 이루어지고 있다. 이러한 발달은 개인차·순서 등과 같은 보편적인 원리에 의해서 이루어지며, 연령별로 각 단계에 특정한 발달 과업을 성취하면서 진행되고 있다. 인간행동 발달에 대한 이해는 인간의 행동 변화를 통해서 그들의 욕구와 문제를 해결하고 사회적 기능을 향상시킬 수 있도록 하는 사회복지실천에 중요한 요소가 된다.

그리고 사회복지실천의 근거가 되는 발달이론은 인간행동을 관찰하고 그 현상을 조직하고 이해할 수 있는 준거틀을 제시해 주어야 한다. 또한 관찰한 현상을 기술하고 설명하며, 동시에 단순하고 신뢰성 있는 원칙을 제시해 주어야 한다.

그리고 전 생애를 통한 인간행동의 발달은 사회복지사가 모든 연령 계층의 클라이언트를 이해하고 그들과 함께 일할 수 있는 기반을 조성해 준다. 이것은 클라이언트의 행동에 영향을 미치는 생물학적·심리적·사회적 영향을 이해하고, 그들의 발달 과업 수행에 필요한 서비스를 제공받아 성장과 발전을 촉진할 수 있게 한다(이근홍, 2003).

또한 태아기, 영아기, 유아기, 아동기 등과 같이 특정한 발달 과업을 성취하기 위해 필요한 기간을 적절한 시기에 따라 몇 개의 단계로 구분해 접근함으로써 체계적인 사회복지실천을 실시할 수 있다.

즉 인간행동의 발달과 더불어 각 연령 계층의 발달 단계별로 문제가 되는 발달장애는 사회복지실천의 초점이 된다. 이러한 발달장애 중에서도 태아기의 유전적 결함, 영아기의 정신지체와 자폐증, 아동기의 행동장애와 아동 학대, 청소년기의 청소년 비행과 자살, 장년기와 중년기의 결혼과 이혼과 실업, 그리고 노년기의 노인성 치매, 노인 심리 등은 사회복지실천에서 주요하게 다루는 문제들이다. 이와 같이 인간행동의 발달은 사회복지실천에 중요한 과제를 부여하며, 모든 연령층의 욕구와 문제에 대해서 정확하게 사정하고 대처할 수 있도록 하는 데 기여한다.

Chapter 2

정신역동이론

인간의 행동이나 감정은 의식되지 않는 동기에 의해 좌우된다고 보면서 의식 아래에서 꿈틀거리는 무의식의 존재를 가정하고 이에 대해 탐구하는 학문이 정신역동이론, 즉 정신분석학이다. 이 학문적 입장에서는 언뜻 보면 무의미하고 상호 관련성이 없는 인간의 행동일지라도 어떤 목적을 가진 하나의 통합된 형태로 이해할 수 있다는 것이다. 본 장에서는 정신분석학에 속하는 학자들 가운데 대표적인 학자인 Freud, Erikson, Jung, Adler를 중심으로 그들의 생애와 어떤 이론에 근거한 인간 이해를 하고 있는지를 알아보고자 한다.

1_ 프로이드(Freud)의 정신분석학

- 프로이드의 생애 -

20세기에 들어서 심리학계나 의학계만이 아니라 철학, 사회학, 문화인류학, 문학, 예술 등의 폭넓은 영역에 영향을 미친 사람은 단연 지그문트 프로이드(Sigmund Freud)이다. 그러나 그의 이론은 당시 사람들로부터 통렬한 비판을 면치 못하였고, 게다가 무려 33회의 암 수술을 받으면서도 이에 굴하지 않고 내일을 향해 나아가는 그의 불구의 정신은 오늘날 우리에게 큰 도전이 되고 있다.

프로이드는 1856년 체코에서 유대인의 한 직물 상인의 아들로 태어났다. 그는 1873년에 빈 대학 의학부에 입학, 1876년(20세)에 뷰릿케 교수의 생리학 연구실의 연구원이 되었고, 1881년에는 의학부에서 학위를 취득하게 된다. 1884년 신경과의 과장이 되었고, 이때 「코카인에 대해서」라는 논문을 발표하였다. 그 다음해, 파리에 있는 한 정신병원에 유학을 하면서 샤르코 밑에서 히스테리에 관한 연구를 시작하였다. 1886년에는 빈에서 개업을 하게 되었고, 같은 해 9월에 결혼을 하였다. 1895년에는 「히스테리 연구」를 브로이라와 공저로 발표하였지만, 나중에 그와는 결별하게 된다.

프로이드는 1896년부터 「정신분석」이라는 용어를 사용하기 시작하였다. 그는 1900년에 「꿈 해석」이라는 책을 출간하였지만 당시에는 그다지 주목을 받지 못했다. 1908년 「정신분석, 정신병리학 연구 연보」가 발간되면서 융과의 교류를 시작하였으며, 1909년 빈 대학의 조교수로 임명되었다(신경생리학). 1910년에는 국제정신분석학협회를 발족하게 되고, 1914년에는 「정신분석 운동사」의 집필을 통해 융을 비판하게 된다. 1915년에는 「감정 전이성의 사랑에 대해서」를 발표하게 되고, 이때부터 초심리학에 대한 관심을 보이게 된다. 1922년부터는 암 수술로 인해 발성이나 청력이 저하되는 등 신체적으로 힘든 상황에서도 그는 「프로이드 전집(1924년)」을 발간하였고, 1926년에는 「억제, 불안」을 출판하였다. 1930년에는 괴테문학상을 수상하게 되고, 1935년에는 「왕립 의학회 명예 회원」의 자격을 얻게 된다. 그는 1938년 런던으로 망명하게 되고, 같은 해 8월 파리에서 국제정신분석대회가 열리게 된다. 인간 이해에 대한 그의 열정은 1939년 「정신분석학 개요」를 집필하는 중에 숨을 거두게 되면서 끝나게 되는데, 이때 그의 나이 83세였다.

1. 무의식의 발견

(1) 무의식의 존재

인간의 마음이 곧 '의식(consciousness)'이라고 생각했던 시대가 있었다. 여기에 무의식이라는 개념을 도입하면서 과학적 접근을 시도한 사람이 오스트리아의 정신과 의사인 Freud이다. 자신의 과거를 되돌아보면서 자신의 마음을 전부 알 수 있다고 자부할 수 있는 사람은 과연 이 세상에 어느 정도나 될까? 알 수 없는 인간의 마음 앞에 인간은 항상 자기 자신은 도대체 어떤 성격의 소유자인가, 자신은 도대체 어떤 일을 하고 싶어하는가 등으로 번민하고 있다. 그리고 자신의 의중에도 없는 그런 말(행동)을 왜 해버렸을까 등으로 자기 자신도 자기행동의 진의를 알지 못해 황당해 하기도 한다. 그 이유를 정신분석학에서는 인간의 마음을 대해(大海)에 떠 있는 빙산으로 비유하면서 의식의 영역은 수면 위에 나와 있는 빙산처럼 마음의 극히 일부에 지나지 않으며, 그 아래에는 거대한 무의식층이 펼쳐져 있으며 이것에 의해 의식이 지탱되고 있기 때문으로 설명한다.

이런 인간 이해를 하고 있는 정신분석학이 세상에 처음 소개될 당시에는 '비과학적이다' '인간을 지나치게 성적인 존재로 본다' '인간의 본성을 부정적으로 본다' 등의 비판을 받아오다가 19세기 말경부터 이중인격, 후최면 암시, 히스테리 현상 등에 대한 원인이 밝혀지면서 무의식의 존재가 과학적으로도 무시할 수 없는 상황에 이르게 되었다.

(2) 후최면 암시

무의식의 존재를 알 수 있는 하나의 현상으로 최면 상태를 들 수 있는데 특히 주목할 만한 것은 '후최면 암시'라고 하는 현상이다. 이 현상은 이미

18세기 초에 발견되었는데 Freud가 이 실험을 처음으로 알게 된 것은 프랑스의 정신과 의사인 Liébeault와 Bernheim을 찾아갔을 때이다. 이 경험은 그의 무의식론의 확립에 지대한 영향을 미쳤다. 그는 자서전에서 다음과 같이 술회하고 있다. Bernheim이 환자에게 행한 놀라운 실험을 보면서 인간의 의식에는 숨겨져 있는 강력한 정신적 과정이 있지 않을까라는 생각을 하게 되었다(Freud, 1925).

후최면 암시란 최면 중에 어떤 명령을 받은 환자가 최면에서 깨어난 후 아무런 이유도 없이 그 명령대로 행동에 옮기는 현상을 말한다. 예를 들면, 눈을 뜨면 1시간 후에 창문을 열고 나서 화장실에 가도록 명령을 해놓는다. 그러면 최면에서 깨어난 환자는 정해진 시간이 되면 불안해지기 시작하면서 결국 이유도 모른 채 일어나서 창문을 열거나 화장실에 간다. 이때 환자에게 행동의 이유를 물으면 최면 중의 명령에 대해서는 전혀 기억하지 못하기 때문에 더워서라든가 소변이 마려워서라든가 등의 가장 그럴 듯한 변명을 늘어놓게 된다.

이 실험이 이야기하는 내용은 다음과 같다. 환자는 최면 상태에서 명령받은 내용을 전혀 기억하지 못하고 있지만, 그 내용은 그 사람의 행동에 영향을 주고 있는 것이 분명하다. 이 사실은 그 내용이 그 사람의 의식 가운데는 없지만, 마음속 어딘가에 머물러 있으면서 그 환자의 행동에 영향을 주었다는 것이다. 그리고 환자는 그런 행동이 자신의 의지에 의한 것으로 착각하면서 다른 동기를 찾게 된다는 것이다.

(3) 히스테리

'히스테리(hysteria)'라고 하는 증상은 심리적 원인에 의해 신체 일부분에 통증을 느끼거나 손이나 발의 감각이 마비되기도 하고 실명(失明), 실성

(失聲) 등의 신체적 증상이 일시적으로 나타나기도 하는 현상으로 신경증의 일종이다. 히스테리 증상의 원인을 심리적 요인으로 이해하기 시작한 것은 정신의학계에서 그리 오래되지 않는다. Freud가 의학을 배우고 있었던 당시에는 히스테리로 인한 신체적 증상을 기질적 문제나 유전적인 요인에 의한 것으로 이해했다.

18세기 후반, 프랑스의 Charcot는 최면 암시에 의해 히스테리성 마비 증세나 경련 등 히스테리에 의해 생성되는 제반 문제를 치료할 수 있다는 사실을 보여주면서, 히스테리라고 하는 문제는 심리적 요인에 의한 것임을 주장하였다. 그 당시 파리에 유학 중이었던 Freud는 Charcot의 이런 실험을 접하면서 큰 감명을 받고, 히스테리 증상의 치료와 그 심리적 과정을 연구하게 되었다.

Charcot의 실험처럼 Freud에게 큰 영향을 준 것은 그의 절친한 선배인 Bleuler가 발견한 히스테리에 관한 새로운 치료법이었다. 물을 제대로 마실 수 없는 문제로 Bleuler를 찾아온 한 히스테리 환자는 어느 날 최면 상태에서 그 증상이 발생한 때의 사정(事情)을 우연히 이야기하자마자 컵의 물을 마시고는 그 증상이 말끔히 사라져버렸다. 여기에서 힌트를 얻은 Bleuler는 그녀의 다른 증세에 대해서도 최면을 유도한 상태에서 그 증상이 발생하게 된 계기가 되었던 사건이나 상황에 대해 이야기하게 하였다. 그러자 그때의 상황을 다시 체험하는 것처럼 흥분된 목소리로 이야기하거나 울적했던 심정을 토로하면서 그녀의 증세는 하나 둘씩 사라지기 시작하였다. Bleuler는 이런 치료법을 카타르시스 요법(淨化法)이라고 불렀다.

이처럼 Freud는 히스테리란 심리적 원인에 기인한 신체적 증상에 불과하며, 그 원인의 의식에 따른 정신적 고통이나 감정을 본인이 감당할 수 없어 억압하고 있는 상태라고 보았다. 억압된 관념은 의식의 영역에서는 배제되어 있지만 그렇다고 결코 없어진 것은 아니며, 무의식의 영역에 존재하고 있다고 보았다. 그런데 이런 관념은 무의식의 영역에서 조용히 잠만 자고 있는 것이 아니라, 어떤 기회만 주어지면 외부로 표출하려고 하는 의지와 힘을 갖고 있다. 그러나 의식에 대한 저항이 너무 강한 경우에는 의식으로 표출되는 대신에 신체적 증상으로 나타나게 된다. 이런 과정은 무의식의 세계에서 진행되기 때문에 환자 본인은 신체적 증상의 의미를 전혀 알 수 없다는 것이다. 그러나 각각의 신체 증상은 본인의 과거 경험과 밀접한 관련성을 지니고 있다는 데 그 의미가 크다고 볼 수 있다. 평소 환자 자신은 자신의 신체적 증상과 과거 체험과의 관련성을 전혀 알아차리지 못하고 있지만, 최면 상태에 놓이게 되면 그 관련성을 매우 쉽게 기억해 낸다. 이 사실을 통해 인간의 심리적 과정에는 보통 생각할 수 있는 의식적 과정과는 별도로 무의식적 과정이라고 볼 수 있는 일관된 과정이 존재하며, 이것은 본인도 모르게 일상생활의 행동에 결정적인 영향을 주고 있다는 사실을 주장하게 된 것이다.

2. 무의식 세계의 이해를 위한 노력

Freud 이전에도 주술적인 방법이나 최면술을 이용해서 무의식 세계와의 접촉을 시도해 왔다. Freud는 이것을 '무의식'이라는 개념으로 공식화하면서 그 존재나 활동의 구조를 이론화하였다. 그러나 이런 이론적 정립 이상으로 중요한 그의 업적은 '자유연상법'이라고 하는 무의식의 세계를 규명하는 기술의 개발이다.

(1) 최면 암시에서 카타르시스 기법으로

Freud도 처음에는 치료 방법으로써 최면술에 의한 암시 요법을 사용하였다. 그러나 모든 환자가 최면에 걸리는 것은 아니라는 사실, 또한 최면 상태의 환자라도 치료사의 의도대로 깊은 최면 상태로 유도할 수 없다는 한계를 느끼면서 그는 자신의 최면술 기법을 더욱 연마하기 위해 Bernheim을 방문하게 된다. 그러나 거기서도 역시 최면술은 누구에게나 이용할 수 있는 것이 아니며, 또한 최면 암시에 의한 효과는 일시적인 것에 지나지 않는다는 사실을 재확인하면서 결국 최면 암시를 포기하기에 이른다.

그렇다고 곧바로 최면술을 완전히 버린 것은 아니었다. 처음에는 Bleuler가 사용한 카타르시스 기법을 도입하게 되는데, 이 방법은 최면 상태에 있는 환자의 생각이나 감정을 노출시켜 의식이 배제되어 있던 관념을 해방하는 것으로서 그 효과가 거의 지속적으로 나타났다. 하지만 이 방법에 의한 치료의 효과는 상당한 것이었지만 이 방법도 최면에 걸리지 않는 사람에게는 적용할 수 없다는 한계를 안고 있었다. 또한 최면에 의한 카타르시스법의 효과는 심리치료사와 환자의 개인적 감정 관계에 크게 의존하고 있어서 두 사람의 관계가 나빠지면 곧바로 치료의 효과가 상실되어 버린다는 점, 그리고 최면 상태에서 심리치료사에 대한 신뢰감이 현실 장면에서는 연애 감정으로 전이되기 쉽다는 점을 알게 된 Freud는 결국 어떤 형태의 최면요법이든 그 모든 것을 버리게 된다.

(2) 자유연상법

최면술을 대신하는 방법을 모색하고 있었던 Freud는 Bernheim의 연구실에서 보았던 전액법(前額法)을 이용한 치료 장면을 머리에 떠올리게 된다. 이것은 Bernheim이 후최면 암시 실험 이후에 보여준 기법으로서 자기 행동의 진정한 동기를 모르는 피험자도 사실은 무의식 과정에서는 실험자가 명령한 것을 알 수 있다는 것이다. 그래서 실험자가 손을 피험자의 얼굴에 얹고는 "당신은 모든 것을 알고 있습니다. 그것을 기억해 보세요"라고 명령하면 점차적으로 기억이 되돌아오면서 마침내는 최면 상태에서 과거의 모든 일을 기억해 낼 수 있다는 것이다.

이 방법에 매력을 느낀 Freud는 최면술과는 완전히 결별하게 된다. 기억이 중간에 잘 나지 않으면 환자의 얼굴에 손을 얹고 얼굴이 압박되는 순간에 마음에 떠오르는 것을 그대로 이야기하도록 강요하는 이 방법은 집중법, 또는 전액압박법(前額壓迫法)이라고도 불리는데 최면에 잘 걸리지 않는 환자에게도 적용이 가능했다. 그러나 Freud는 나중에 이 방법도 버리게 되는데 그 이유는 이 방법이 갖고 있는 자극의 강렬함 때문이었다. 그래서 이로 인해 어떤 경우에는 환자의 반발을 초래하기까지 하였다. 그래서 Freud는 환자의 자율성을 철저히 존중하는 소위 자유연상법(free association)을 제안하게 이른다. 이것은 마음에 떠오르는 것이 하찮은 것으로 생각되는 것일지라도, 또는 말하기 곤란한 것일지라도 그 모든 것을 있는 그대로 이야기하도록 요구하는 기법이다. 이 기법은 치료자의 입장에서 환자에게 공격적인 질문을 하거나 환자의 자유로운 사고의 흐름을 방해하지 않기 때문에 연상의 흐름은 자유자재로 가능하다. 그리고 이 방법은 전액법과 같이 강렬하지도 않고 어떤 환자에게도 적용할 수 있다는 이점도 있었다. 하지만 최면 암시와 같은 극적인 효과는 기대할 수 없어 매일 1시간의 자유연상법을 실시해야 하며, 경우에 따라서는 몇 년 동안 지속해야 하는 끈기가 필요하다. 그러나 오히려 그렇기 때문에 보다 심층적이고 근본적인 치료가 가능하다고도 볼 수 있다.

3. 일상생활에서의 무의식 현상

(1) 실 수

우리는 일상생활에서 평소 잘 알고 있던 것이 갑자기 생각나지 않거나,

생각에도 없었던 말을 자신도 모르게 해버린다든지 등의 경우가 있다. Freud는 『일상생활의 정신 병리』라고 하는 책에서 이런 실수 행위에 관한 300개 이상이나 되는 사례를 소개해 가며 이런 행위의 의미와 그 생성 원인에 대해 기술하고 있다. 이 저서는 풍부하고 다양한 일상생활에서 볼 수 있는 사례를 들어가면서 구체적이고도 평이한 방법으로 설명한 것으로 보아 정신분석이론을 일반인에게 널리 알리기 위한 목적으로 씌어진 책으로 이해된다.

그 이후에 발간된 『정신분석 입문』이라는 책을 보면 실수 행위를 크게 3가지 계열로 분류하고 있다. 먼저 제1계열은 말하기, 쓰기, 읽기, 듣기 등에서의 실수 행위이다. 제2계열은 일시적 망각과 같이 무언가를 깜박 잊어버리는 실수 행위이다. 예를 들어 평소 잘 알고 있던 사람의 이름이 생각나지 않거나, 나중에는 금방 생각이 날 것만 같은 것도 지금은 계획했던 것이 잘 생각나지 않는 경우이다. 제3계열은 어느 순간만이 기억 속에 빠져 있는 망각으로 물건을 어디 두었는지 생각나지 않거나 분실과 같은 실수 행위이다.

그런데 이런 실수 행위라고 하는 것은 거의 특별한 의미를 두지 않아도 되는 극히 사소한 실수(miss)에 불과한 경우가 많다. 그래서 이런 실수를 그 사람의 흥분이나 피로, 부주의 등으로 간주해 버린다. 그런데 인간이라는 존재는 실수하지 않으려고 조심한다고 해서 결코 실수하지 않는 단순한 동물이 아니다. 우리 인간은 집에 가는 길을 평소 의식하지 않고도 정확히 집을 찾을 수 있으며, 피아니스트는 손가락 움직임이나 건반의 위치를 하나하나씩 확인하지 않아도 빠른 곡조를 실수하지 않고 들려주고 있다. Freud는 실수라고 하는 행위가 대부분 실수하지 않으려고 조심할 때 더욱 발생하기 쉽다는 데 주목하였다. 그래서 예를 들어 실언이라는 행위를 어떤 상황이나 심신의 조건에서 발생하기 쉬운가라는 관점에서 접근해 나간다면 이것은 그 원인을 생물학적인 요인에 귀속시키는 경우이며, 왜 무수히 많은 언어들 가운데 하필 그 말이 입 밖으로 튀어나오는가라는 관점에서 그 원인을 규명하고자 한다면 이것은 심리학적 요인에 대한 분석을 필요로 한다. 여기서 Freud는 실수 행위에 대한 생물학적 요인의 가능성을 완전히 배제한다든지 하여 반드시 이들 행위의 배경에 대한 어떤 의도를 전제로 하지는 않았다.

제1계열에 속하는 실수의 하나인 실언에 대한 Freud의 설명을 인용해 보자. 실언 가운데 자신의 의도와는 완전히 반대의 말을 해버리는 경우가 있는데, 한 예로 회의 시작 장면에서 "개회를 선언하겠습니다"라고 말하려고 했던 의장이 자신도 모르게 그만 "이제 폐회를 선언하겠습니다"라고 토해 버린 실언에 대해 Freud는 이를 단순한 실수 행위로 보지 않았다. 그는 이 실언에 담겨져 있는 내용을 통해 그 사람의 의도를 가정할 수 있으며, 하나의 목적을 가진 심리적 행위라고 간주하였다. 이렇게 보면 실언의 경우는 그 의도를 알 수 있는 경우가 많으며, 의장이 회의석상에서 실언한 이 사례는 회의를 하고 싶은 마음이 없는 상태에서 일단 시작된 회의를 가능한 빨리 끝내고 싶다는 의장의 강한 기분이 자신도 모르게 표현되어 버린 것이라고 해석할 수 있다. 의장의 마음에는 회의를 열지 않으면 안 된다는 것과 회의를 열고 싶지 않다는 두 개의 상반된 생각이 공존하고 있었다고 볼 수 있다. 그래서 실수라는 행위는 본래 의도와 이것과는 다른 의도라고 하는 두 개의 상반된 의도가 서로 충돌하고 간섭한 결과로서 생성된 것으로 이해한다.

(2) 꿈

아마 이 세상에서 꿈을 한 번도 꾸어본 적이 없는 사람은 없을 것이다.

그러나 자신의 꿈을 또렷하게 기억하면서 타인에게 꿈의 내용을 상세하게 이야기할 수 있는 사람은 그리 많지 않을 것이다. 하물며 당신의 꿈은 어떤 의미가 있는가라는 물음에 대해서 속 시원히 대답할 수 있는 사람은 거의 없을 것이다.

Freud는 꿈을 우연이나 단순한 소산물로 보지 않고 하나의 자기표현으로 간주하면서 무수히 많은 가능성 가운데 왜 다름 아닌 오직 그 꿈을 꾸었는가에 대해 주목하였던 것이다. 그리고 꿈을 꾼 본인은 그 의미를 알 수 없다고 안타까워하지만 사실은 알고 있다고 본다. 그렇다면 어떻게 하면 본인에게 그 꿈의 의미를 이해할 수 있도록 할 수 있을까? Freud는 먼저 본인에게 왜 그런 꿈을 꾸었는가를 물어보는 것부터 시작한다. 그러나 이것만으로는 명확히 밝히기란 쉽지 않기 때문에 꿈의 내용을 분해하고 각 요소를 토대로 연상을 하게 된다.

그래서 Freud의 정신분석에서는 꿈을 현재몽(顯在夢)과 잠재 사고(潛在思考)로 구분하여 분석한다. 현재몽이란 꿈속에서 전개되는 이야기 그 자체를 말하며, 잠재 사고란 꿈의 이면에 숨겨진 의미를 말한다. 이것은 자유연상의 연쇄에 의해 알아낼 수 있다고 생각한다. 케이크를 먹고 싶다고 생각하고 있었는데 꿈속에서 케이크가 나타나는 경우에는 그 의미를 쉽게 이해할 수 있지만, 대개의 경우 현재몽은 검열 과정에 의해 상당히 왜곡된 형태로 나타나기 때문에 그 해석이 용이하지 않다. 그래서 사회적으로 허용하기 어려운 무의식적 욕구는 변형된 형태로 의식의 표면으로 등장하게 된다. 이처럼 꿈은 본인의 실제적 욕구가 담겨 있는 잠재 사고를 검열 과정에 의해 다른 형태로 왜곡시켜 현재몽으로 나타나도록 하는 작업에 의한 것으로 이해할 수 있으며, 꿈 해석은 이 과정을 역으로 접근하면서 풀어나가게 된다.

꿈의 작업에는 압축, 이동, 시각화, 상징화라고 하는 4가지 이외에도 최종적으로 마무리하는 2차 가공이 있다. '압축'이란 잠재 사고의 일부를 배제시키거나 몇 개의 요소를 하나로 통합하는 경우로서 한 예로 몇 명의 인물이 하나의 인물이 되어서 나타나는 현상을 말한다. '이동'이란 언뜻 보면 잠재 사고와는 전혀 관계 없는 대상에 대해 자신의 욕구를 넌지시 표출시키거나 중요하지 않는 대상으로 심리적 악센트를 옮기는 현상을 말한다. '시각화'란 사고(思考)의 내용을 시각적 현상으로 변형시키는 것을 말한다. 예를 들어 어떤 물건을 소유하고 싶다는 욕구가 꿈속에서는 그 물건 위에 앉아 있는 모습으로 나타나는 경우이다. 또한 Freud는 꿈의 요소에는 항상 일련의 대상들과 일정한 대응을 하고 있다는 사실을 깨닫게 되면서 이것을 상징적 관계로 보았다. 예를 들어 평평한 벽면의 집이나 넥타이는 남성, 발코니가 있는 집이나 조개는 여성, 여행은 죽음을 의미한다는 것이다.

2차 가공이란 앞에서 언급한 작업에 의해 왜곡되어 버린 산물들을 잘 조합해서 전체적으로 잘 조화가 되도록 다시 정리하는 작업이다. 이런 작업을 통해 꿈의 단편적 조각들이 잘 결합되어 비합리적이고 지리멸렬한 사고가 앞뒤가 맞는 합리적인 형태로 나타나는 것이다.

4. 마음의 구조

Freud는 인간의 마음을 그 기능에 따라 원초아(id), 자아(ego), 초자아(super ego)라고 하는 3개의 부분으로 나누면서 이것들의 상호 역학 관계를 통해 모든 심리 현상을 설명하고 있다(| 그림 1.2.1 |).

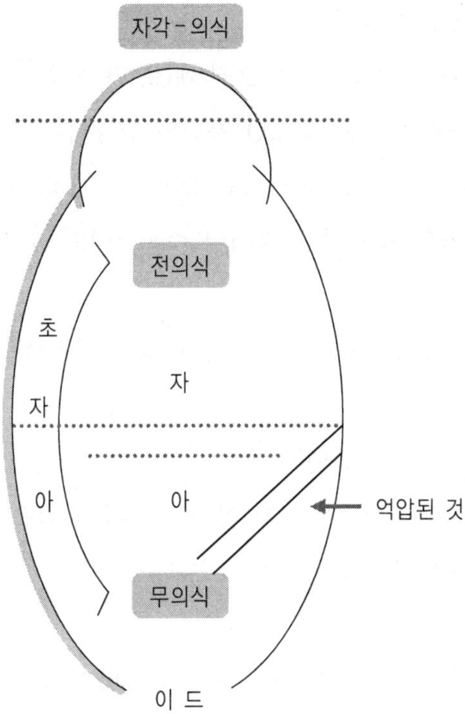

| 그림 1.2.1 | 마음의 구조(Freud, 1932)

(1) 이 드

'이드(id)'란 인격 가운데 무의식적 측면이나 충동적 측면이며, 모든 에너지의 공급원이다. 이드를 구성하고 있는 내용에는 생득적인 것과 후천적인 것이 있다. 생득적인 것에는 주로 여러 가지 본능적 충동이 있으며, 선조의 경험이 축적되어 이어져 내려온 민족적 기억도 포함되어 있다. 한편 어릴 때 억압된 여러 가지 관념이라고 하는 후천적인 요소도 있다. 이드의 특성은 다음과 같다.

① 마음의 세 영역에 제공되는 모든 심적 에너지의 저장소이며, 인간행

동의 원동력이다.

② 쾌감 원칙을 따른다. 즉 오직 쾌(快)라는 욕구 불만을 추구한다. 예를 들어 술을 마시고 싶으면 자신의 건강이나 주변의 상황을 무시하고 마신다. 마음에 들지 않으면 상황에 관계 없이 자신의 분노를 표현한다. 이처럼 욕구 충족 방법이 즉흥적이고 자기중심적이며 억제가 안 된다.

③ 윤리적 사고와는 무관하며, 하나의 목적을 향해 통일된 행동을 하고자 하는 의지를 지니고 있지 않다. 그러므로 어떤 모순에도 개의치 않으며, 시간의 관념도 없다.

④ 가치 판단의 기능을 갖고 있지 않으며, 선악을 구별하거나 도덕적 판단을 하지 않는다.

②~④의 특성으로 인해 이드에 의해 유발된 행동은 장기적인 지속이 어려우며, 현실적·사회적인 배려도 부족하기 때문에 그 순간의 만족에 지나지 않아서 궁극적인 욕구를 충족시킬 수 없다.

(2) 자 아

'자아(ego)'란 인격 가운데 주로 의식적 부분에 해당하며, 행위나 사고의 주체자이다. 이것은 현실 원칙에 따라서 이드의 무분별한 욕구 충족 행동을 억제시켜 외부의 현실적 조건에 맞게 행동하도록 유도한다. 자아의 기능은 크게 인식 기능(현실 검토 기능), 집행 기능(적응 기능), 통합 기능, 방어 기능으로 나눌 수 있다.

인식 기능은 다시 두 개로 나누어지며 하나는 내계(內界)에 대한 인지, 즉 자신의 내부에 생성된 욕구나 감정을 정확히 인지하는 기능이다. 다른 하나는 외계(外界)에 대한 인지, 즉 감각 기관을 통하여 외적 현실을 정확히 파악하는 기능이다.

집행 기능이란 내계와 외계를 인식한 결과를 토대로 의사결정을 하여 행동으로 이행하도록 하는 기능이다. 이 기능의 목적은 내적 욕구와 외적 조건을 고려하여 쌍방이 최대한 만족될 수 있는 방향으로 행동을 취하도록 하는 데 있다. 그러므로 외적 조건에 맞추는 순응적인 측면뿐만 아니라, 자기실현을 위해서 외계에 대해서 작용하는 적극적인 면도 갖고 있다.

통합 기능이란 각각의 판단이나 행동이 통일성을 갖도록 하는 기능이다. 이 기능에 의해 인간은 하나의 인격체로서 모습을 갖게 되고, 타인과 구별된 개성을 보인다. 때로는 현실적 해결책을 찾지 못하여 곤란한 상황에 직면하는 경우도 있지만, 이때는 더욱더 통합성을 유지할 필요성이 제기되면서 자신을 방어하는 기능이 작동된다. 이것이 방어기제이다.

(3) 초자아

'초자아(super ego)'란 일반적으로 도덕심이나 양심에 해당하는 인격적 특성을 말하며, 이 기준에서 자기 자신을 끊임없이 비판적으로 감시하는 부분이다. 그래서 쾌감 원칙만을 추구하는 이드에 대해서는 공포나 불안감의 생성을 통해 무분별한 충동, 특히 성적 충동이나 공격 충동이 함부로 나타나지 않도록 억제한다. 그리고 현실적 계산이나 타산적으로 빠지기 쉬운 자아에 대해서는 도덕적 죄악감을 생성시켜 그 행동을 억제하도록 한다.

초자아는 영유아기 때 부모의 양육 태도나 부모의 행동 모델을 통해 형성된다. 즉 초자아는 부모가 갖고 있는 가치관을 수용하면서 정착된 것이다. 그러므로 이것은 부모가 속한 사회 규범을 반영하고 있다고 할 수 있다.

초자아 형성에 관해서 간과하기 쉬운 것은 부모의 직접적인 양육에 의한 것보다는 무의식적으로 나타나는 부모의 초자아적 행동 모델이 자녀의 초자아 형성에 더 큰 영향을 주고 있다는 사실이다. 예를 들어 부모로부터 이런저런 꾸중을 심하게 들어가면서 자란 아동들은 얌전하고 순종적인 모습을 보이기보다는 오히려 공격적이고 고집불통의 성격을 띤다든지, 거의 꾸중이나 체벌을 가하지 않고 포용력으로 키운 아동들로부터는 자신의 감정을 적절하게 조절하는 모습을 찾아볼 수 있다. 그러므로 아동의 초자아 형성에 있어 부모가 의식적으로 훈계한 내용보다는 부모 자신이 자신의 공격충동을 얼마나 잘 억제했는가, 즉 얼마나 초자아적 행동을 보여왔는가 하는 것이 더 중요한 의미를 갖는다.

정신분석에서는 이상 3가지 요소의 역학 관계에 의해 인간의 행동이 구체적으로 결정된다고 보고 있다. 인간행동의 기초에는 충동이 존재하는데 이것을 자극하는 것이 이드, 억제하거나 수정하는 것이 자아와 초자아라고 본다. 그래서 이드가 강하면 충동적·감정적 행동, 자아가 강하면 현실적·합리적 행동, 초자아가 강하면 도덕적·양심적 행동이 생성되기 쉽다.

그런데 초자아는 비현실적이면서 유연성의 결핍이라는 일면도 있기 때문에 이런 면에서 보면 이드와 유사한 속성을 지니고 있다고 볼 수 있다. 그래서 초자아가 강하다고 해서 반드시 좋다고만 볼 수 없다. 초자아가 너무 강하면 끊임없이 자신의 행동을 점검하지 않으면 안정이 안 되는 강박신경증적 상태에 빠지거나 비현실적인 자기비판의 수렁에서 헤어나오지 못해 우울증적 상태가 되기도 한다. 사고(事故)가 계속적으로 일어나거나 범죄를 반복적으로 저지르는 경우, 그 배경에는 비현실적인 무의식적 죄책감으로 인한 자기처벌적인 심리 작용이 개입되는 경우도 있다. 그러므로 인격의 건강한 모습은 자아를 강화시키면서 유연성을 갖도록 하는 것이 중요하다고 볼 수 있다.

(4) 자아 방어기제

우리는 일상생활에서 다양한 상황이나 과제를 경험하는 가운데 때로는 자신의 힘으로 해결하기 어려운 상황에 직면하기도 한다. 이 경우 우리 인간은 문제행동을 취하기 쉬운데, 이때 이런 바람직하지 못한 행동으로 빠지지 않도록 하기 위해 이 시점에서 긴급 해결책으로 방어기제의 역할이 작동되면서 자아를 일시적으로 보호하는 현상이 나타난다. 이처럼 자아를 보호하는 역할을 갖고 있는 자아 방어기제에는 몇 가지 종류가 있으며, 이들의 공통분모는 현실을 부정하거나 왜곡되게 지각하려는 특성을 갖고 있다는 것이다. 그리고 방어 반응 그 자체는 의도적인 행위일지라도 그 배경에 있는 방어기제는 무의식에 의해 움직이기 때문에 본인에게는 지각되지 않는다. 방어기제에는 합리화, 억압, 반동 형성, 치환, 투사, 퇴행 등이 있다.

이들 방어기제 가운데 가장 중요하고 일반적인 것은 억압이며, 이것은 다른 모든 방어기제의 기초가 된다. 억압이란 도저히 의식으로 수용하기 어려운 충동, 감정, 기억, 사고 등을 의식 밖으로 내쫓아서 무의식적 성분으로 만드는 것이다. 감당하기 힘든 무서운 공포 체험이 수반된 사건에 대한 기억이 자신의 머릿속에서 사라져버리는 현상은 억압의 한 예라고 볼 수 있다. 억압이라는 방어기제만으로 처리할 수 없는 경우는 다른 방어기제를 그 보강(補强)용으로 사용하게 된다. 예를 들어, 반동 형성은 억압된 내용과 상반된 태도를 강하게 내보임으로써 본래 갖고 있던 충동이나 감정을 더욱 완벽하게 억압하고자 한다. 그리고 투사란 자신의 충동이나 감정을 본인이 아닌 타인이 그러한 충동이나 감정을 갖고 있다고 착각하는 경우를 말하는데, 이런 현상은 특히 상담 장면에서 발생하기 쉽기 때문에 특히 상담자는 유의해야 한다.

이러한 방어기제들은 위기 상태에 있는 자아를 구하는 역할을 하고 있기 때문에 적응에 있어서 필요 불가결한 역할을 하고 있지만, 너무 지나치게 작용하면 신경증적 증상이 생길 수도 있다.

5. 심리 · 성적 발달

Freud는 인간의 심리와 행동의 모든 원동력을 본능 충동의 하나인 성적 욕구를 통해 설명하고 있다. 그는 성적 욕구를 몇 개의 부분 충동으로 나누면서 이것들이 연령과 함께 순차적으로 나타난다고 보았으며, 이 성욕의 발달을 구강기, 항문기, 남근기, 잠복기, 생식기의 5단계로 설정하였다.

여기서 말하는 성적 욕구의 개념은 통상적으로 인식하고 있는 것보다 상당히 확대된 의미를 갖고 있는 '감각적 쾌감의 욕구'를 의미한다. 잠복기를 제외한 모든 단계의 명칭은 신체 부위를 나타내고 있으며, 또한 모두 신체의 내부와 외부를 연결하는 점막질 부분이기 때문에 내외(內外)의 상호작용 시에는 민감하게 반응하기 쉬운 부분이다. 그러나 정신분석학적 성적 욕구설의 특징은 단지 생리적 수준에서 이해하는 것이 아니라, 인간관계의 관점에서 접근하려는 시도를 하고 있다는 점이다. 이런 부분 충동은 타인과의 바람직한 관계, 특히 영유아기에는 어머니와의 바람직한 관계를 통해 충족되어야 한다. 즉 각각의 단계에는 그 부분 충동의 만족을 도와주거나 방해하는 사람이 있으며, 그 사람과의 관계가 행동 형성에 중대한 영향을 미치고 있다고 본다.

(1) 구강기

구강기(oral phase)는 생후 1년 반 정도까지의 기간, 즉 영아기에 해당한다. 이 시기의 아동은 거의 어머니의 젖꼭지를 빨아가면서 성장해 나가는데, 이는 영양 섭취로서의 의미만이 아니라 구강 점막의 쾌감을 즐긴다는 의미도 갖고 있다.

이 시기에 어머니와의 사이에 바람직한 감정적 교류와 함께 평온함을 경험하면서 충분한 구강 쾌감을 맛본 영아는 어머니에 대한 신뢰감을 느끼게 된다. 이것은 인간 일반의 신뢰감의 기초가 된다. 이런 경험 가운데 자란 아동은 나중에 타인을 신뢰하고 자신의 능력을 신뢰하는 낙천적인 성격이 형성되어 타인과의 대화를 즐기는 사교적인 사람이 된다. 그러나 반대로 이 시기에 어머니와의 따뜻한 감정적 교류를 경험하지 못하고, 또한 평온한 가운데 구강 쾌감을 맛보는 여유를 갖지 못한다면 외로움을 느끼면서 타인에 대한 불신감을 갖는 성격이 형성되기 쉽다.

(2) 항문기

항문기(anal phase)는 생후 8개월~3, 4세경의 시기에 해당하며, 이 시기에 들어서면 항문과 요도(尿道)의 괄약근 발달과 함께 부모에 의한 배설 훈련이 시작된다. 항문기는 구강기와는 달리 신체 내부에서 외부로 내보내는 행위(배설)에 의해 쾌감을 즐기는 시기이다. 여기서는 대·소변의 배설을 참으면서 어느 정도까지 몸속에 저장하였을 때 생성되는 충족감, 그리고 인내의 한계를 넘어서서 배설할 때 생성되는 해방감을 느끼는 시기이다. 이 시기에 들어서면 처음으로 부모에 의해 양육다운 양육이 시작되며, 이에 의해 아동은 자기 자신을 통제하는 것을 학습하기 때문에 성격 형성에 있어 대단히 중요한 의미를 갖는 시기이기도 하다.

Freud는 이 시기에 형성되는 성격 특성으로 꼼꼼함, 인색함, 완고한 성격의 3요소를 제시하고 있다. 꼼꼼한 성격은 배설물의 시말(始末)을 자신 스스로 깔끔히 처리할 때 생성된다. 또한 배설물은 유아의 입장에서는 부모의 요구에 의해 일방적으로 내보낸다는 의미를 갖고 있기 때문에 처음으로 '내보는 것'에 대한 아쉬움이라는 관념이 유아에게 생성되면서 욕심과 함께 인색한 성격이 나타나게 된다. 나아가 항문기에는 처음으로 타인의 요구에 의한 순종을 경험하는 시기로서, 이때 오히려 이것을 거부함으로써 자신의 주장을 표현하는 경험을 갖게 된다. 그러나 이것이 반복되면 완고하고 반항적인 성격 특성이 형성된다.

항문기의 양육이 원만히 진행되기 위해서는 먼저 구강기에 양육자와의 사이에 신뢰감이 잘 형성되어 있어야 한다. 또한 배설 훈련이 너무 빠르거나 엄하면 고집불통, 반항적, 충동적, 가학적 또는 피가학적 성격이 형성되기 쉽다. 한편 배설 훈련이 적절하면 자신을 스스로 통제할 수 있는 자기통제력과 자율성을 획득하면서 이것에 의해 자존 감정을 획득하게 된다.

(3) 남근기

남근기(phallic phase)는 대략 3, 4세~6, 7세경의 시기에 해당한다. 이 시기가 되면 유아는 남·여의 차이에 대해 점차 관심을 갖게 되면서 성(性)에 대해서 눈을 뜨기 시작한다. 예를 들어 아기는 어디에서 태어나는가를 알고 싶어하거나 자신의 성기에 대해서 관심을 나타낸다. 그래서 의사놀이를 한다든지 성기를 만지면서 노는 가운데 성기 접촉에 의한 쾌감을 알게 되면서 영아 자위행위에 빠지기도 한다.

이에 따라 지금까지 어머니에 대한 순수한 애착을 느껴왔지만, 이 시기부터는 이성(異性)의 부모에 대한 성적 애착과 동성(同性)의 부모에 대한 라이벌 의식이나 질투심을 갖게 된다. 이것을 Freud는 '오이디푸스 콤플렉스'라고 불렀다. 그러나 오이디푸스 욕구에 대한 의식은 남아의 경우, 어머니를 이제 성적 애착의 대상자로 바라보면서 이 욕구를 충족하기 위해 아버지를 제거하지 않으면 안 된다고 본다. 하지만 아버지의 힘은 자기와 비교할 수 없을 정도로 강하기 때문에 대결한다고 하는 것은 무의미하다는 것을 알게 된다. 또한 자신은 아직 부모의 보호가 필요하기 때문에 만일 아버지로부터 버림받게 되면 살아갈 수 없게 되고, 또한 때로는 아버지에 대한 순수 애착을 느끼면서 어리광을 부리고 싶은 마음도 생기기 때문에 '아버지에 대한 적대 감정'이라고 하는 사실은 조금이나마 본인에게 죄악감을 느끼게 만든다. 이로 인한 불안이나 공포를 거세(去勢) 불안이라고 한다. 남녀의 생식기 차이에 관심이 많은 이 시기의 아동에게는 앞에서 말한 불안이나 공포는 상징적으로 거세 불안과 쉽게 연결된다.

거세 불안으로 인해 남아는 오이디푸스 욕구를 억제하게 된다. 동시에 이제부터는 어머니의 사랑을 받기 위하여 현재 어머니의 이성적 사랑의 대상인 아버지처럼 되고자 하는 욕구를 갖게 된다. 즉 이제 자신의 입장에서 아버지는 라이벌의 대상이 아니라, 모델로서 바라보게 되는 것이다. 이것을 동일시(同一視)라고 부른다. 동일시에 의해 남아는 점차 남자다움을, 여아는 여자다움을 몸에 익혀 나간다. 그러므로 이 시기에 형성되는 성격 특성에는 동성의 부모 특성을 모델로서 모방해 나가는 가운데 남자다움과 여자다움을 배워가고, 동시에 부모의 행동을 통하여 도덕심, 양심과 같은 것도 습득해 나간다. 그래서 이 시기에는 초자아가 형성되기도 하다.

(4) 잠복기

잠복기(latent phase)는 거의 아동기에 나타난다. 거세 콤플렉스에 의해 억압되었던 성적 충동은 이 시기에 들어서면 일시적으로 잠복한다. 그래서 이 시기 아동의 관심은 비성적인 것으로 향하면서 학습과 놀이에 열중하게 된다. 인간관계는 가족 중심에서 점차 친구를 포함한 인간관계로 확장해 간다. 이러한 가운데 성적 충동은 학교 친구와의 우정이라든지 부모에 대한 배려 등 비성적인 우정과 사랑의 형태로 변해 간다. 이것은 장래에 이성과의 건전한 성적 관계를 만들어나가는 데 있어 대단히 중요한 의미를 갖는다. 또한 이 시기의 또래 관계는 동성 중심이어서 동성과의 교제를 통하여 남자다움, 여자다움을 더욱 몸에 익혀 나간다.

(5) 생식기

생식기(genital phase)는 심리·성적 발달의 마지막 단계이다. 이 시기는 사춘기 및 청년기에 해당한다. 이 시기에는 아동기에 일시적으로 잠복되었던 성적 충동이 신체적 성숙과 함께 재현된다.

성욕이라고 하는 것은 대인관계 가운데 충족되어야 하는데, 구강기~남근기에서 볼 수 있었던 자기욕구적인 성향이 이 시기에 들어서면 상대방과의 일체화를 향한 생식적인 것으로 바뀐다. 그래서 여기서는 '상호성'이라는 것이 중요하다. 이것은 단지 일방적으로 자신의 욕구 불만을 추구하는 것이 아니라, 정신적으로나 신체적으로 상호 만족이 수반되어야 한다는 것을 의미한다. 그러므로 이 시기가 되면 타인의 눈을 강하게 의식하면서 타인과의 비교를 통해 자신을 평가하고, 자신을 강하게 의식한다. 그리고 지금까지 수동적으로 영향을 받기만 했던 자신의 성격을 새롭게 검토하면서 사회생활을 보내기도 하지만, 보다 바람직한 방향으로 자신을 바꾸어 나가는 시기이기도 하다. 즉 청년기에는 자신과 타인과의 관계를 강하게 의식하고, 또한 이상적 자기와 현실의 자기와의 차이를 의식하면서 주체적인 자아를 만들어간다.

생식기의 전반기에는 동성과의 우애, 후반기에 들어서는 이성과의 상호성에 바탕을 둔 친밀한 관계를 만들어나갈 때, 비로소 성욕의 건설적인 충족이 가능해진다. 즉 이성에 대한 부드러운 감정과 성적 욕구의 충족이 잘

접목되면 정신적으로도 신체적으로도 상대방을 사랑할 수 있게 된다. 그러나 청년기에는 이러한 경험을 하는 기회가 그리 많지 않기 때문에 대부분의 청년은 금욕과 쾌락 사이에 강렬한 갈등을 경험한다. 그래서 이 가운데는 일시적으로 동성애적 경향을 보이는 경우도 있다.

2_ 융(Jung)의 분석심리학

-융의 생애와 인간 이해-

Jung은 1875년 스위스의 케스빌에서 태어났다. 그의 아버지는 개신교 목사였다. 융의 사상에 종교적인 색채가 강한 것은 아버지의 영향만이 아니라, 그의 친척 중에 목사가 많았던 것과도 무관하지 않다. 아버지는 내심 종교적인 의문을 갖고 있으면서도 겉으로는 나타내지 않았으며, 성격 면에서는 친절하고 활달한 모습을 보였지만 사사로운 일에 쓸데없이 시간을 낭비하는 등 내성적인 성격의 소유자였다. 그의 아버지는 고전어, 히브리어, 그리스어, 라틴어에는 능통하였지만, 융의 종교적인 문제에 대한 고뇌에 대해 언제나 틀에 박힌 대응으로 인해 융의 입장에서는 항상 아쉽게 생각하고 있었다.

융의 어머니는 상당히 복잡하고 문제가 많은 사람이었다. 융이 3살 때 부모는 일시적으로 별거를 하게 되고, 어머니는 정서장애와 우울증 증세로 인해 병원에 입원 생활을 하게 된다. 이 당시 융은 심한 습진으로 고생하고 있었는데, 어머니의 이런 모습은 어린 융의 정서에 적지 않게 영향을 주었을 것이라고 예상해 볼 수 있다.

모성성(母性性)의 이중성(융은 이것을 제1인격과 제2인격으로 불렀다) 또는 인격에는 외면(페르소나)과 내면(아니마, 아니무스)의 양면이 공존하고 있다는 그의 이론은 어릴 때부터 끝없이 자신의 내면에서 경험했던 자신의 체험을 통해 생성된 것이라 볼 수 있다. 4살 때 그의 가족은 바렐로 이사를 하게 된다. 그곳은 융의 할아버지가 설립한 정신병원이 있었고, 그의 할아버지는 바렐 대학의 의학 부장이었다. 융은 이후 바렐 대학에 입학하게 되고, 그곳에서 정신의학을 전공하였다. 사실 그는 과학, 역사, 철학, 고고학에 흥미가 많았기 때문에 그의 전공 결정은 간단하지 않았다. 그의 나이 25세에 취리히에 있는 정신병원의 조교가 되었는데, 그곳 병원장은 그의 정신분열증 개념을 정립하는 데 큰 영향을 미친 블로이라였다. 27세에 의학박사 학위를 취득하고, 그해 파리에 가서 수개월 동안 심리학적 연구를 하였다. 그 다음해인 28세에 결혼을 하였고, 그 이후 34세까지는 취리히 대학에서 의사로서, 38세까지는 심리학 강사로서 활동을 하게 된다.

1906년 융은 「조발성 치매의 심리학」을 출판하였는데, 그 내용에는 언어 연상 검사를 사용하여 프로이드의 억압이론의 타당성을 확인하고 지지하는 내용을 담고 있었다. 그는 자신의 책을 프로이드에게 보내게 되고, 그 다음해 프로이드는 융을 빈으로 초대하여 만나게 되는데 이를 계기로 두 사람의 역사적 교류가 시작된다.

1909년 두 사람은 미국의 클라크 대학의 초대를 받고 배에 동승하게 되고 여기서 둘은 「꿈 분석」에 대한 이야기를 나누게 된다. 당시 프로이드는 신경증적 증세의 문제를 갖고 있었는데 융에게 자신의 개인적인 이야기를 하거나 자유연상에 의한 꿈 판단을 하였던 것이다. 그런데 융이 어느 핵심에 접근할 수 있는 꿈과 관련하여 적극적인 자유연상을 요구하였지만, 이때 프로이드는 더 이상을 말할 수 없다고 완강하게 거부하였다. 그 이후 두 사람의 교류는 그렇게 오랫동안 지속되지 못했다.

프로이드의 입장에서 융은 비유대인으로서 자신의 정신분석학을 이해해 준 유일한 친구이며, 또한 국제정신분석학회의 초대 회장으로 추천할 정도로 각별한 관계였다. 그러나 융은 성적인 리비도 이론만이 인간의 전체를 지배한다고 보는 프로이드의 이론을 거부하고 인간은 보다 창조적이면서 영적인 것을 추구하는 존재라고 하는 독자적인 이론을 펴면서 프로이드와 결별하게 된다. 1913년 융은 「무의식의 심리학」을 출판하게 되는데, 이를 계기로 두 사람의 이론은 결정적으로 그 색깔의 차이를 명백히 하면서 결별은 돌이킬 수 없는 상황으로 전개된다. 그러다가 융 자신도 몇 년 동안 심리적 혼란과 불안정한 시기를 보내면서 한동안 대학 강단을 떠나 잠시 활동을 중단하기도 하였다.

1916년(41세)에 들어서 마침내 활동을 재개하고 「심리학적 타입 이론」 등의 많은 업적을 남기게 된다. 융의 지적 활동의 대부분은 실은 자기 자신의 내부 깊은 곳에 존재하는 신비적 세계의 탐구를 향한 여행이기도 하였다. 말년은 취리히 호숫가의 동편에 있는 별장에서 여생을 보냈고, 1961년(86세)에 그의 생은 마감을 하게 된다.

-무의식 세계에 대한 이해-

융 학파는 비록 프로이드와 동일한 정신분석학적 인간 이해의 관점에 서 있지만, 무의식을 억압된 충동의 세계로 보는 프로이드의 무의식론과는 달리 융이 이해하는 무의식론은 「무의식은 의식의 모태가 되어 에너지를 공급해주고 있으며, 억압의 상태가 아니라 보다 자율적인 속성을 갖고 있다」고 보았다. 그러므로 융의 무의식의 이해는 부정적인 측면만 아니라, 성장 촉진적인 측면의 긍정적인 부분을 강조하면서 하나의 전체로서 통일된 형태로 움직이고 있다고 보았다. 그래서 예를 들어 인간의 부적응행동은 대개 문제투성이며, 생활에 방해만 되기 때문에 빨리 제거해야 하는 것으로 인식하고 있지만, 이런 행동도 전체성이라고 하는 관점에서 보게 되면 부적응의 증상은 그 사람의 이제까지 살아온 모습이나 가정 또는 사회의 그릇된 모습을 잘 반영하고 있다는 것을 알 수 있다는 것이다.

퇴행(退行) 현상의 경우도 이제까지는 부정적인 측면만 강조되어 왔지만, 융은 퇴행은 퇴행만을 의미하지 않고 오히려 근원적인 생명으로 되돌아가서 자신의 정신 활동 가운데 재통합하려는 노력이며, 재생과 새로운 탄생의 의미를 갖고 있다고 보았다. 프로이드의 정신분석의 중심 개념인 리비도(libido)에 대해서도 이성(異性)의 부모에 대한 성적 갈망이기보다는 보다 안전하고 재생의 상징인 자궁으로의 회귀 내지 복귀를 갈망하는 욕구로 이해하였다. 그래서 그는 리비도를 성적 에너지로만 한정하지 않고, 생명 에너지의 전반으로 이해하였다.

또한 융은 무의식의 구조에 대한 설명에서 개인적 무의식(personal unconscious) 밑에 존재하는 집단적 무의식(the collective unconscious)의 존재를 가정하였다. 개인적 무의식이란 프로이드가 설명하는 무의식과 동일한 것으로 보고 있으며, 집단적 무의식은 인간의 보편적 경험과 행동 양식을 반영하고 있는 원천이라고 설명하고 있다. 그래서 집단적 무의식은 종(種)의 진화사에서 겪은 어떤 경험이 유전이라는 기제를 통해 한 세대에서 다음 세대로 계승된다고 보았다. 이런 관점에서 보면 부모의 신경증적 증상은 자녀의 문제로 이어질 수 있는 위험성이 충분히 있다고 할 수 있다.

융이 집단적 무의식을 발견하게 된 계기는 정신분열증 환자를 치료하는 경험을 통해서였다. 환자가 표현하는 내용의 이미지는 본인이 개인적 역사에서 경험한 적이 거의 없는 신화(神話)나 옛날이야기와 관련성이 있는 내용을 담고 있었다는 것이다. 그는 이 사실을 통해 집단적 무의식은 개인의 세계를 반영하는 개인적 무의식과 달리, 인간의 보편적 경험과 종의 역사를 반영하고 있다고 보았던 것이다. 융 자신이 아프리카의 어느 낯선 곳을 여행하는 중에 이전에 경험한 적이 없는 풍경임에도 불구하고 어디에선가 동일한 풍경을 경험한 것처럼 느낀 경우가 있었는데, 그는 이것도 집단적 무의식에 의한 현상이라고 보았다.

3_ 아들러(Adler)의 개인심리학

-아들러의 생애와 인간 이해-

알프레드 아들러(Alfred Adler)는 프로이드의 총애를 받았던 제자 중의 한 사람이었지만, 이후 이론적 입장을 달리하면서 프로이드와 결별하게 된다. 아들러는 1870년 오스트리아의 빈에서 태어났으며, 그의 부모는 유대인이었다. 4세 때 질병으로 인한 보행의 어려움 때문에 몇 번이고 길에서 사고를 당하기도 하였다. 그는 자신처럼 신체적으로 약한 사람은 그 대상(代償)으로 독서나 면학에 몰두하여 지적으로 우수하게 되는 것으로 보완한다고 보았다.

그는 빈에서 교육을 받은 후 프로이드의 정신분석학회에 들어가서 프로이드의 가장 우수한 제자로서 두각을 드러냈지만, 1911년(41세)에 프로이드의 주장과 대립하면서 프로이드와 결별을 하게 된다. 아들러가 프로이드와 결별하게 된 배경에는 신경증이나 성격 형성에 있어 중요한 것은 열등감을 극복하고자 하는 「우월에 대한 의지」라는 그의 견해가 프로이드와는 달랐기 때문이다. 이 우월에 대한 의지라는 것은 니이체가 말하는 권력 의지라고도 할 수 있는데, 그는 열등감을 극복하고자 하는 의지가 신경증을 만든다고 주장하였다. 그래서 성적 충동이 신경증 형성에 중요한 역할을 한다고 하는 프로이드의 주장과는 대립을 할 수밖에 없었던 것이다.

아들러는 유아는 어른에게 복종하거나 의존함으로써 생성되는 열등감을 보상하기 위해 권력을 향한 의지(예를 들어, 완고하게 자기의지를 굽히지 않거나 경쟁심을 갖는다)를 불태우게 된다고 보았으며, 여성은 남성에 대해 신체적·사회적으로 열등감에 사로잡혀 있기 때문에 소위 「남성적 항의(masculine protest)」를 몸에 익히게 된다고 보았다. 이처럼 보상 작용(compensation)은 아들러의 이론에서는 열쇠가 되는 중요 개념이다.

-개인심리학(individual psychology)의 확립-

프로이드와 결별한 아들러는 자신이 정립한 심리학을 정신분석과 구분짓기 위해 「개인심리학(individual psychology)」이라 불렀다. 그는 신경증의 발병은 개인이 정당한 적응적 수단에 의해 우월감을 얻을 수 없을 때 생성되는 정신적인 것으로 이는 타인을 지배하고자 하는 형태를 띠게 된다는 것이다. 또한 신경증적인 성격을 지닌 사람은 「권력 의지」가 너무 강한 나머지 자신의 공상적 우월인 「허구 목표(fiction goal)」에 사로잡히게 되고, 이 때문에 사회적 공동 감정이 미성숙하게 된다고 보았다. 그러므로 신경증 치료의 접근은 이러한 굴레에서 벗어나도록 하는 것과 진정한 현실적인 자기(real self)실현, 그리고 사회적 공동 감정의 발달을 촉진시키는 데 있다고 보았다.

아들러는 무의식의 세계에 대한 이해에서 인간을 지배하는 요인은 프로이드가 주장하고 있는 libido나 생물학적인 요인이 아니라, 권력에 대한 의지와 우월에 대한 충동(욕구)이라고 보았다. 이 2가지의 의지와 욕구가 승화되면 '사회 감정'에 대한 흥미를 갖게 되고, 이 사회 감정이 고조되면 이 2가지는 억압되지 않고 제거되면서 원만한 대인관계를 유지하여 조화로운 사회생활을 하게 된다는 것이다. 그는 이것이 가능하도록 하기 위해서는 교육적 측면이 중요하다고 보았다.

아들러는 인간의 심리 상태의 중요한 요인 가운데 생활양식(life style)과 장래의 목표를 제안하였다. 인간의 모든 경험이나 문제, 목표는 그 사람이 갖고 있는 견해(見解)에서 출발하고 있으며, 인간은 이 견해에 따라 살아간다는 것이다. 아들러는 이 견해를 생활양식이라고 명명하였다. 이 생활양식은 4~5세 때 거의 형성되며, 그 이후의 경험은 동화가 중심이 되기 때문에 자신의 생활양식은 결코 변하지 않는다고 보았다. 그래서 그는 비정상적 행동(abnormal behavior)에 대한 심리 치료의 방법으로는 환자의 생활양식을 파악하고, 환자의 목표 내용을 출발점으로 해서 재교육을 시켜야 한다고 보았다.

4_ 에릭슨(Erikson)의 인간발달에 대한 이해

- 에릭슨의 생애 -

에릭슨의 유아기 시절에 대한 이야기는 그리 많이 알려져 있지 않다. 덴마크의 코펜하겐 출신인 부모는 그가 태어나기 전에 이미 별거한 상태였다. 그래서 그는 1902년 독일의 프랑크푸르트에서 태어났지만 아버지는 곁에 없었다. 3살 때 어머니가 유대계 소아과 의사와 재혼을 하게 되면서 새아버지를 맞이하게 된다. 양부는 그에게 친아버지로 인식시키기 위한 노력을 하게 된다. 이런 양부의 모습에 대해 그는 후년에 「사랑으로 포장한 사기」라고 회고하고 있다. 소년 시절 그는 독일인으로서 살아갔지만 양부가 유대인이었기 때문에 학교에서는 반유대주의자들부터 배척을 당했으며, 유대인 교회에서는 그 북유럽풍의 외모로 인해 이교도 취급을 받기도 하였다. 인문계 학교를 졸업한 뒤 대학에 진학하지 않고 예술계에 몸을 담고자 하여 중앙 유럽을 방랑하다가 나중에 뮌헨이나 칼슬 미술학교에서 그림을 배우게 된다.

에릭슨이 정신분석가로서의 길을 걷게 된 것은 그의 나이 25세 때 친구인 피다 브로스의 초대로 빈에 있는 작은 미국인 학교에서 미술교사를 하였던 것이 계기가 되었다. 당시 안나 프로이드의 지도하에 아동분석이라는 새로운 전문 분야가 탄생하였는데 당시 에릭슨은 아이들에게 그림을 가르치면서 브로스와 함께 안나의 분석을 받게 되었던 것이다. 여기서 그는 프로이드와의 만남이 이루어졌다. 그는 정신분석의 이론적 과정을 배우게 되고 마침내 환자와의 상담도 시작하게 되었다. 그러는 동안 미국인 부인을 맞이하게 되고, 2명의 자녀를 두게 되었다. 1933년 정신분석가로서의 훈련을 마치고 빈 정신분석연구소의 연구원이 되었지만, 히틀러의 등장으로 불안을 느껴 같은 해 미국으로 건너가 보스톤에서 아동분석가로서의 활동을 시작하였다. 이때 그의 나이 31세였다.

이처럼 그의 출신과 경력으로 볼 때 에릭슨은 항상 자기 자신에 대한 정의가 필요했던 것으로 여겨진다. 게다가 그는 1939년에 미국 시민이 되었을 때 에릭 혼블루가에서 에릭 혼블루가 에릭슨으로 개명을 하게 된다. 이를 문자 그대로 해석하게 되면 「에릭의 아들」이라는 뜻이 되는데, 이와 같이 그는 사회적·사상적 자기정의를 강조하는 자아정체감의 개념을 만들고 이것을 생애의 연구 과제로서 선택했다는 사실은 대단히 인상적이다. 1994년 그의 생은 마감을 하게 된다.

1. 에릭슨의 성격발달이론

Erikson의 발달이론(Life cycle)은 Freud의 심리·성적 발달이론을 발전시킨 것이다. 그는 Freud의 이론이 문화·사회적 시점이 결여되어 있다는 것에 주목하고, 사회적 현실 속에서 이드로부터 분화된 자아의 역할을 강조하였다. 그의 이론을 보면 |표 1.2.1|과 같이 전 생애를 8단계로 나누고, 각각의 단계에서 발달 과제를 제시하였다. 이 가운데 제1단계(영아기)에서 제5단계(청년기)까지는 각각 Freud가 제시한 제1단계(구강기)부터 제5단계(생식기)까지 대응하고 있다.

Erikson은 Freud의 생식기를 청년기, 성인 초기, 성인기, 노년기로 구분하여 생애의 과정(life cycle)을 설명하였다. 8개의 단계에는 각각 발달 단계 특유의 발달 과제가 있다. 그러나 이것이 그 이전의 단계에 존재하지 않는 것은 아니다. 아기는 2세 이전에도 자율적인 행동을 보인다. 그러나 정상적인 조건이 갖추어지는 2세가 되어서야 비로소 「자율적인 존재인가, 타율적인 존재인가, 어느 쪽을 선택할 것인가라고 하는 전체적으로 위기적 선택을 경험한다」라고 하는 것이다.

2세가 되면 아기는 사회환경이 무언가를 요구하고 있다는 것을 알게 되면서 자기와 환경과의 만남(encounter)을 경험한다. 사회로부터의 요구에 적응하려고 하는 가운데 개인 내에 생성되는 심리적 긴장 상태가 심리사회적 위기이다. 개인이 다음의 발달 단계로 진행하기 위해서는 그 이전의 단계에서 습득한 발달 과제를 사용하여 이 위기를 극복해 나가야 한다고 보고 있다.

그가 저술한 『유아기와 사회(1950)』에서 「우리는 심리사회적 발달은 위기적 단계의 해결에 의해 전진해 나간다. 위기적이라고 하는 것은 전기(轉機)의 특질(特質)이며 전진할 것인가, 후퇴할 것인가, 통합인가, 지체(遲滯)인가를 결정하는 순간의 특질이다」라고 기술하고 있다.

각 발달 단계에서는 각 단계에서 우세한 성격의 구성요소가 있으며, 이 요소를 둘러싼 위기에 직면하게 된다. 이 위기를 긍정적으로 해결한 경우와 부정적으로 해결한 경우를 비교한 것을 설명한 내용을 보면 다음과 같다.

| 표 1.2.2 | 에릭슨의 발달 도식

노년기 VIII								통합 vs 절망, 혐오
성인기 VII							생식성 vs 정체(停滯)	
성인전기 VI						친밀 vs 고립		
청년기 V					정체성 vs 정체성 확산			
아동기 IV				근면성 vs 열등감				
유희기 III			적극성 vs 죄악감					
유아전기 II		자율성 vs 수치심, 회의						
영아기 I	기본적 신뢰 vs 기본적 불신							
	1	2	3	4	5	6	7	8

(1) 영아기 :「기본적 신뢰감」 대「기본적 불신」

출생에서 1세 반까지의 시기에 해당한다. 이 시기의 발달 과제는 기본적 신뢰감의 획득이다. 이 감각은 타인은 일반적으로 신뢰할 수 있는 존재로 느끼면서 동시에 자기 자신에 대해서도 신뢰받을 만한 가치 있는 존재로 인식하는 것을 의미한다.

기본적 신뢰감의 획득에 실패하게 되면 기본적 불신이라는 상태에 놓이게 된다. 기본적 불신은 성인이 되었을 때 타인과의 관계에서 문제가 발생하면 독특한 방법으로 자신의 세계 안으로 움츠러드는 특징적인 모습을 발견할 수 있다.

기본적 신뢰, 또는 기본적 불신의 경향은 영아와 어머니 사이의 상호성 내용에 의해 형성된다. Erikson은「기본적 신뢰가 기본적 불신을 능가하는 영속적인 형태를 확실하게 확립하는 것이야말로 이제 싹이 트려고 하는 성격의 최초의 과제이며, 당연히 어머니의 입장에서 다른 어느 것보다 우선적인 과제이다」라고 기술하고 있다.

(2) 유아 전기 :「자율성」 대「수치심 및 회의」

1세 반에서 4세경까지의 시기에 해당된다. 이 시기의 발달 과제는 자율성의 획득이다. 이 시기의 아이는 배설(排泄)을 중심으로 한「저장」하는 것과「배출」하는 것에 대한 자율적 욕구가 증대한다. 그러나 동시에 이 시기에는 부모에 의한 양육, 즉 아이의 생각대로 배설을 시키는 것이 아니라 부모가 정한 규칙에 의해 배설해야 하는 압력도 증대한다. 이 시기의 아이는 자신의 자율성의 획득을 둘러싸고 부모의 사랑과 승인을 획득하기 위하여 협력과 자기주장, 자기표현과 자기억제 등의 갈등을 체험한다. Erikson은 영속적인 자율과 자존의 감각은「자기평가를 상실하지 않는 자기통제」

의 감각으로부터 생성된다는 사실, 그리고 영속적인 수치심이나 회의의 감각은 근육과 항문의 무능감이나 자기통제의 상실감이나 부모로부터의 지나친 통제 감각으로부터 생성된다고 기술하고 있다.

(3) 유희기 : 「적극성」 대 「죄악감」

4~7세경까지의 시기에 해당된다. 이 시기의 아이는 부모와 같은 사람이 되고 싶다는 욕구를 갖고 싶어한다. 또한 이 시기에 유아적 성적 호기심이 강해서 생식기에 대한 관심을 강하게 갖는 아이도 있다. 이와 같은 욕구나 관심을 갖고 있으면서 환경에 대해서 적극적으로 탐색하고자 한다. 그러나 성적 관심, 여기에다 이성(異性)의 부모나 아이에게 향하는 관심, 그리고 자위(自慰)적 행동은 부모에 의해 금지나 벌을 받기 쉬운 행동이기도 하다.

그러므로 이 시기의 발달 과제는 「상처받지 않는 적극성」의 감각을 몸에 익히는 것이다. 이 감각은 나중에 적극적으로 주위의 세계를 탐색하고, 무언가를 이루어 나가는 것은 즐거운 일이라고 하는 감각을 만들면서 현실적 욕구와 주체성의 감각의 기초가 된다. 반대로 부모의 강한 금지나 벌에 의해 상처를 받게 되면 호기심을 갖거나 주위의 세계를 적극적으로 탐색하는 것 자체가 나쁜 행위로 인식하게 되는 「죄악감」의 감각이 강화된다.

또한 이 시기에는 부모와의 동일성 과정에 의해 아이의 마음에 「양심」이 형성되어 나간다. 어떤 양심이 형성되는가라고 하는 것은 부모의 모습이 중요하며, 만일 전면적인 금지나 적극성의 무시, 그리고 죄악감을 증대시키는 부모가 동일시의 대상이 된다면 양심은 아이의 정신적 건강을 위협하는 존재가 되어 버린다.

(4) 아동기 : 「근면성」 대 「열등감」

8~12세경까지의 시기에 해당된다. 이 시기의 아이들은 이전의 단계에서

적절한 발달 과정을 거치게 되면 일의 달성을 통해 자신이 인정받는 것을 학습하게 된다. 아이들은 초등학교에 진학하여 교육을 받으면서 많은 것을 배우게 된다. 또한 또래들로부터도 많을 것을 배우게 된다. 이러한 경험으로부터 이전처럼 단순한 놀이나 공상만으로는 만족하지 못하고 현실적이면서 실용적인 달성의 만족을 터득하게 된다. 이처럼 주위로부터 승인이나 인정받고 싶다는 욕구를 통해「인내를 통한 달성의 가치」를 깨닫고 이를 위해 노력하여 성취감을 얻게 된다.

그런데 이 단계에서의 위기는 열등감의 발달이다. 예를 들어 학교에서의 생활에 적응하지 못하고 집에서 부모에 대한 의존 심리가 강한 아이들은「인내를 통한 달성의 가치」를 깨닫고 이를 통해 만족감 내지 성취감, 타인으로부터의 인정 등을 받을 수 없게 된다. 이런 아이들은 집단 내에서 점점 열등감만 강화되어 나간다.

(5) 청년기 :「정체감」대「정체감의 확산」

13~22세경까지의 시기에 해당된다. 이 시기의 발달 과제는 자아정체감(ego-identity)의 획득이다. Erikson은 자아정체감을「내적 불변성과 연속성을 유지하는 각 개인의 능력(심리학적 의미에서의 자아)이 타인에 대한 자신의 불변성과 연속성에 합치하는 경험으로부터 생성되는 자신」이라고 정의하고 있다. 이를 좀더 쉽게 설명하면「나는 과거, 현재, 미래의 어느 시점에 있어서도 나이며, 앞으로도 이러한 내가 주체성을 갖고 이렇게 살아갈 수 있을 것이라고 하는 자신(自信)을 말하며, 또한 이렇게 살아가는 자기 자신(自身)이 사회에서도 인정받을 수 있다는 자신(自信)을 말하고 있다」고 할 수 있다.

그래서 자아정체감을 획득한 사람이란 자신을 파악하고 있는 상태이며,

자신의 있는 그대로의 모습이야말로 실제의 자기(自己)임을 인식하는 상태이다. 그러나 자아정체감이 확산되어 있는 상태란 자신이 파악되지 않은 상태이며, 자신의 주체적인 감각이 없는 상태이다.

자아정체감의 획득 여부는 청년기까지의 발달 과제가 어떻게 달성해 왔는가라고 하는 것이 문제가 된다. 왜냐하면 발달해 온 여러 가지의 자아의 평가치가 자아정체감의 감각 안에 통합되기 때문이다.

자아동일성을 획득한 청년은 이후에 자신의 인생을 결정짓는 선택, 예를 들어 배우자의 선택이나 직업의 선택에서 주체적인 판단을 하게 된다. 또한 이런 선택이 주체적이며 안정적인 것이 되기 위해서도 자아정체감의 획득이 필수불가결하다.

(6) 성인 전기 :「친밀감」 대「고립」

23~30세경까지의 시기에 해당된다. 청년기가 끝나면 인간은 사회생활을 하는 가운데 일을 통해서나 이성과의 교제를 통해서 많은 사람과의 인간관계를 맺게 된다. 그래서 이 단계에서의 발달 과제는 친밀감이다. 특히 이 시기에는 이성과의 사이에 친밀감을 실현하고, 이를 통해 마침내 결혼하고, 가정을 만든다고 하는 과제가 있다. 타인과의 관계 속에서 친밀한 인간관계를 만들 수 있을 것인가, 형식적인 인간관계밖에 만들지 못하고「고립」해버릴 것인가라고 하는 것은 자아정체감의 확립 여부에 달려 있다.

(7) 성인기 :「생식성」 대「정체(停滯)」

30세경에서 50세경까지의 시기에 해당된다. 이 시기의 발달 과제는 생식성(生殖性)이다. 생식성이란 다음 세대의 확립과 지도에 대한 흥미나 관심을 말하며, 구체적으로는 자손을 양육하는 일에 에너지를 쏟는 것이다.

부부는 자신들의 자녀를 낳고, 키우고 싶다는 욕구를 갖게 된다. 그런데 이런 생식성의 발달에 실패하게 되면 정체 감각이 침투하고 인간관계가 빈곤화된다. 또한 종종 자기본위적인 인간이 되어서 마치 아이와 같이 자기중심적인 사고를 하게 된다.

(8) 노년기 : 「통합성」 대 「절망· 혐오」

50세 이후의 시기에 해당된다. 이 단계에서의 발달 과제는 「자아통합성」의 획득이다. 「자아통합성」의 상태는 명확히 정의내릴 수 없지만, Erikson은 다음과 같이 기술하고 있다. -「자기 자신의 단 한 번으로 끝나는 life cycle을 수용하는 것, 자신의 부모를 수용하는 것, 그리고 자신의 인생은 자기 자신의 책임이라는 사실을 수용하는 것」이라고 말하고 있다.

단 한 번으로 끝나는 life cycle이 수용되지 않는 사람은 「절망」을 느끼게 된다. 이런 사람은 시간이 없는데 새로운 인생을 시작하려고 발버둥친다든지, 무의식 가운데 죽음의 공포에 휩싸인다든지 하는 사람을 싫어하는 행동을 보인다.

5_ 사회복지실천과의 연관성

정신역동이론의 기본 원리는 1930년대 초에 발달했으며 1937년 Hamilton에 의해 체계화되었고, "심리사회적"이란 용어도 1941년 그녀의 논문에서 사용한 것이 오늘에 이르고 있다. 초기의 수년 동안 심리사회 학파는 이 방법을 "진단적 접근 방법"이라고 하였다. 그 이유는 기능주의 학파와의 여러 가지 차이점들 중의 하나인 진단의 중요성을 강조하였기 때문이다.

사정과 진단은 사회복지실천에 있어 심리사회적 모델의 본질적인 요소이다. 이 접근에서는 사정과 진단을 하지 않고 사회복지실천이 수행된다면 클라이언트의 문제 해결은 이루어질 수 없다고 본다. 그만큼 심리사회적 접근은 사정과 진단을 중요시한다. 심리사회적 접근의 진단과 사정은 클라이언트에 대한 평가를 신중하게 하는 데 있어서 임상사회사업에 크게 기여하였다. 그리고 적절한 전문적인 개입은 상황 속의 인간의 결점을 정확하게 평가하는 것뿐만 아니라 인간의 강점까지 볼 수 있어야 한다.

진단과 사정의 과정과 마찬가지로 심리사회적 접근의 중요한 부분은 변화를 위한 구체적인 개입을 어느 정도까지, 그리고 어떻게 할 것인지를 결정하는 것이다. 그리고 심리사회적 모델의 궁극적인 목적은 클라이언트의 어려움을 경감시키며 사람과 상황의 체계에서의 기능 부적응을 감소시키고자 하는 대단히 광범위한 것이다.

심리사회적 모델을 지향하는 사회복지사는 클라이언트를 정서적으로 지지함으로써 클라이언트 자신의 억압된 생각과 감정, 특히 부모에 대한 억압된 부정적 반응을 인식하고 적절히 표출하도록 도우며, 더 나아가 클라이언트의 자신감과 자존감을 향상시킴으로써 자신이 원하는 삶을 선택할 수 있도록 이끌 수 있다. 심리사회적 모델은 사정을 통한 역동적 진단, 임상적 진단으로 클라이언트 자아의 힘, 양심의 내용, 이상과 포부, 타인과의 성숙도 등을 파악하여 치료나 개입에 크게 이바지할 수 있을 것이다. 구체적으로 4가지로 분류하여 관계를 살펴보면 다음과 같다(이근홍, 2003; 권중돈 · 김동배, 2005).

❶ 정신분석이론

Freud의 이론은 20세기의 서구 문명에 막대한 영향을 주었으며, 전 인류 문명에 광범위하게 영향을 미쳐왔다. 특히 그는 성격심리학의 발달에 대단히 큰 공헌을 하였다. Freud는 성격발달에 관한 최초의 포괄적이고 과학적인 이론을 정립하였으며, 인생 발달 단계의 특징과 심리적 기제를 체계적으로 설명하였다. 정신분석이론은 인간의 정신세계 중에서 무의식에 초점을 두어 무의식적인 성적·공격적 충동에 의해 발생하는 갈등을 파악하고 분석한 이론이다. 이것은 사회복지실천에서 클라이언트의 행동을 이해하는 데 있어서 초기 아동기 부모와의 경험에 대한 중요성을 강조하고 있으며, 클라이언트가 가지고 있는 내면적인 문제를 정확히 사정할 수 있는 기틀을 마련하였다. 또한 정신분석이론은 자아의 방어기제를 통해 클라이언트의 행동을 이해하는 데 유용하게 활용되고 있다.

❷ 분석심리학

Jung의 이론은 현대심리학의 발전에 크게 영향을 미쳤으며 정신의학, 철학, 종교학 등을 비롯한 다양한 학문 분야의 발전에도 기여했다. 그의 이론 중에서 특히 내적 경험의 중요성, 인간 본성의 양면성, 상징주의, 중년기 발달에 대한 관심 등은 지금까지도 중요하게 다루어지고 있다.

분석심리학이론은 무의식의 본질에 주된 관심을 두면서 성격 기능의 다양한 체계를 포괄하는 이론이다. 이것은 사회복지실천에서 클라이언트로 하여금 자신의 무의식에 대한 관심을 통해서 성격의 안정과 발전을 기할 수 있게 하며, 반대의 성에 대해 이해와 화합을 촉진하여 가족 관계의 원활함을 기할 수 있게 한다. 특히 분석심리학이론은 인간의 성격발달에서 중년기의 중요성을 강조하고 있어서 사회복지사에게 중년기의 위기와 문제에 대해서도 관심을 갖게 한다.

❸ 개인심리이론

Adler는 유전적 요인과 환경적 요인이 성격 형성에 미치는 영향을 인정하고 있지만 각 개인이 가지고 있는 창조적 힘이 인간의 본성을 결정하는

데 보다 더 중요하다고 보았다. 이러한 관점에 의해서 개인심리 치료에서는 클라이언트가 자신의 사고, 감정, 행동에 책임을 지도록 원조하는 데 목표를 두고 있다. 즉 개인심리이론에 입각한 사회복지실천은 클라이언트의 잘못된 사회적 가치를 수정하여 클라이언트로 하여금 인생에 잘못된 신념을 확인하고 변화하도록 도움을 준다.

❹ 심리사회이론

Erikson의 이론은 생애 주기를 통한 전 생애의 발달 변화를 강조하였으며, 사회적·문화적 요인을 배경으로 인간발달을 이해하게 함으로써 정신분석학을 확대·발전시켰다. 그의 이론은 인간 성격의 건전한 발달을 위한 가능성을 제시했으며, 성숙의 개념을 보다 폭넓은 의미로 이해하고 활용할 수 있도록 하였다. 심리사회이론은 자아의 발달과 기능에 큰 관심을 갖고 인간행동의 발달에서 사회적·문화적 요인을 중요시하면서 점성 원칙에 의해 지배되는 인간의 전 생애를 통한 발달 변화를 강조한 이론이다. 이것은 사회복지실천에서 전 생애를 통한 인간행동의 발달에 관심을 갖게 하였으며, 인간행동의 발달에서 클라이언트에게 영향을 미치는 중요한 타자들(significant others)의 역할에 대해 주목하도록 하였다. 특히 심리사회이론은 청소년기의 자아정체감 확립의 중요성을 강조하여 청소년과 함께 일하는 사회복지사에게 정체감 확립에 기여할 수 있는 주변 상황을 조성하도록 하고 있다.

Chapter 3

행동이론 및 인지발달이론

1_ 행동이론

반사와 같은 대뇌 활동의 간섭을 받지 않는 미분화적인 행동을 제외한다면 인간의 행동은 그 사람의 내면적인 세계를 반영하고 있다고 말할 수 있다. 이 관점에서 성격은 행동을 규정한다고 보고 있으며, 인간의 행동 방식 그 자체는 성격의 일부라고 간주한다. 이런 성격 이해를 하고 있는 학습이론적 입장에서는 정신적인 면이나 의식과 같은 내면적 활동보다는 외부적으로 표출되는 행동이 주요 관심의 대상이 된다. 이 이론에서는 성격이 구체화된 형태가 행동이며, 이것은 경험에 의해 변한다고 보고 있다. "나에게 건강한 아기와 잘 갖추어진 환경을 제공해 준다면 이 아기의 부모가 어떤 인종, 신분, 능력에 상관없이 내가 원하는 인간으로 키울 수 있다"라고 호언하였던 미국의 행동주의 심리학자인 Watson의 이 주장은 학습이론적 인간 이해를 대변해 주고 있다.

행동이론의 기본 개념인 '학습(learning)'이라고 하면 일반적으로 학교나 학원 등의 공적·사적 기관에서의 교과 학습과 같은 것으로 이해하기 쉬우나, 심리학에서는 경험에 의한 행동의 변화를 학습이라는 개념으로 간주하고 있다. 언어나 운동, 지식, 감정에 이르기까지 인간 생활에 필요한 거의 모든 기능은 과거 경험의 산물이라 볼 수 있다. 생물학적 존재인 '사람'이

사회문화적인 존재인 '인간'이 되기 위해서는 인간 사회에서의 학습이 필수불가결하다는 사실은 인간 사회에서 격리되어 생활했던 야생 소녀에 대한 사례 보고를 통해서도 쉽게 알 수 있다.

심리학에서 말하는 학습의 개념을 좀더 자세히 알아보면 다음과 같다.

첫째, 학습은 경험의 결과로서 생성되는 것이다. 그러므로 성숙이나 질병에 의한 것은 해당되지 않는다. 둘째로 학습은 약물이나 피로에 의한 일시적인 행동 변화와는 달리, 비교적 지속적으로 유지되는 행동 변화를 말한다. 또한 학습이란 외부에서 관찰 가능한 행동 그 자체만을 가리키는 것은 아니다. 예를 들어, 자전거를 타기 시작한 아동이 연습을 통해 점차 능숙하게 되었을 때 여기에는 학습이 생성되었다는 사실이 추측 가능하다.

이와 같이 학습이란 행동과 이것을 유발하는 자극을 연결하는 것으로 추정되는 과학적 구성 개념 또는 매개 변수의 하나이다.

학습에 관한 이론적 입장에는 크게 자극-반응이론(연합설)과 인지이론이 있다. 전자의 관점은 Pavlov의 조건반사이론, Thorndike의 시행착오설, 그 밖에 행동주의자인 Watson, Guthrie, Hull 등의 이론에서 볼 수 있는 것으로 학습을 경험에 의해 자극과 반응이 연결되는 것으로 이해한다. 반면 후자의 관점에서는 학습의 본질을 지각 또는 인지의 재(再)체제화로 본다. 예를 들어 캘러는 침팬지를 대상으로 한 실험에서 장면 전체를 정확히 파악하는 통찰력을 통해 문제 해결이 가능하다는 사실을 밝혀냈다. 또한 Tolman은 학습을 해당 장면에 있어 수단-목적 관계에 대한 기대 또는 인지라고 주장하고 있다. 그러므로 학습 현상을 보다 광범위하게 이해하기 위해서는 자극-반응이론과 인지학습이론의 두 입장에서 바라보는 자세가 필요하다.

여기서는 자극-반응이론으로는 Pavlov의 고전적 조건형성(respondent 조건 형성)이론과 Skinner의 도구적(조작적) 조건형성(operant 조건 형성)

이론을 중심으로 알아보고, 인지학습이론으로는 Bandura의 사회적 학습 이론을 중심으로 살펴보고자 한다.

1. 파브로브(Pavlov)의 고전적 조건 형성

고전적 조건 형성(classical 조건 형성)은 러시아의 생리학자인 Pavlov가 위액이나 침액 분비에 대해서 연구하는 가운데 실험 중에 이용되었던 개가 사육사의 발자국 소리나 열쇠 소리에 반응해서 침액을 분비한다는 사실을 발견하게 되는데, 이를 정신성 분비라고 부르면서 조건 형성에 관한 연구를 하는 계기가 되었다.

| 그림 1.3.1 | 파브로브의 고전적 조건 형성의 실험 장치

그는 |그림 1.3.1|과 같은 실험 장치를 이용하여 개의 침액선 개구부에 튜브를 연결해서 침액 양을 정확히 측정하였다. 먹이로는 양의 조절이나 취급이 용이한 고깃가루를 사용하였다. 실험은 개를 공복 상태로 만든 후에 시작하였으며, 방법은 먼저 개에게 메트로놈 소리를 들려주고, 곧 이어서 고깃가루를 제시하였다. 그러자 실험 초기에는 메트로놈 소리에 귀를

쫑긋 세우는 정도였지만, 이런 경험이 반복되자 나중에는 메트로놈 소리만으로도 개의 침액이 분비되는 현상이 나타났다. 이때의 침액 분비를 조건 반응(CR : conditioned response), 메트로놈 소리를 조건 자극(CR : conditioned stimulus)이라 부른다. 한편, 생득적인 침액 분비는 무조건 반응(UCR : unconditioned response), 그리고 이런 반응을 이끌어내는 고깃가루는 무조건 자극(UCS : unconditioned stimulus)이라 부른다(|그림 1.3.2|).

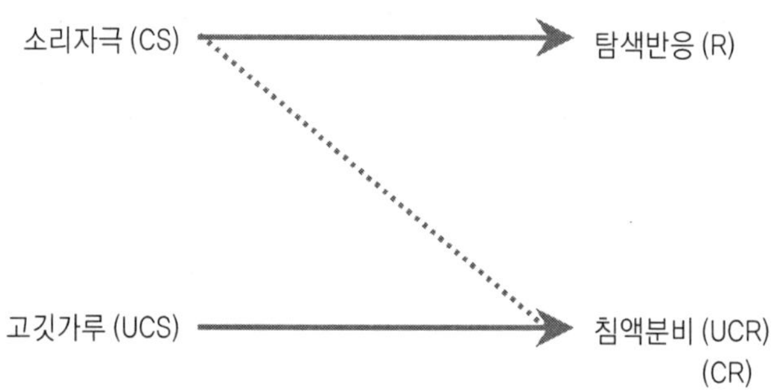

| 그림 1.3.2 | 고전적 조건 형성의 도식

고전적 조건 형성의 전형적인 과정은 |그림 1.3.3|과 같다. 메트로놈(CS)과 고깃가루(UCS)를 거의 동시에 제시(이것을 강화, reinforcement라 부름)하면 조건 반응(CR)은 점차 증가하게 된다. 그러나 이후에 UCS는 제시하지 않고 CS만을 계속 제시하면 침액 분비까지의 시간이 점차 길어지면서 마침내 침액은 분비되지 않게 되는데, 이것을 소거(extinction)라고 한다.

조건 반사가 성립된 후, 여기에 사용된 것과 조금 다른 자극(첫 박자가 다른 메트로놈 소리)을 제시하여도 조건 반사가 생성된다. 이것은 조건 반사가 본래의 조건 자극과 조금 다른 자극까지 보다 광범위하게 형성된 것으로 이해할 수 있으며, 이를 일반화(generalization)라 부른다. 일반화된 조건 반사는 대개 원래의 조건 자극에 대한 반사보다 약하며, 두 자극 간의 특성 차이가 클수록 일반화는 감소하게 된다.

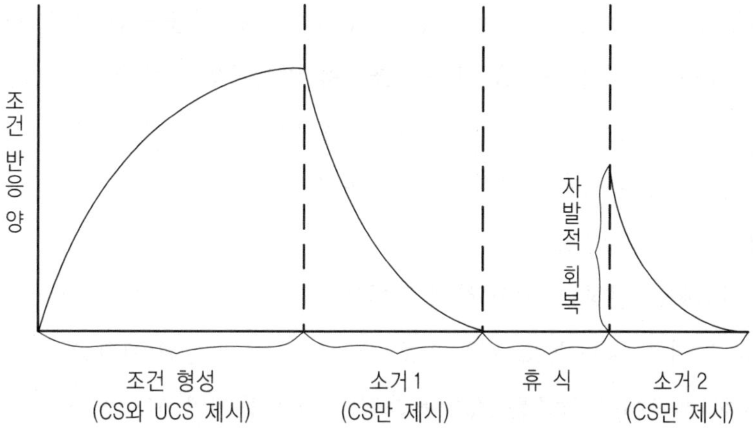

| 그림 1.3.3 | 고전적 조건 형성과 소거

이런 고전적 조건 형성의 원리를 이용함으로써 처음에는 공포 대상이 아니었던 자극에 대해 공포 반응을 조건화할 수도 있다. 한 예로 바닥에 금속 격자를 깔아 놓은 상자에 흰 쥐를 넣고 하나의 소리 자극을 제시할 때마다 금속 격자를 통해 전기 충격을 가하는 과정을 반복하면 마침내 소리 자극만을 제시하여도 전기 충격을 가했을 때와 동일하게 공포 반응을 보이게 된다. Watson이 유아를 대상으로 실시한 다음의 실험도 고전적 조건 형성에 의한 공포 반응 조건 형성에 관한 하나의 예라고 볼 수 있다. 그는 이제까지 흰 쥐를 좋아하며 놀았던 생후 11개월 된 남아가 흰 쥐를 무서워하도록 실험적으로 조작하였다. 그는 이 아동이 흰 쥐와 놀려고 접근할 때마다 공포감을 느낄 만한 큰 소리를 냈다. 그러자 이 아동은 그 소리에 너무 놀란 나머지 몸을 부들부들 떨었다. 이런 경험을 여러 번 반복하는 동안에 이 아동은 흰 쥐를 보는 것만으로도 굉음을 들을 때와 동일한 공포 반응을 보

였으며, 이제는 흰 토끼에 대해서도, 흰 모피 코트에 대해서도 동일한 공포 반응을 보이는 일반화 현상이 나타났다.

성인에 대해서도 공포 반응을 조건화할 수 있다. 일반적으로 공포 반응은 피부 전기 반응, 호흡, 맥박 등을 통해 나타난다. 예를 들면 어떤 도형을 제시할 때마다 전기 충격을 가하는 조작을 반복하면 나중에는 그 도형을 보여주는 것만으로도 피부 전기 반응, 호흡, 맥박 등에 명백한 변화가 나타난다. 일상생활에서도 관찰할 수 있는 현상으로는 한 번 주사를 받은 아동이 의사를 보는 것만으로도 무서워한다든지, 다른 흰옷을 입은 사람들까지도 무서워하는 현상, 그리고 화재 경험을 갖고 있는 성인이 사이렌 소리에 공포를 느끼는 경우 등도 모두 공포 자극이 조건 형성된 결과로 볼 수 있다. 또한 레몬이나 석류를 보거나 그런 단어를 듣기만 해도 입 안에 침이 고이게 되는데, 이런 현상도 레몬이나 석류를 먹어 본 경험에 의한 결과로 볼 수 있으며, 이 과정도 고전적 조건 형성의 원리로 설명이 가능하다. 자동차 문을 열 때 몇 번이나 정전기를 경험한 사람은 비록 이 현상이 공기의 습도나 입고 있는 옷의 종류에 의한 것이지만 문을 열 때마다 잠시 머뭇거리는 행동을 보이기도 한다.

그 외에도 무서워할 필요가 전혀 없는 작은 동물이나 물리적 자극(높은 곳, 사방이 막힌 공간, 어두운 곳, 소리 등)에 대한 지나친 공포 반응도 이런 원리와 동일한 방식으로 형성된 경우가 많기 때문에 조건 형성은 임상심리학에서도 중요한 의미를 갖고 있다. 하나의 강한 공포감을 체험했을 때 존재하고 있었던 자극에 대해서 공포 반응이 조건화되고, 나아가 다른 유사 자극에 대해서도 공포감을 느끼는 현상, 소위 자극 일반화(stimulus generalization) 현상에 의해 공포증이 형성된 것으로 이해할 수 있다. 그러므로 조건화되어 버린 공포 반응을 소거하는 것이 공포증의 치료법이라 볼 수 있다.

2. 스키너(Skinner)의 도구적 조건 형성

- 스키너의 생애 -

1904년생인 스키너(B. H. Skinner)는 1931년 하버드 대학에서 철학박사 학위를 취득하고 미네소타 대학과 인디아나 대학을 거쳐 1948년 모교인 하버드 대학에 교수로서 돌아왔다. 1970년대까지 논쟁의 대상이 되었던 그의 학습이론이 실제 교육이나 적응, 그리고 사회 문제 등에 폭넓게 응용되면서 미국에서 가장 유명한 심리학자로서 그 명성을 얻게 된다. 1960년대 후반 정신장애자를 대상으로 한 치료법에서도 행동 치료적 접근법이 사용되면서 스키너의 이론은 더욱 관심을 받게 된다. 1970년대에 나온 그의 저서 『Beyond Freedom and Dignity』는 오페런트(operant) 조건 형성을 이용하여 사회를 컨트롤하는 계획에 대해서 기술하고 있다. 그는 저서에서 이 방법을 사용하게 되면 우리 사회는 지금보다 훨씬 평화롭고 질서가 있으며, 협조적이며 효율적인 사회가 될 수 있다고 기술하고 있다. 그의 이론은 아동발달이론에도 큰 영향을 주었다. 1974년 현역에서 물러나 명예교수로 있다가 1990년에 백혈병으로 사망하게 되는데, 그는 죽기 전날에도 논문을 작성하는 열정을 보일 정도로 최후까지 현역의 모습을 보였다.

- 스키너의 도구적 조건형성이론 -

Skinner는 동물의 행동을 조직적으로 연구하면서 인간행동 형성의 원리를 구명하기 위해 |그림 1.3.4|와 같은 Skinner 상자라고 하는 독창적인 실험 장치를 고안해 냈다. Skinner 상자에는 페달과 먹이 접시가 달려 있으며, 페달을 누르면 알약처럼 정제된 형태의 먹이가 하나씩 굴러 나왔다. 공복 상태인 상자 속의 흰 쥐는 처음에는 이리저리 왔다갔다 하다가 우연히 페달에 닿게 되면서 이것을 누르게 된다. 그러자 먹이가 나오고 흰 쥐의

공복은 해결된다. 이런 과정을 반복적으로 경험하는 가운데 점차 페달을 밟는 시간의 간격은 단축되어 간다.

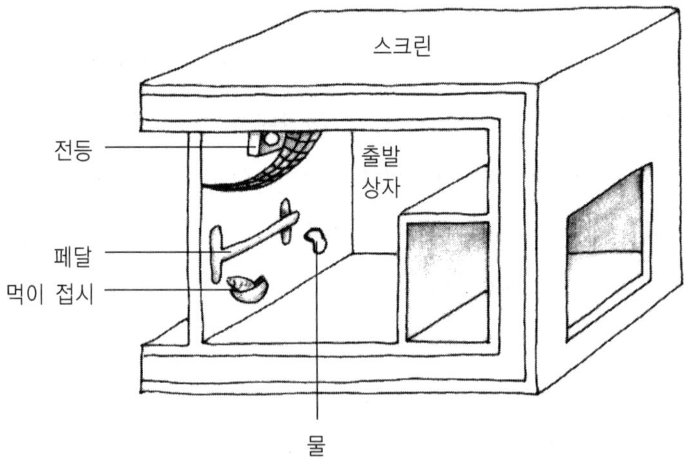

| 그림 1.3.4 | 스키너 상자(Skinner, 1938)

페달 (CS) ······ 페달을 밟는 반응 (CR) —— 수반성 —— 먹이 (UCS) —— 먹다 (UCR)

| 그림 1.3.5 | 도구적 조건 형성의 도식

도구적 조건 형성을 도식적으로 그려보면 |그림 1.3.5|와 같은 과정이 된다. 페달을 밟는 반응(CR)은 어디까지나 흰 쥐의 자발적 반응이며, 고전적 조건 형성처럼 이 반응을 강제적으로 발생시키는 무조건적 자극이 존재하는 것은 아니다. 또한 이 반응은 동물이 환경에 대해 작용(operate)하는 행동이라는 의미에서 operant라고 불리고 있다. Skinner 상자는 상자 안에

서의 여러 행동 가운데 페달을 밟는 특정의 반응(CR)에 대해서만 선택하여 강화한다. 여기에서 CR에 대해 제시되는 먹이를 강화 자극이라 하며, 이렇게 하는 조작을 강화라고 한다. 또한 이러한 반응과 강화 자극의 관계를 특히 수반성(contingency)이라 하며, 이 둘 사이의 시간 간격이 짧을수록 조건 형성의 효율은 그만큼 높아진다.

일반적으로 operant 조건 형성에서 강화의 기능으로 사용되었던 먹이 이외에도 강화 자극은 학습자의 욕구를 충족시켜 주는 것이라면 무엇이든 상관없다. 예를 들어 인간의 경우에는 언어 자극이 강화의 기능을 하기도 한다. 대화 장면에서 상대방이 적극적으로 자신의 의견에 대해 맞장구를 쳐주면 점차 상대방의 발언 빈도가 높아지는 경우를 볼 수 있는데, 이런 경우는 상담 장면에서도 발견할 수 있다.

한편 operant 조건 형성이 성립된 후에 조건 반응이 생성되더라도 강화 자극(먹이 등)을 전혀 제시하지 않으면 조건 반응의 빈도는 점차 감소되면서 마침내 거의 반응이 나타나지 않게 된다. 이것이 operant 조건 형성에서의 소거 현상이다.

이처럼 operant 조건 형성은 하나의 행동에 의해 후속적으로 발생하는 결과에 따라 그 행동의 발생 빈도가 높아지기도 하고 낮아지기도 하는 현상에 대한 이론이라고 할 수 있다. 즉 이 조건 형성은 '결과에 의한 학습'이라 말할 수 있다. 예를 들어, 심리학 수업을 청강하던 학생이 수업에 대해 상당히 흥미를 느끼게 되자 매 시간 한 번도 빠지지 않고 수업에 참석하게 된다든지, 몇 번이고 정성을 담아서 편지를 보냈지만 답장이 오지 않자 결국 편지를 쓰지 않게 되는 경우 등은 이런 조건 형성의 원리로서 설명할 수 있는 행동이다.

한편 operant 조건 형성은 반응에 대해 항상 강화를 하지 않아도 성립되기도 한다. Skinner 상자에서 흰 쥐가 페달을 밟을 때마다 먹이를 주지 않고, 몇 번에 한 번 꼴로 먹이를 제공하여도 페달을 밟는 행동이 사라지지 않고 지속되는 현상을 발견할 수 있는데, 이를 부분 강화라고 한다. 부모가 가끔밖에 칭찬하지 않았음에도 불구하고 자녀의 바람직한 행동이 유지되는 현상은 이런 강화의 한 예라고 볼 수 있다. 부분 강화에는 반응 횟수에 따라 강화하는 방법, 시간에 따라 강화하는 방법, 또는 횟수나 시간을 고정하는 방법, 무작위로 하는 방법 등 다양한 방식이 있다. 이런 강화의 방식을 '강화 스케줄'이라 부른다.

3. 반듀라(Bandura)의 사회적 학습이론

- 반듀라의 생애 -

반듀라(A. Bandura)는 1925년 12월 4일 캐나다 알버트주의 어느 한 시골에서 태어났다. 그는 1949년 브리티슈 콜롬비아 대학을 졸업하였으며, 이후 이 대학에서 명예박사 학위를 취득하였다. 대학원은 미국으로 건너가 1951년에 아이오와 대학의 대학원에서 석사 과정을 마치고, 그 다음해인 1952년에 박사 학위를 취득하였다. 1953년 스텐포드 대학의 조교 활동을 시작으로 이후 줄곧 이 대학에 머물게 된다.

반듀라의 학회 활동은 매우 왕성하여 1974년에는 미국 심리학회 회장을 역임하였으며, 1980년에는 미국 서부심리학회 회장을 역임하기도 하였다. 또한 같은 해 심리학 발전에 기여한 공로가 인정되어 1980년에 미국 심리학회로부터 공헌상을 수상하였는데, 그의 명성은 지금까지도 여전하다. 그의 학술상의 주요 업적은 자기 스스로 '모델링(modeling)'이라고 이름을 붙인 테마에 관한 정열적인 기초 연구와 그 응용이다. 이 모델링 개념은 심리학의 각 분야에서 언급되고 있는 주요 개념으로 확고하게 자리를 잡고 있는 상태이며, 행동 치료의 영역에서도 모델링 치료라고 하는 기법이 사용되기도 하고 있다. 이외에도 그의 업적에는 이후에 '자기효능감(self-efficacy)' '상호 결정주의(reciprocal interaction)' 등의 새로운 개념이 소개되기도 하였다. 여기서 관찰 학습을 중심으로 그 내용을 살펴보자.

-관찰 학습-

지금까지 동물을 이용한 연구가 인간 학습의 기초적 원리를 해명하는 데 큰 기여를 해왔다. 그러나 이런 원리로 인간의 학습을 전부 설명하려고 한다면 한계를 느끼게 될 것이다. 왜냐하면 인간의 학습은 인간이 갖고 있는 특수한 조건을 고려해야 하기 때문이다. 즉 인간의 경우는 자신의 체험을 통한 학습 이외에도 타인의 행동을 관찰하는 것만으로도 타인의 행동을 자신의 것으로 학습할 수 있다.

Bandura는 이러한 인간의 관찰 학습(modeling)은 조건 형성과 같은 어떤 특정의 자극-반응의 연합이 아니라 |그림 1.3.6|과 같은 하위 과정에 의해 성립된다고 가정하였다.

① 주시(注視) 과정 : 관찰자가 어느 모델의 어떤 반응에 대해 주시하는가라는 문제와 관련된다.
② 보존 과정 : 관찰 내용을 이미지나 언어라고 하는 상징적 표상을 이용하여 머릿속에 기억하여 보존한다.
③ 운동 재생 과정 : 보존된 상징적 표상을 토대로 모델의 행동과 자기행동과의 차이를 조정한다.
④ 동기화 과정 : 자신에게 바람직한 결과를 얻을 수 있다고 예상될 때에는 행동으로 옮기지만, 그렇지 않을 때에는 행동으로 표출하지 않는다.

모델제지 →	주시 과정 →	보존 과정 →	운동 재생 과정 →	동기화 과정 →	일치반응
	〈모델링 자극〉 • 두드러진 특징 • 감정적 유의성 • 복잡성 • 기능적 가치 〈관찰자의 특질〉 • 감각 능력 • 각성 수준 • 지각적 준비 상태 • 강화 경험	〈상징적 코딩〉 • 인지적 체제화 • 상징적 리허설 • 운동 리허설	• 신체 능력 • 성분 반응을 이용 • 재생 반응의 자기 관찰 • 정확도에 대한 피드백	• 외적 강화 • 대리 강화 • 자기 강화	

| 그림 1.3.6 | 관찰 학습(modeling)의 과정(Bandura, 1977)

Bandura(1965)는 유아에게 공격적인 내용을 담고 있는 비디오를 보여 준 다음에 공격행동에 대한 관찰 학습의 효과를 검토하였다. 제1집단의 유아(모델-보수 집단)에게는 한 여성이 공기로 가득 찬 비닐제의 인형을 던지거나 발로 차거나 때리는 행위를 하였을 때, 주스나 캔디를 보상으로 받는 비디오 장면을 보여 준다. 제2집단의 유아(모델-꾸중 집단)에게는 모델 여성의 공격적 행동에 대해 꾸중하는 장면을 보여 준다. 제3집단의 유아(무강화 집단)에게는 모델의 공격적 행동에 대해 상도 벌도 제시하지 않는 장면을 보여 준다.

이런 각각의 실험 조건에 따른 과정을 거친 후, 관찰자인 유아들에게도 완구나 비닐제 인형을 제공하여 자유롭게 갖고 놀 수 있도록 하면서 그들의 공격적 행동을 관찰하였다. |그림 1.3.7|에 나타난 결과를 보면 비디오 여성이 보수를 받는 모델-보수 집단과 무강화 집단 관찰 조건에서는 관찰자의 공격적 행동이 모델과 같은 정도였지만, 모델-꾸중 집단 관찰 조건의 경우에는 관찰자의 공격적 행동의 발생률이 낮게 나타났다. 이것은 모

델의 행동에 대한 강화의 유·무가 관찰자의 모방행동에 영향을 주었다고 볼 수 있는 실험 결과이며, 이를 대리 강화(vicarious reinforcement)라 부른다.

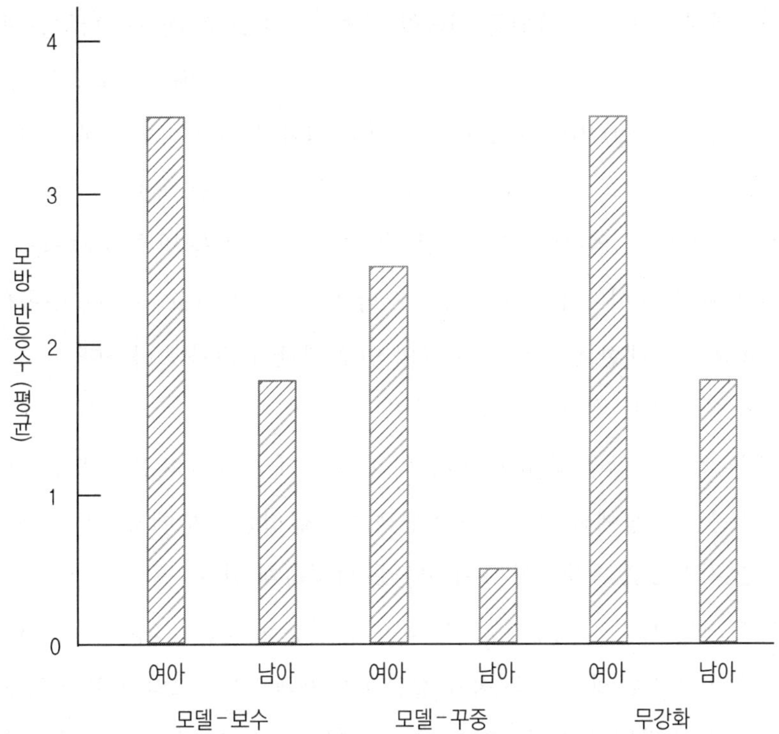

| 그림 1.3.7 | 공격행동의 모방(Bandura, 1965)

2_ 피아제(Piaget)의 인지발달이론

-피아제의 생애-

피아제(J. Piaget)는 1896년 출생으로 어릴 때부터 또래 아이에 비해 조숙하였다. 그는 특히 10세경부터 생물학에 열중하여 생물학적 지식에 대한 강한 호기심을 갖고 있었다. 그래서 그는 이미 21세에 스위스의 누샤텔 대학에서 박사 학위를 취득하였으며, 연체동물을 중심으로 한 생물학 논문을 20편이나 발표하기도 하였다. 일찍부터 이렇게 시작한 생물학 연구는 이후 심리발달에 있어서의 개념 형성에 큰 영향을 미치게 된다.

자연과학에서 박사 학위를 취득한 그는 심리학으로 관심의 방향을 돌려 스위스의 심리학연구소에 이어 파리의 소르본누 대학에서 수학하게 된다. 파리에 있는 동안(1919~1921) 그는 지능 검사의 대가인 알프레드 비네의 연구소에서 아동의 능력 테스트를 표준화하는 연구를 하였다. 이 연구에서 피아제는 아동이 얼마나 정답을 잘 맞추는가에 초점을 맞추기보다는 아이들이 문제를 풀어나가는 과정에서 오답 반응 시의 사고 과정에 주목하였다. 이 문제에 대한 관심은 이후 그의 연구 과제가 되기도 하였다.

1929년 쥬네브 대학의 교수로 임명되면서 이때부터 그의 관심은 영아기의 지능 기원의 탐구 및 유아·아동의 기본적 개념 형성의 분석에 집중되었다. 이 분석 과정에서 피아제는 실험적으로 설정한 장면에서 3명의 자녀행동을 조직적으로 관찰하여 그의 이론을 확정하게 된다.

이후 그는 계속적으로 지능발달의 연구를 통해 청년기 때부터 꿈꾸어 왔던 과학적 인식론의 구축을 점차 실현해 나가게 된다. 그의 이런 노력은 과학적 지식이 발생하고 형성되어 가는 과정을 개체 발생과 계통 발생의 양면에서 실증적으로 연구해 나가는 길을 열어 놓은 셈이 된다. 그래서 피아제는 사실 아동심리학자로서 그 지명도가 높지만, 그는 자신을 발생적 인식론자(genetic epistemologist)라고 불렀다. 즉 그의 연구의 중심적 과제는 「아동은 어떠한가」가 아니라, 「인간의 지식은 어떻게 발달하는가」에 있었다. 부언설명하면 「시간의 흐름에 따라 인식하는 자신과 인식되는 사실과의 관계는 어떻게 변화하는가」라는 것이다. 그의 후반부 인생은 이 새로운 분야의 개척에 모든 에너지를 쏟아 붓게 되고 이 연구가 오늘날 심리학계나 교육학계만이 아니라, 사상계 전체에도 큰 영향을 미쳤다고 하는 사실을 부정하는 사람은 그다지 많지 않을 것이다.

- Piaget의 인지발달이론 -

우리 주위에 제공되고 있는 정보를 처리하는 정신적 기능 즉 지각, 사고, 지능, 언어 기능 등을 통틀어서 '인지(cognition)'라고 부른다. 다양한 정보를 종합적으로 분석, 해석, 이해하고 적절하게 대응하는 인지 활동을 통해 우리 인간은 자신이 처한 여러 상황을 효과적이면서 적절하게 대처할 수 있게 되는 것이다.

20세기 최대의 발달심리학자라고 불리는 Piaget(1952)는 아동 관찰과 실험을 통하여 인지 내지 사고가 감각운동기(0~2세), 전조작기(2~7세), 구체적 조작기(7, 8~11, 12세), 형식적 조작기(11, 12~14, 15세)라고 하는 단계를 거쳐 발달해 나간다고 보았다. Piaget는 인지적 활동에 관여하는 것으로서 도식(Schema)이라고 하는 개념을 도입하였다. 그는 'schema(불어로는 쉐마)'를 「유사한 환경에서의 반복을 통해 일반화된 행동의 조직화나 심적 구조(심적 도식)」라고 정의하였다. 쉽게 말하면 인간의 모든 행동과 사고의 목적은 자신이 처해 있는 환경에 보다 효과적으로 적응해 나가는 데 있으며 어떤 방식으로든 효과적으로 적응해 나가는 방법을 터득해 나가는데, 이것이 바로 Piaget가 말하는 소위 schema에 해당된다고 말할 수 있다. 그러므로 인지발달은 schema의 발달에 의해 이루어진다고 본다.

1. 쉐마(Schema)의 형성과 발달

Schema는 연령발달과 함께 단순한 패턴에서 점차 복잡한 패턴으로 발전해 나간다. 갓 태어난 신생아의 schema는 원시적 반사 운동이 일반적인

데, 예를 들어 빨기 반사나 하품, 재채기 등의 반사를 통해 환경에 적응해 나간다. 이후 뇌신경이나 감각 운동 능력이 발달하게 되면 지적 schema, 예를 들어 상상력이나 추리력, 변별력 등의 발달로 인해 schema의 수가 점점 증가하고 복잡해진다.

그렇다면 schema는 어떻게 생성되는가? 그 생성 과정을 이해하기 위해서는 '동화(assimilation)'와 '조절(accommodation)'이라는 개념에 대한 이해가 필요하다. 먼저 '동화'란 「지각한 대상의 특징을 현존하는 schema와의 조화를 통해서 그 대상을 수용하고 이해하는 과정」을 말한다. 이것은 새로운 물체나 현상을 기존의 쉐마에 통합하는 것이라고 할 수 있다. 한편 「동화할 수 없는 대상을 동화하고 이해할 수 있도록 하기 위해서 현존하는 schema를 수정하는 과정」을 '조절'이라고 한다. 예를 들어 지금까지는 한 손으로 가볍게 잡을 수 있었던 물건을 이제는 대상의 크기나 무게에 따라 잡는 행동을 바꾸는 영아의 행동은 조절의 과정이라 볼 수 있다.

출생 시의 schema는 거의 생득적이지만, 이것이 동화와 조절이라는 과정을 통해 수정되고 통합되는 가운데 인간은 외부 세계에 적응해 나가게 된다. 즉 동화와 조절이라는 과정을 통해 생득적이었던 쉐마가 다양해지고 복잡해지는 것이다. 이처럼 사회에의 적응은 동화와 조절의 기능에 의해 달성된다.

Piaget는 아이들의 놀이 활동을 설명할 때도 동화와 조절을 기초 개념으로 사용하면서 동화가 조절에 대해 우위에 있을 때를 놀이 활동으로, 그리고 조절이 동화보다 우위를 차지하고 있을 때를 모방 행위로 보았다. 소꿉장난이나 의사놀이 등의 상징놀이는 현실의 세계를 자신의 schema에 동화시킴으로서 성립되는 활동이라 볼 수 있다. 이런 놀이 세계에서는 자동차가 하늘을 날아다니기도 하고, 인형이 사람처럼 말을 하기도 한다.

2. 인지발달 단계

Piaget는 인간발달의 기본적 요소로 「유전(내적 성숙), 신체적 경험, 사회적 전달, 그리고 균형」으로 보았다. 그는 먼저 「유전(내적 성숙)」은 발달을 촉진시키는 데 필요하지만, 이것만으로는 충분하지 않다고 보았다. 이외에도 사물이나 현상 등을 이해하기 위해서는 직접 그 대상을 조작한다든지 관찰하거나 소리를 듣거나 냄새를 맡는 등의 탐색 행위, 즉 「신체적 경험」으로부터 일반적 논리 또는 사물의 성질, 기능 등의 지식을 획득해 나가는 것이 필요하다. 그러나 발달에는 내적 성숙 및 신체적 경험만으로는 부족하며 「사회적 전달」, 즉 넓은 의미에서 교육적 행위가 필요하다.

그리고 이런 「성숙」 「신체적 경험」 「사회적 전달」이 잘 조화되어 「균형 상태」를 유지하는 가운데 발달이 이루어진다고 보았다. 그러므로 정신 쉐마에 있어서 획득하는 지식의 종류나 획득 시기는 모두 이 4가지 요소에 의해 결정되고 이것에 의해 인지발달의 단계가 조정·설정된다. Piaget의 인지발달 단계 | 표 1.3.1 | 에 대한 설명은 다음과 같다.

| 표 1.3.1 | 인지발달의 단계

단 계	연 령	주요 특징
Ⅰ. 감각운동기 (sensory-motor stage)	1~2세	행위 도식의 사고
Ⅱ. 전조작기 (preoperation stage)	2~7, 8세	직관적·상징적 사고, 비논리적 사고
Ⅲ. 구체적 조작기 (concrete operation stage)	7, 8세~12세	구체적 사물에 대한 논리적 사고
Ⅳ. 형식적 조작기 (formal operation stage))	12~14, 15세	추상적·논리적 사고

(1) 감각 운동기(0~2세)

우리는 「생각한다」고 할 때 머리를 사용하지만, 영아의 경우는 신체를 사용한다. 이 시기의 아이들은 보고, 만지고, 빨고, 두드리는 등의 감각 기능(시각 · 청각 · 촉각 · 미각 · 후각)을 통하여 외부 세계의 사물을 이해해 나간다. 이러한 사고를 Piaget는 「감각 운동적 지능」이라고 부르면서 다음 6단계로 분류하였다.

1 제1단계 - 반사 운동기(출생~1개월)

선천적인 반응인 원시적 반사 운동은 외부 세계와의 접촉을 통하여 시작된다. 처음에는 단순한 반사에 지나지 않았던 반응이 점차 능동적이고 적응의 형태로 발전해 나간다. 예를 들어 빨기 반사를 통하여 어머니의 젖을 효과적으로 빨기도 하고, 파지 반사를 통하여 물건을 능숙하게 잡는 방법을 터득해 나가는 것이다. 이처럼 이 시기에는 주로 생득적인 반사 운동을 통하여 환경에 적응해 나간다.

2 제2단계 - 제1차 순환 반응기(1~4개월)

보는 행동, 듣기 행동, 빨기 행동 등의 단순한 동작들이 가능하게 되고, 우연히 이런 행동들이 연결되면서 순환 반응이 생성된다. 예를 들어 「목에서 소리를 낸다」 「귀로 듣는다」라고 하는 동작이 연결되었을 때, 아기는 이런 행동을 반복해서 몇 번이고 소리를 들으려고 한다. 이밖에도 「엄지손가락이 입가에 닿는다」 「빤다」라고 하는 동작이 연결되어 손가락을 빠는 반응 형태가 보이게 된다. 이런 행위들은 거의 자신의 신체를 대상으로 한 반응이다.

이 시기부터는 환경으로부터의 반응을 토대로 하여 감각 운동 패턴, 즉 Schema를 수정하기 시작하기 때문에 동화와 조절의 분화가 이루어지기 시작한다. 전 단계에서 보였던 생득적 반사는 동화와 조절의 과정을 통해 점차 수정되면서 출생 시 보이지 않았던 새로운 행동을 보이기 시작한다. 이런 행동 패턴을 Piaget는 「제1차 순환 반응(primary circular reaction)」이라 불렀다. 이러한 순환 반응은 아기가 능동적으로 생활에 적응해 나가고 있다는 것을 말해 준다.

③ 제3단계 - 제2차 순환 반응기(4~8개월)

이 단계가 되면 아기의 세계에 자신의 신체 이외의 대상, 즉 사물이 등장하게 된다. 눈과 손의 협응 동작이 성립되면서 사물을 눈으로 보고, 손으로 쥐어서 입으로 가져오는 동작을 할 수 있게 된다. 지금까지는 행위 그 자체를 즐겼지만, 이제는 행위의 결과 즉 행위에 의해 생성되는 외부 세계의 변화에 대한 관심을 갖게 된다. 그런데 단지 이 변화는 의도적으로 만들어진 것이 아니며 우연히 발생한 것이다. 어쩌다가 손을 펴는 순간 쥐고 있던 물건이 떨어지면 한 번 더 떨어뜨리려고 한다든지 쥐고 있던 딸랑이에서 딸랑딸랑 소리가 나는 것을 알게 되면서 몇 번이고 흔들어서 재현하는 행동을 취하는 것이다. 이처럼 이 시기에는 자신과 사물을 구분하기 시작하면서 자신의 행위에 의해 어떤 반응이 일어나고 있음을 이해하게 된다.

④ 제4단계 - 제2차 순환 반응의 협응기(8~12개월)

이 시기는 수단과 목적이 분화되어 하나의 목적을 달성하기 위해 의도적으로 행동할 수 있게 된다. 이제까지 획득한 다양한 반응 형태를 협응하여 목적을 달성하고자 한다. 예를 들어 장난감이 의자 밑에 숨어 있는 것을 발견한 영아는 그것을 손에 넣기 위해 의자를 옮기기도 하고, 방석 위에 있는 장난감을 취하기 위해 방석을 잡아당겨서 장난감을 잡는 등 하나의 결과를 얻기 위한 쉐마의 협응 반응을 볼 수 있다. 즉 이전 단계에서는 자신의 행위에 의한 우연한 결과에 흥미를 느끼면서 그것을 재현하는 가운데 자신의 행위와 환경의 반응성과의 관련성을 이해해 나가지만, 이 단계에서는 경험 이전에 이미 수단과 목적이 분화되어 어떤 결과를 기대하면서 의도적으로 행동하는 지적 활동이 보이기 시작한다.

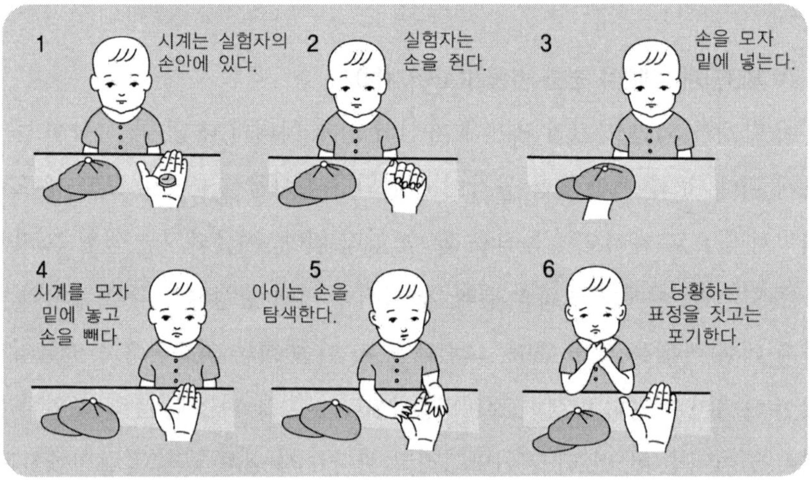

| 그림 1.3.8 | 대상의 이중 이동에 대한 영아의 반응(Bower, 1979)

또한 이 시기부터 「사물의 영속성」의 개념을 획득하게 된다. 즉 시각이나 촉각으로 감지할 수 없는 대상일지라도 그것이 어디엔가 존재한다는 것을 이해하게 된다. 생후 4개월 이전에는 아직 대상 영속성이 형성되어 있지 않아서 영아는 사물이 눈앞에 보이지 않으면 더 이상 찾지 않는다. 그 이후 사물의 일부가 보이면 이를 근거로 찾으려고 하지만, 완전히 보이지 않으면 더 이상 찾지 않는 반응을 보이다가 생후 7~8개월 이후가 되면 눈앞에서 사라진 대상을 찾는 대상 영속성의 반응이 보인다. 그러나 아직 이 단계에서는 숨겨진 장소가 옮겨진 것을 보고 있어도 이동한 장소가 아니라, 원래의 장소에서 숨겨진 물건을 찾는데(|그림 1.3.8|), 이런 이중(二

重) 이동의 이해가 가능한 시기는 생후 1년 6개월 이후가 되어야 한다.

5 제5단계 - 제3차 순환 반응기(12~18개월)

이 시기는 목표를 달성하기 위해 다양한 방법을 사용하여 가장 효과적인 방법을 선택하는 행동을 보인다. 즉 실험을 해보는 시기이다. 손을 뻗쳐도 닿지 않는 물건이 있으면 막대기를 사용하여 가까이 오도록 하는 등 시행착오를 통하여 새로운 수단이나 방법을 터득해 나간다. 즉 이 시기는 단순한 행동의 반복을 통한 만족이 아니라, 새로운 현상에 대해 적극적인 관심을 가지면서 기존 쉐마의 적극적인 조절을 통하여 문제를 풀어 나간다. 그래서 우연히 나타난 결과를 단순히 재생하는 것에 만족하지 않고 새로운 결과를 창조하게 된다. Piaget는 이를 「능동적 실험을 통한 새로운 수단의 발견」이라고 하면서 다음과 같은 관찰 사례를 보고하고 있다. -「생후 13개월 된 한 영아는 '양동이'를 막대기로 두드리면 움직인다는 사실을 알게 되었다. 양동이를 움직이는 모습이 즐거워 몇 번이고 두드렸다. 이 아이가 16개월이 되었을 때 멀리 있는 그릇을 집으려고 하였다. 손을 뻗쳐 보았지만 닿지 않았다. 그래서 옆에 있는 막대기를 좌·우로 두드려 가면서 그릇을 자기 쪽으로 오게 하였다」. 이처럼 이 시기는 감각 운동적 지능이 거의 완성되는 시기라고 볼 수 있다.

6 제6단계 - 심적 표상기(18~24개월)

이 단계는 감각 운동기의 최종 단계이며, 다음에 전개되는 전조작기로의 이행 단계로 볼 수 있다. 표상(머릿속에서 이미지를 떠올려서 생각하는 것) 능력이 발달해 나감에 따라 신체를 사용하여 실제적으로 해보았던 동작을 이제는 머릿속에서 하게 된다. 몇 개의 동작을 머릿속에서 대리적으로 해보고, 주어진 상황에 적합한 행동을 취하게 되는 것이다. 즉 행동과는 완전히 독립된 심적(心的) 과정이 시작되기 때문에 시행착오의 과정을 거치지 않고서도 행동의 결과에 대한 예측이 가능하다. 그래서 이제는 막대기를 두드려서 양동이가 자기 쪽으로 오는 현상을 경험하지 않더라도 막대기를 이용해서 자기 쪽으로 오게 할 수 있다는 사실을 이해할 수 있다.

(2) 전조작기(2~7세)

이 시기의 인지발달에 있어서는 언어가 중심적 역할을 한다. 언어발달은 2단계로 나눌 수 있는데 2~4세는 자기중심적 언어 사용이 일반적이다. 즉 이 시기의 아이들은 상대방에게 무언가를 전하려고 하거나 표현보다는 자기 자신에게 말하거나 같은 말을 반복하거나 혼잣말로 중얼거리는 등의 언어 수준에 머물고 있다. 5세 이후가 되면 상대방에게 무언가를 전하는 것을 목적으로 한 표현이나 요구 사항, 질문, 부탁 등 커뮤니케이션의 기능을 가진 언어를 사용하기 시작한다.

언어나 이미지 능력의 발달로 표상적 사고가 가능하기 때문에 비록 눈앞에 보이지 않는 대상일지라도 그 대상을 머릿속에서 생각해 내거나 관련지어 보는 등의 정신적 작용이 가능 하다. 즉 신체나 감각을 대신해서 이미지나 언어를 사용하여 생각할 수 있게 된다. 그래서 이 시기는 특정의 사물을 다른 사물(물건 · 이미지 · 언어 등)로 바꾸어서 표현하는 상징 기능의 발달로 소꿉놀이 등의 상징놀이가 나타나기 시작한다. 어머니 흉내를 내기도 하고 나뭇잎이 반찬으로, 작은 돌을 밥으로 생각하며 놀기도 한다.

이 시기 또 하나의 특징은 직관적 사고이다. 그래서 어떤 시각 자극이 제시되면 그 자극의 한 면에만 주목하고 그것이 그 자극의 전체인 것으로 착각하는 현상을 보이기도 하고, 타인의 관점에서 외계(外界)를 인지하기 어려운 자기중심적 사고를 보이기도 하다.

(3) 구체적 조작기(7~11, 12세)

이 시기의 특징은 크게 2가지이다. 하나는 전조작기에서 보였던 직관적 사고로부터의 탈피이다. 직관적 사고의 탈피라고 하는 것은 자기중심적 사고의 탈피와 사물은 형태가 바뀌어도 그 본질은 변하지 않는다는 것, 즉 보존 개념의 획득을 의미한다.

'보존'이라고 하는 것은 사물이 어떻게 지각적으로 변하더라도 사물 그 자체는 변하지 않는다는 인식을 말한다. 이것은 「가역성의 개념(원래대로 하면 이전과 동일하게 된다)」과 「상보성의 개념(물의 수면이 올라갔지만, 이전보다 컵의 폭이 좁아졌다)」, 그리고 동일성의 개념(더 넣거나 빼거나 하지 않았기 때문에 같다)의 획득을 의미한다.

또 하나의 특징은 인과 관계의 개념 획득이다. 즉 원인과 결과의 관계를 이해하기 시작한다. 이전 단계에서는 예를 들어 물컵에 돌을 넣으면 돌이 무겁기 때문에 수면이 올라간다고 생각하지만, 이 단계에 들어서면 돌이 부피를 차지하기 때문에 수면이 올라간다고 생각하게 된다(| 그림 1.3. 9 |).

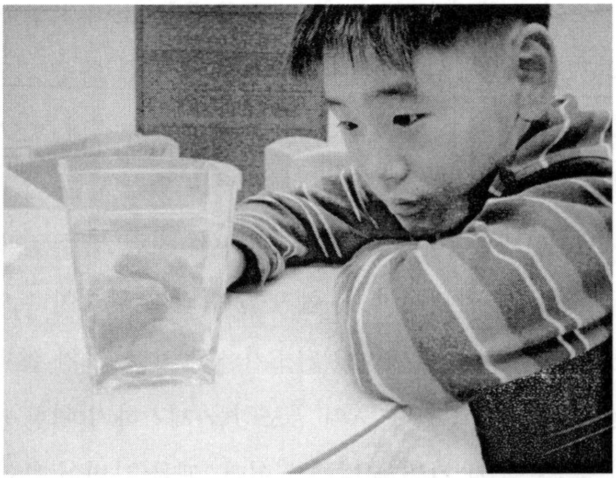

| 그림 1.3.9 | 돌이 들어 있는 물컵을 바라보고 있는 아이(11세)

(4) 형식적 조작기(12세 이후～)

이 시기에 들어서면 가설 연역적 사고가 가능하게 되면서 사물이나 상황을 직접 보거나 듣거나 접촉하지 않아도 머릿속으로 과제를 생각하면서 가설을 세워 논리적으로 풀 수 있게 된다. 예를 들어 "강물이 언덕 위로 올라온다고 생각해 보자. 그러면 우리 마을이 어떻게 될까?"라고 생각하면서 이런저런 상상을 해보게 된다. 그러나 12세 이전에는 이런 현상은 있을 수 없는 일이기 때문에 풀 수 없다고 생각한다.

또한 이 시기부터는 고도의 논리적 사고가 가능하여 예를 들어 「A는 B보다 키가 크다. 그러나 A는 C보다 키가 작다」는 사실을 알게 되면 B와 C에 대한 언급이 없어도 「B는 C보다 키가 작다」는 사실을 추리할 수 있는 능력, 소위 'transitivity'의 사고가 가능하다.

3. 사고의 발달 : 보이는 세계(appearance)와 실존 세계(reality)의 혼동

교실에 몇 명의 아이들이 사이좋게 놀고 있는데 갑자기 한 구석에서 비명에 가까운 소리와 함께 교실이 떠나가도록 우는 소리가 들린다. 선생님이 놀라 달려가 보니 3세의 한 아이가 손가락으로 한 쪽을 가리키며 떨리는 목소리로 "선생님 무서워요!"라고 하면서 품에 안긴다. 손가락으로 가리킨 방향에는 단지 무서운 괴물의 가면을 하고 있는 같은 반 또래 아이가 서 있을 뿐이다. 선생님은 "왜 그래, ㅇㅇ(A)야. 저건 조금 전에 같이 놀았던 ㅇㅇ(B)잖아. 저건 가면이야. 무섭지 않아"라고 달래어 보았지만 소용이 없다. A는 조금 전까지 함께 놀았던 B가 사라지고, 마치 실제 괴물이 거기에 나타난 것처럼 떨고 있다. A의 공포심을 제거하기 위한 가장 간단하고 효과적인 방법은 B가 가면을 벗는 일이다. 괴물 가면이 보이지 않게 되면 A는 또다시 B와 놀게 될 것이다. A는 가면을 쓴 B와 지금 눈앞에 보이는 B를 서로 다른 존재로 이해하고 있는 것 같다.

이와 같이 유아들의 일상생활에서 종종 볼 수 있는 이런 행동은 유아들이 이해하는 세계(인지)나 생각하는 세계(사고)의 문제를 다룰 때 그냥 넘길 수 없는 많은 내용을 담고 있다.

스위스의 심리학자인 Piaget는 유아기에서 볼 수 있는 '보이는 세계'로 인한 착오 행위, 즉 대상에 대한 이해가 지각적으로 보이는 것에 현혹되어 범하게 되는 실수 행위에 대해 체계적으로 연구한 실험을 다음과 같이 설명하고 있다.

(1) 보존(conservation) 실험

ㅣ그림 1.3.10ㅣ [A]의 (a)처럼 구슬을 한 줄로 늘어 놓은 다음, 유아에게도 구슬을 주면서 똑같이 한 줄로 늘어놓도록 요구한다. 5, 6세가 되면 대체로 (b)와 같이 1 : 1 대응이 되게 같은 수의 구슬을 놓을 수 있게 된다. (a)와 (b)가 같은 수(數)임을 확인시킨 후, 그 아이가 보는 앞에서 (b)의 폭을 좁혀 (b')의 형태로 늘어 놓은 다음, (a)와 (b')를 비교시켜 보면 유아들은 (b')보다 (a)의 구슬이 많다고 대답한다. 그들은 (b)에서 (b')로 공간이 축소된 형태에 현혹되어 1 : 1 대응이라고 하는 수의 개념을 보존할 수 없었던 것이다. Piaget는 이러한 '수에 대한 비보존성 반응'은 6세까지 지속된다고 보았다. 이러한 '보이는 세계의 변화'에 의해 초래되는 유아의 착오 행위는 수와 같은 비연속적인 양에 대한 것에만 한정되지 않고, 액체의 양이나 무게 등 연속적 양에 관한 실험에서도 유아들은 '보이는 세계'가 주는 착각에 쉽게 빠진다는 것을 알 수 있다.

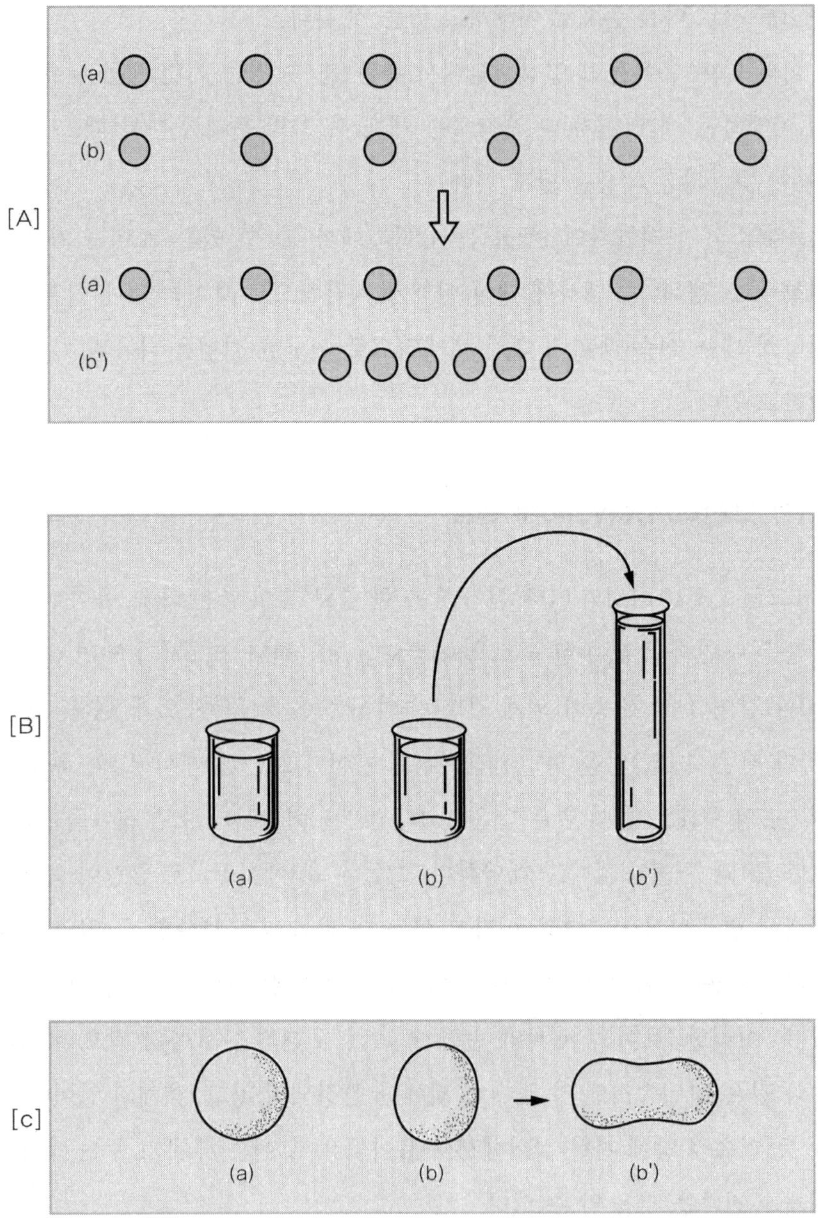

| 그림 1.3.10 | 여러 가지 '보존' 실험 과제

|그림 1.3.10| [B]의 실험에서는 (a)와 (b)의 액체 양이 같음을 확인시켰음에도 불구하고 (b)의 액체를 가늘고 긴 용기인 (b')로 옮겨 담으면 (b')의 액체 양이 (a)보다 많다고 대답한다. |그림 1.3.10| [C]의 실험에서는 (a)와 (b)의 점토가 같은 무게임을 확인시킨 후, (b)의 점토를 옆으로 퍼진 (b')의 형태로 변형시키면 (b')의 점토가 (a)보다 더 무겁다고 대답한다. 실제 (a)와 (b')의 점토를 양 손바닥에 얹어 주면 (b')의 손이 (a)를 얹은 손보다 무거워하며 아래로 내려간다(Bower, 1979). 이 두 실험도 '보이는 세계'의 변화에 현혹되어 양과 무게의 개념이 상황 변화를 넘어서 보존할 수 없는 데서 생기는 착오 행위, 즉 '보이는 세계'를 벗어나지 못하는 유아의 사고체계의 한계를 여실히 보여주고 있다. Piaget를 중심으로 한 쥬네브 학파의 연구에서는 양의 개념은 8~10세, 무게의 개념은 9~11세가 되어야 보존 반응이 가능하다고 보고 있다.

(2) '보이는 세계'에 대한 집착: 3개의 산에 대한 문제

2명의 남자 아이(A, B)가 책상 위에 놓여진 3개의 입체적인 산 모형물을 가운데 놓고 |그림 1.3.11|과 같이 마주보고 앉아 있다. 등이 보이고 있는 A는 중앙에 있는 산 위의 집을 볼 수 있지만, 맞은편에 앉아 있는 B에게는 보이지 않는다. 그러나 그림과 같은 위치에 앉기 전에 A, B는 모형산 주위를 한 번 둘러보았기 때문에 A는 맞은편에 앉아 있는 B가 어떤 정경을 보고 있는지 알 수 있다. 이러한 실험 장치 및 과정을 거친 후, A에게 여러 위치에서 찍은 산 모형의 사진을 몇 장 보여 주면서 B가 보고 있는 산 모형 사진을 선택하도록 했다. 그 결과 자신 쪽에서 보이는 산의 그림을 선택해 버리는 것이다. 즉 상대방이 보고 있는 산의 모형도 자신이 보고 있는 산의 모형과 같다고 생각하고 있는 것이다.

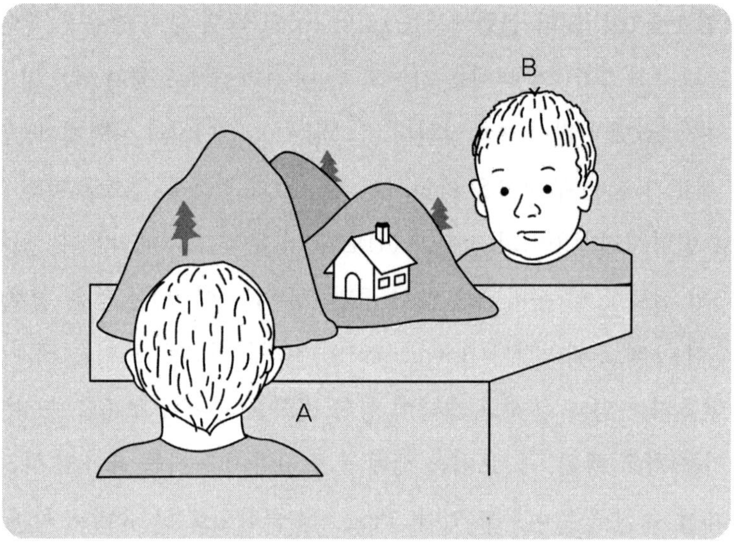

| 그림 1.3.11 | Piaget의 세 개의 산에 관한 문제

6~7세가 되면 상대방과 자신의 위치에서는 산의 모형이 각각 다르게 보인다는 사실을 느끼기 시작하지만 역시 여전히 오답의 확률이 높고, 9~10세 정도가 되어서야 성공적인 반응을 보였다. Piaget는 유아의 사고 세계에서 볼 수 있는 이러한 '보이는 세계'에 대한 집착을 '자기중심성(egocentrism)'이라 불렀다. 그러나 최근의 연구에서는 좀더 단순하고 실생활에 관련된 과제로 실험을 한다면 유아일지라도 타인의 시점에서 바라볼 수 있다는 연구도 보고되고 있다.

주관(主觀)과 객관(客觀)의 미분화로 인해 생성되는 자기중심적 사고의 표현으로는 애니미즘(animism) 현상도 들 수 있다. 애니미즘이란 모든 사물에 생명이나 의식이 있다는 사고이다. 유아는 돌이나 인형도 살아있어서 자신과 똑같이 슬픔이나 아픔을 느낀다고 생각하기도 한다.

또한 지각의 반응에도 이런 미분화된 경향을 발견할 수 있다. 유아의 지각은 정서나 욕구와 미분화의 상태이기 때문에 사물을 의인화하여 지각하는 경우가 있다. 그래서 예를 들어 붉은 석양을 보고는 「해님이 부끄러워 하고 있어」라고 말하거나 바람에 흔들리는 잎사귀를 「나뭇잎이 달리기를 하고 있어」라고 표현하기도 하고, 하늘의 구름을 부모나 친구의 얼굴로 착각하는 등의 모습을 보이기도 한다. 이러한 현상을 「상모적 지각」이라고 한다.

3_ 사회복지실천과의 연관성

❶ 행동주의이론

Skinner의 이론은 행동주의 학습이론의 범위를 상당히 넓혔으며, 과학적 실험 연구를 통하여 인간행동의 발달과 관련된 구체적이고 명확하면서도 유용한 지식을 제공하였다. 특히 정적 강화, 강화 계획, 행동 조성 등과 같은 일련의 뛰어난 연구는 사회생활에서 실용적 가치와 효과성이 입증되고 있으며, 다양한 분야에서 활용되고 있다. 그러나 Skinner의 이론은 인간의 행동에 대한 환경의 결정력을 너무 강조하여 행동에 영향을 미치는 인간의 내적·정신적 특성을 배제하고 있다. 그리고 Skinner의 이론은 인간을 조작이 가능한 대상으로 취급하고 있기 때문에 인간의 자유와 존엄성을 무시할 수 있다는 것이다. 또한 동물 실험의 결과를 그대로 인간에게 적용하고 있으나 인간의 행동은 동물과 다르므로 인간의 행동을 동물과 동일하게 다룰 수 없으며, 이것은 인본주의 입장에서 지나치게 비인간적이라는 비판을 받고 있다.

그러나 행동주의이론은 인간의 행동이 환경에 의해서 좌우된다고 보고, 조작적 조건 형성이나 관찰 학습을 통해서 인간행동이 습득될 수 있다는 데 초점을 둔 이론이다. Skinner의 조작적 조건형성이론과 Bandura의 사회학습이론이 여기에 속한다. 이러한 행동주의이론은 사회복지실천에서 상당히 유용하게 활용되고 있다. 조작적 조건형성이론의 원리를 활용하여 행동의 변화를 추구하는 기술인 행동 수정은 아동복지, 장애인복지, 정신보건사회복지 등 다양한 분야에서 활용되고 있다. 행동 수정은 관찰이 가능한 클라이언트의 문제행동을 대상으로 정적 강화, 부적 강화, 소거, 변별, 적응, 충만, 체계적 둔감화, 토큰 경제 등 다양한 기법을 활용하여 문제행동을 수정한다.

예를 들어 행동주의 가족 치료의 기법에는 부모 역할 훈련, 모델링, 타임아웃, 역할극, 주장 훈련 등이 있다.

＊ 부모 역할 훈련

이 기법은 전문적인 부모 훈련을 통한 치료 기법이다. 가족 문제 중 특히 아동 문제와 관련해서는 부모 역할이 매우 중요하다. 그러므로 다양한 부모 역할 교육 모델을 개발해야 한다.

＊ 모델링

모델링은 가족에게 구체적인 행동을 보여 주기 위해 사용된다. 이 기법은 특히 가족이 특정한 어떤 행동을 하는 것을 상상하지 못할 경우 많이 사용된다. 즉 가족행동을 하는 데 필요한 기술이 부족하거나 행동을 하는 것을 주저할 때 사용된다.

＊ 타임아웃

타임아웃은 아동의 행동 문제를 약화시키는 데 사용되는 필수적인 기법이다. 타임아웃은 부모가 설정한 규칙을 아동이 깨뜨릴 때 사용된다. 그러므로 부모와 아동은 적절한 규칙을 만들어야 한다. 타임아웃은 장소 선택이 중요하고 적절하게 시간을 조절해야 한다.

* 역할극

역할극은 가족 생활에서 실제 일어날 수 있는 각본에 맞추어 행동하고, 이에 필요한 기술을 개발하는 것이다.

* 자기통제 및 주장 훈련

자기통제 훈련은 자신의 행동에 대해 어느 정도 책임질 수 있는 아동에게 사용된다. 이것은 불안 감소, 무단결석 등의 행동 개입에 사용된다. 구체적으로 자기통제의 과정은 ① 변화해야 할 행동 선정, ② 행동 장소와 시간 및 선행 사건 기록, ③ 목표 설정, ④ 행동 변화와 기록, ⑤ 변화 지속을 위한 계획 수립 등이다. 주장 훈련은 가족들이 효과적으로 자기주장은 하는 방법을 개발하는 것이다.

❷ 사회학습이론

Bandura의 이론은 모방 학습의 중요성에 대한 우리의 자각을 증진시켰으며, 사회적 환경이 인간에게 얼마나 많은 영향을 미치는가에 대해 다시 한 번 인식하도록 하였다. 그는 Skinner와는 달리 관찰 학습에서 행동에 영향을 줄 수 있는 자기강화와 자기효력 등과 같은 인지적 요소의 중요성을 받아들였으며, 행동주의 학습이론을 한 단계 높은 수준으로 끌어올려 놓았다. 그러나 Bandura의 이론은 인간행동에서 외부 환경의 중요성을 강조하면서 내적이고 자발적인 측면을 과소평가하고 있다는 것이다. 그러나 인간의 행동은 내적인 사고, 감정, 동기, 욕구 등을 통해 자연발생적으로 발달할 수 있으며, 외적 자극에 의한 것만은 아니다. 그리고 Bandura의 이론은 인간행동의 발달에서 연령별로 다르게 나타나는 학습과 관련된 인지적 수준을 고려하지 않고 있다는 것이다.

그러나 사회학습이론은 사회적 상황 속에서의 행동 학습에 관심을 갖고 있으며, 인간행동의 습득에서 관찰 학습의 중요성을 크게 강조한 이론이다. 이것은 사회복지실천에서 클라이언트가 접하는 환경의 중요성을 인식하게 하여 환경의 변화를 통해서 그들의 문제를 해결할 수 있게 한다. 즉 사회학습이론은 클라이언트가 문제행동과 접할 수 있는 기회를 차단하고 바람직한 행동과 접할 수 있는 기회를 증진시켜 그들의 문제를 해결하는 데 기여할 수 있게 한다.

❸ 인지행동 모델

인지행동 모델을 사용하는 사회복지실천에서의 주요 치료 목표는 클라이언트가 역기능적 감정들과 행동을 불러오는 잘못된 생각이나 신념, 왜곡, 비합리적 자기대화 등을 확인하고 이에 도전하며 변화시키도록 돕는 데 있다. 인지행동 모델은 실제로 사회복지실천상의 다양한 세팅들에서 활용되어질 수 있다. 정신보건, 위기 개입, 아동복지, 공공부조, 가족 서비스, 물질 남용 등의 영역에서 인지 치료를 사용한 사회복지실천의 유용성이 밝혀지고 있다.

인지발달이론은 인간이 환경과의 적응을 통해서 자발적으로 인지 구조를 발달시켜 합리적인 사고를 갖게 된다고 보는 이론이다. Piaget의 인지발달이론과 Kohlberg의 도덕성 발달이론 등이 여기에 속한다. 인지발달이론은 아동의 사고발달에 초점을 둔 이론으로서 인간의 인지와 사고 과정에 초점을 두면서 사회복지실천에서도 활용할 수 있는 이론이다. 이것은 사회복지실천에서 아동과 함께 일하는 사회복지사들에게 유용한 이론으로서 아동을 이해하고 그들에게 인지발달을 촉진할 수 있는 환경을 조성해 주는 지침이 될 수 있다.

1960년대 말부터 행동 치료를 통한 행동 변화에 문제점들이 제기되면서 그 문제점들을 보완할 수 있는 새로운 접근법이 요구되었다. 인지행동 모델은 대개 단기 치료이기 때문에 치료의 종결이 정신역동적 치료나 기타 다른 치료에 비해 덜 복잡하다. 최근의 사회복지실천에 지대한 영향을 미치고 있는 인지행동 모델은 인지 과정(사고하고 정보를 처리하는 과정)의 연구로부터 도출된 개념과 행동주의와 사회학습이론으로부터 나온 개념들을 통합·적용한 것이다. 인지행동 모델에 입각한 치료 과정은 문제를 일으키는 잘못된 사정과 사고의 유형을 확인·점검하고, 재평가하여 수정하도록 격려하고 원조한다.

실제로 인치 치료는 그것을 사용하는 사람에 따라 다양한 이름으로 불리는 경향을 보이는데, 일반적으로 Aron Beck의 '인지 치료(Cognitive Therapy)'가 많이 알려져 있고, 그 외 Albert Ellis의 '합리 정서 치료(Rational Emotive Therapy)', Meichenbaum의 '인지행동 수정', Lasrus의 '복합 형태 치료', Maultsby의 '합리행동 치료(Rational Behavior Therapy)' 등이 이 모델에 기여하였다.

명칭의 다양성에도 불구하고 이들 인지적 치료들은 근원적으로 같은 토대를 가지면서 일부 차이점들을 가질 뿐이다. 이들 치료 모델 간 차이는 인지-행동주의 구조에서 인지 측면과 행동 측면 중 어느 것을 더 강조하느냐와 함께 인식, 기억, 정보 처리 과정, 판단, 의사결정과 같은 인지 과정에 어느 정도로 어디에 초점을 두는가에 있다.

인간주의적 인간 이해

1_ 인간주의적 인간 이해란

인간의 외현적인 면을 분석하는 행동주의적 방법과 달리 인간의 내면적 측면, 소위 내관(introspection)을 통한 인간 이해를 주장하는 부류가 있었는데, 이들은 인간의 본질은 외현적 행동(overt behavior)에 의해서는 알 수가 없으며 자신의 체험에 관한 사고와 감정의 내관에 의해서만 알 수 있다고 보았다. 이와 같이 내관을 중시하는 인간 이해의 하나로서 19세기 유럽에서는 실존주의가 등장하고, 인간의 진실은 각 개인이 자신의 체험을 어떻게 해석하는가에 달려 있다고 보았다. 이와 유사한 것으로 20세기 전반에 들어서는 현상학(phenomenology)이 나타나기 시작하였다.

이런 내관적 관점의 인간 이해를 리바이벌한 것이 인간주의적 심리학(humanistic psychology)의 명칭으로 1960년 미국에 소개되었다. 인간주의적 심리학이 공식적으로 미국에서 탄생한 것은 인간주의적 심리학회(Association of Humanistic Psychology)가 창립되고 학회지(Journal of Humanistic Psychology)가 발간되었던 1962년이다. 이것은 당시 심리학계의 양대 산맥이었던 기존의 두 이론, 즉 행동주의와 정신분석에 동조하지 않는 심리학자들이 중심이었다. 이들은 나름대로의 인간관을 정립하면서 새로운 흐름을 형성해 나가게 되었는데, Maslow는 이 새로운 흐름을 심리학에서의 '제3세력'이라고 명명하였다.

이처럼 인간주의적 심리학은 기존의 이론적 입장에 대한 반론에서 출발하고 있다. 행동주의에 대해서는 단지 관찰 가능한 인간의 행동 시스템에만 초점을 맞추고 있으며 가치관, 감정, 장래에 대한 희망, 행동의 자율적 선택, 창조성 등의 인간적인 측면을 소홀히 하고 있다고 비판을 하게 된다. 즉 인간을 이해하는 관점이 각각의 목표와 이상을 추구하는 통일적 존재로서 이해하는 노력이 부족하고, 단지 인간을 대상화시키고 수동적이며 기계적인 존재로서 인식하고 있다고 비판하고 있다.

한편 Freud의 정신분석에 대해서는 부정적인 인간의 모델을 만들고 신경증적 행동을 너무 병적으로 부각시켜서 인간의 본성을 비합리적이고 파괴적인 무의식의 충동으로 가정함으로써 결국 건강한 인간의 인격발달을 정의하지 못했다는 비판을 하게 된다.

이처럼 인간주의적 심리학은 인간 이해에 대한 이론적인 면이나 그 배경에 흐르고 있는 인간관에서 학습이론적 접근이나 정신분석학적 접근과는 그 견해를 달리하고 있는 제3의 접근이다. 이 이론적 입장에 속해 있는 사람들은 각각의 개성적 사고와 논리를 전개하고 있지만, 이들은 ① 물리학이나 화학과 같은 객관적 과학의 범주에 속하는 엄밀한 과학적 방법을 고집하는 것을 비판하고 있다는 점, ② 인간의 주체적 선택이나 창조성을 중심으로 하는 인간 특성을 중요시하면서 직접적인 경험에 대한 그 개인의 사고나 감정이라고 하는 내관에 주목하고 있다는 점, ③ 그리고 인간은 자기를 적극적으로 유지·발전시킬 수 있는 성장의 잠재적 능력을 소유하고 있다는 점에서는 입장을 같이하고 있다. 본 장에서는 이 이론의 대표자격인 Rogers와 Maslow의 이론을 중심으로 기술하고자 한다.

2_ 로저스(Rogers)의 인간주의적 인간 이해

- 로저스의 생애 -

로저스(C. R. Rogers)는 1902년 1월 8일 미국 중서부에 위치하고 있는 일리노이주에서 태어났다. 라이트 형제가 첫 비행을 하기 전의 해이다. 부모는 경건하고 보수적인 기독교 신자였으며, 종교적인 신념으로 인해 노동에 가치를 두고 있었다. 아버지는 건축 컨설턴트였으며 나중에 목장도 경영하게 된다. 로저스의 형제로는 형 2명, 누나 1명, 동생 2명이 있었는데, 특히 로저스는 다른 형제들에 비해 신체적으로 약하고 야위었으며, 성격은 내성적이고 곧잘 울었다고 한다. 바로 밑의 동생이 태어나기 전까지의 5년 동안은 막내로서의 귀여움을 독차지하기도 하였다. 그는 독서를 좋아하였는데, 특히 모험 소설을 즐겨 읽었으며 글을 쓰는 것도 좋아하였다. 독서량이 많았던 덕택에 초등학교에 들어간 지 이틀째부터 2학년생으로 진급하게 된다.

로저스의 가족은 조금은 반지성적인 경향이 있었지만 실천적 행동을 중요시하였다. 그래서 그는 부모를 도와서 닭을 돌보거나 계란을 파는 등의 일을 하기도 하였다. 친구로는 유일하게 이웃에 사는 여자 아이가 한 명 정도 있었는데 후년에 로저스는 그녀와 결혼하게 된다.

로저스는 초등학교 시절 내성적이어서 친구와 몸싸움을 한 적이 한 번밖에 없었다. 그러나 그의 학업 성적은 매우 우수하였으며, 교사들도 그의 독서량과 지적 호기심에 찬사를 아끼지 않았다. 하지만 매우 실리적이었던 부모는 로저스를 칭찬하는 데 인색하였다. 8학년 때부터 로저스의 아버지는 현실 세계에 대해 눈을 뜨도록 하기 위해 멀리 출장을 갈 때에는 로저스를 데리고 다녔다. 부모는 엄격했지만 상냥함과 부드러움을 잃지 않았다.

고등학교 시절 로저스의 가족은 농촌 지역으로 이사를 하게 되고 큰 농장과 이를 관리하는 관리인을 두게 된다. 고등학교 시절에도 로저스는 여전히 비사교적이여서 사교적인 모임이나 데이트에는 거의 참여하지 않고, 방과후에는 거의 농장 일을 도우며 시간을 보냈다. 그 이후 위스콘신 대학의 농학부에 들어갔지만 사학과로 전과를 하게 되고 졸업 후 유니온 신학교에 2년간 재학하다가 콜롬비아 대학 교육학부에 편입하여 교육심리학, 임상심리학을 전공하면서 1931년에 박사 학위를 취득하게 된다.

그는 1928년 뉴욕주에 있는 로체스타 아동상담소에 근무하면서 문제 아동을 대상으로 한 환경 치료적 방법을 사용하였는데, 이 방법을 선호한 이유는 아동은 자기 자신 안에 성장하고 성숙하고자 하는 동인과 욕구를 갖고 있으며, 이러한 성장을 촉진하는 환경을 제공함으로써 아동이 건강해진다고 보았기 때문이다. 이 견해는 로저스의 중심 사상이기도 하다.

1946~1947년에는 미국심리학회(APA) 회장을 역임했으며, 1957년 위스콘신 대학 심리학 교수, 정신의학 교수, 1964년에는 서부행동과학연구소로 옮기면서 Basic Encounter Group(EG)를 시작하였다. 1968년 인간연구센터를 설립하여 EG를 교육, 가족 내 문제, 문화적 갈등, 국제 분쟁 등의 해결에 사용하여 세계적인 활약을 하게 된다. 1972년에는 APA로부터 심리 치료와 교육에 대한 공헌을 인정받아 직업공로상을 수상하기도 하였다.

심리학, 정신의학계에 있어 그의 이론과 실천은 항상 과학적 기반에 근거하고 있었던 것은 분명하지만, 한편으로 로저스라고 하는 인간의 발자취이기도 하다. 그는 일생을 통해 나는 나이며 동시에 그런 자기 자신이기를 되려고 노력하였으며, 그렇기 때문에 타인도 타인의 것이며 타인 자신이 되려고 하는 것에 대한 깊은 존중감을 항상 갖고 있었다. 로저스는 일부에서 말하는 것처럼 성인군자는 결코 아니다. 그도 기쁨과 고뇌, 분노, 울음, 웃음을 보인 보통의 한 인간이었다. 그러나 "위대한 보통 인간"이라고 불러도 지나치는 않는 그의 생애는 1987년을 넘기지 못하고 끝나게 된다.

-로저스의 인간 이해-

제3세력의 한 사람인 Rogers는 오랫동안 상담자로서 심리적으로 건강하지 못한 사람들과의 지속적인 만남을 실천해 왔으며, 그의 인간 이해는 이런 실천 가운데 만들어지고 다듬어진 인간에 대한 가설이라 볼 수 있다.

Rogers(1967)의 성격이론은 "인간은 자신의 주관적 세계에 살고 있다"는 것에 출발점을 두고 있다. 그 사람의 세계는 그 사람 자신만이 알 수 있는 세계이며, 다른 사람은 그것을 온전히 알 수 없다는 것이다. 즉 인간은 객관적이며 물리적인 세계에 반응하는 존재가 아니라 자신의 개인적·주관적 세계에 반응하는 존재라고 하는 것이다. 한 예로 한 그루의 나무를 두 사람이 보았다고 하자. 식물학자인 한 사람은 그 나무가 자신에게는 대단히 보기 드물고 연구 가치가 있는 대상으로 느껴졌다. 다른 한 사람은 도로공사 책임자였는데, 그에게는 그 나무가 도로 공사에 방해만 되는 아무 쓸모가 없는 것에 지나지 않는 것으로 느껴졌다. 이처럼 인간은 자신들이 각자 지각한 대로의 주관적 세계에 반응하고 있다는 것이다.

이제까지는 대개 상대방을 대상화시켜서 보는 사람의 입장에서 일방적으로 그 사람에 대한 이해를 해왔다. 그래서 심리학은 자연과학적 연구법을 참고로 하여 인간의 성격을 규명하고자 노력해 왔다. 그래서 Rogers는 감정 이입을 배제하고 가능한 제3자적 입장에서 거리를 두고 바라보는 방식을 '외부적 조합틀(external frame of reference)에 의한 접근'이라고 보았다. 즉 이것은 상대방의 내적 세계와는 관계 없이 하나의 외부적 잣대로 그 사람을 이해하는 것을 말한다.

Rogers의 인간 이해는 상대방의 개성이나 주체성을 존중하고 신뢰하면서 그 사람의 독자적인 세계 속으로 그의 안내를 받아 들어가야 한다고 보았다. 즉 그 사람의 개인적 독자적 세계 가운데 나타나는 움직임이나 변화에 주목하면서 독자적인 세계를 갖고 경험하고 있는 주체인 그 사람에게

다가가 함께 그 사람의 세계를 맛보는 것을 말한다. 그럴 때 그 사람의 의식 가능성이 있는 모든 영역의 경험(Rogers는 이것을 'internal frame of reference'라 불렀다)을 정확히 지각할 수 있는 것이다.

그런데 한 개인의 주관적인 세계, 즉 그 사람의 내부적 조합틀(internal frame of reference)을 타인이 안다고 하는 것은 그리 쉬운 일이 아니다. 그래서 감정 이입적 이해나 공감이라는 도구를 통해 그 사람의 내부적 조합틀을 이해해야 하는 필요성이 생긴다. 여기서 만일 감정 이입이나 공감적 자세가 아닌 자신의 내부적 조합틀을 통해 상대방을 바라본다면 이것은 외부적 조합틀(external frame of reference)의 관점에서 그 사람을 조망한 것이 된다. Rogers의 인간 이해는 외부적 조합틀보다는 한 인간이 다른 한 인간의 내부적 조합틀을 이해해 가는 대인관계적 관점에 그 기초를 두고 있다.

Rogers(1967)는 이런 이론적 입장에서 자신을 찾아오는 사람들을 도와주는 가운데 인간에 대한 하나의 확고한 신념을 갖게 되는데, 그것은 '인간은 목적을 향해 발달·성장해 가며, 또한 건설적이며 신뢰할 만한 존재'라고 하는 사실이다. 물론 그는 소극적·방위적이거나 또는 반사회적·파괴적인 사람들과도 많이 접하기도 하였지만, 이런 부정적인 측면이 강한 사람일지라도 반드시 적극적인 경향을 소유하고 있다고 보았다.

인간의 본성에 대한 강한 신뢰감을 갖고 있는 Rogers는 자신의 성격이론 가운데 실현 경향(actualizing tendency)을 가정하고 있다. '실현 경향'이란 유기체를 유지·강화하는 방향으로 전(全) 능력을 발달시키고자 하는 잠재적 경향이며, 인간을 움직이는 유일한 동인으로 가정한 것이다. 이에 대한 설명으로 Rogers는 보행을 시작한 영아를 한 예로 들고 있다. 몇 발자국 걷다가 넘어져 울고 있는 아기를 가정해 보자. 이 아기는 걷는 것이 너무 힘들기 때문에 과연 보행을 포기할 것인가? 어쩌면 보행을 포기하는 것이 더 실리적이고 편할지 모른다. 그러나 아기는 포기하지 않고 다시 일어나서 걷기 시작한다. 만일 인간이 긴장이나 고통을 회피하는 경향성의 존재라고 한다면 아기의 이 행동을 어떻게 설명할 것인가? 아마 설명하기 어려울 것이다. Rogers가 가정한 인간의 '실현 경향'은 고통을 피하고 싶겠지만 다시 일어서서 힘든 보행을 시작하는 아기의 모습 속에서 찾아볼 수 있다는 것이다.

이와 같은 Rogers의 인간 신뢰와 인간존중의 인간관은 그 이론적 입장이 다를지라도 상담 장면이나 심리 치료 장면에 큰 영향력을 미치고 있다.

3_ 마슬로(Maslow)의 인간 이해

- 마슬로의 생애 -

마슬로(A. H. Maslow)의 생애는 그 자체가 자아실현이론을 실현하는 과정이었다고 할 수 있다. 1908년 뉴욕의 유대인 가정에서 태어난 그는 유년기 시절부터 매우 불행한 시절을 보냈다. 그는 고독했으며 거의 도서관에서 시간을 보냈다. 고등학교를 졸업한 후 아버지는 법률을 전공할 것을 원했지만, 그는 심리학의 길을 선택하였다. 이후 그는 뉴욕을 떠나 코넬 대학에 이어 위스콘신 대학에 진학하여 심리학 연구를 계속하게 된다. 그는 여기서 Watson의 행동주의를 접하게 되고, 또한 원숭이 실험으로 유명한 Halow나 기질의 유형론으로 유명한 셀돈을 만나게 된다. 특히 Halow의 지도를 받아서 영장류의 사회행동이나 성행동을 연구하였으며, 1934년에는 박사 학위를 취득하게 된다. 그 이후 카네기 특별 연구원으로 콜롬비아 대학에서 연구를 계속하다가 브룩크린 대학에서 14년 동안 교편을 잡았다.

당시 뉴욕에는 나치의 박해를 피해서 망명한 유럽의 저명한 학자들(프롬·아들러·레빈 등)이 있었는데, 이들과의 만남은 마슬로에게 학문의 지식을 비약적으로 넓히는 계기가 되었다. 그는 웰트 하이머나 베네틱트와 같은 사람은 모든 면에서 뛰어나다는 사실을 알게 되면서 이들의 언동에 대한 상세한 기록과 함께 일반 사람과의 차이점을 규명하고자 하였다. 이러한 그의 소박한 호기심에서 출발한 그의 탐구심은 인간의 자기실현에 대한 연구로 발전하게 된다.

또한 그의 사상에 영향을 미쳤던 사건에는 전쟁 발발이 있었다. 대학 강의를 마치고 귀가하던 중에 우렁차게 울려 퍼지는 군대의 퍼레이드를 보면서 「왜 이런 전쟁이 일어나야만 하는가」라고 생각하게 되면서 자신도 모르게 눈물을 흘리게 되었던 것이다. 그는 그 순간부터 이제까지의 실험적 연구 대신에 평화 건설을 위한 심리학 연구에 헌신해야 되겠다는 결심을 하게 되었다. 여기에다 마슬로의 마음을 움직였던 결정적인 계기는 자녀의 탄생이었다. 하루하루 다르게 변하고 있는 자녀의 성장 모습을 바라보면서 생명의 신비에 감탄을 하게 되고, 인간을 인위적으로 조작하거나 통제하는 것은 불가능하다는 사실을 깨닫게 되면서 그는 이제까지 고수해 왔던 행동주의자적 입장을 버리게 된다.

1951년 매슬로는 보스톤 교외에 있는 브란다이스 대학으로 옮기게 된다. 그는 1967년 미국 심리학회 회장으로 선출되면서 그의 업적과 명성이 두각을 나타내게 되지만, 그의 내면 생활에서는 고독의 고통을 맛보고 있었다. 그의 강인한 정신은 이것을 극복해 나갔지만, 육체적으로는 피로가 상당히 누적되어 있었다. 1969년 로린 재단의 초청으로 캘리포니아주의 메론 파크로 옮겨 요양과 함께 집필에만 전념하게 된다. 그는 여기서 「인간성의 최고 가치」의 완성을 위해 전력을 쏟는다. 그러나 1970년 치명적인 심장 발작을 일으키면서 마침내 생을 마감하게 된다.

1. 마슬로(Maslow)의 욕구발달 계층설

인간주의적 심리학의 중심 개념은 인간행동의 동기는 개인의 욕구를 충족하고자 하는 것에 의해 형성된다는 것이다. 인간주의적 심리학에서 말하고 있는 욕구를 다른 이론에서 말하는 욕구 개념과 구별하기 위해 Maslow는 다음 2가지 타입의 욕구를 제안하고 있다. 제1의 타입은 결핍성의 욕구(deficiency need)이며 여기에는 예를 들어 음식, 물, 쾌적한 온도, 애정, 존경 등에 대한 욕구가 있다. 이런 욕구는 다른 발달이론에서도 언급하고 있지만, 인간주의적 심리학에서는 이외에도 성장 욕구(growth need) 또는 자기실현 욕구(self-actualization need)라고 하는 것을 제2의 욕구로 제안하고 있다. 이 제2의 욕구는 결핍성의 욕구에 비해 그 정의가 간단하지 않지만, Maslow는 다음과 같이 정의하고 있다. 자기실현 욕구란 자신의 잠재 능력, 기능, 재능을 발휘하고자 하는 욕구이며 이것은 자신의 사명이나 인생의 목표, 천직을 수행하는 것을 말한다. 또한 이것은 자신의 인격을 보다 정확히 이해하고 수용하는 것이며 「개인으로서의 통일 내지 통합된 모습의 추구」라고 할 수 있다. 그러므로 인간에 있어 가장 높은 수준의 발달단계가 바로 이 자기실현의 달성이다.

그는 인간의 욕구는 기본적 결핍성의 욕구가 최하단에 위치하고 자기실현 욕구를 정점으로 하는 피라미드형의 계층 구조를 이루고 있다고 보았다. 그리고 그 정점에서부터 |그림 1.4.1|과 같이 5가지의 단계로 나누고 있다.

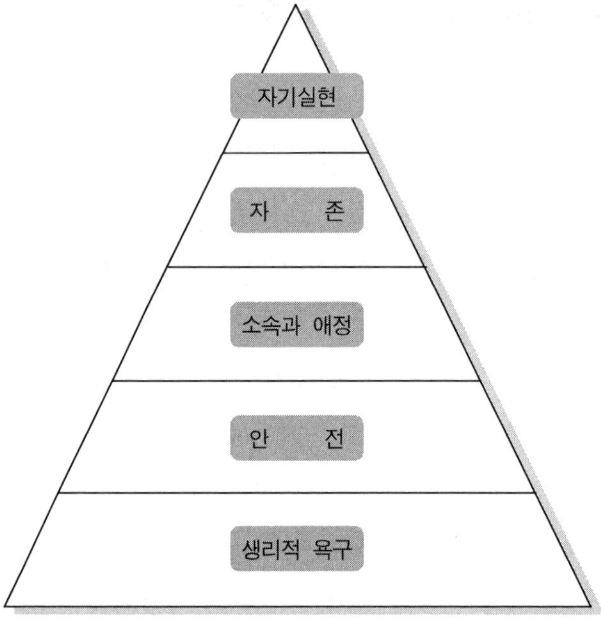

| 그림 1.4.1 | Maslow의 욕구발달 계층이론

① 자기실현 욕구 : 일명 '성장 욕구'라고 할 수 있는 이 욕구는 자신의 가능성, 능력, 재능의 한계에 도전하면서 보다 의미 있는 자신의 존재가치를 추구하고자 하는 욕구이다. 이런 사람은 자신에게 주어진 책임, 사명, 천직을 다하려는 자로서 성숙한 인격자이며, 정신적으로 충실한 생활을 하면서 성장하는 존재이다. 이것이 완성된 상태가 「자기실현」 상태이며, 이런 자기실현 욕구에 의한 행동은 가장 인간적이라고 본다.

② 자존의 욕구 : 이것은 자기 자신을 중요하게 생각하는 자존 감정과 타인으로부터 존경과 인정을 받고 싶다는 욕구를 말한다.

③ 소속과 애정의 욕구 : 이는 가족, 친구, 애인, 애정 등 유의미한 사회적인 존재와 대상 속에 자신의 뿌리를 내리면서 친밀한 인간관계를 맺고

자 하는 욕구이다. 소위 심리적 안전을 추구하는 욕구라고 볼 수 있다.

④ **안전의 욕구** : 이것은 안전과 안정을 추구하면서 공포나 걱정, 무질서가 존재하지 않기를 바라는 욕구이다. 여기에는 질서, 법률, 규제를 요구하는 욕구도 포함되어 있다.

⑤ **생리적 욕구** : 이것은 인간의 생존에 필요한 가장 기본적인 욕구로서 공기, 식물(食物), 휴식, 식욕의 만족, 신체적 균형, 호메오스타시스의 유지를 갈구하는 욕구이다.

생리적 욕구와 안전의 욕구는 인간에 있어서 가장 기본적이면서 생물적인 욕구라고 할 수 있는데 이것들이 충족되면 소속과 애정, 자존의 욕구 등의 사회적 욕구가 생성된다. 그런데 이들 욕구 간에는 우세성이 있어서 생리적인 기반을 갖고 있는 저차원적 욕구일수록 그 힘이 강하고 심리적 기반을 갖고 있는 고차원적 욕구일수록 그 힘이 비교적 약하다. 그래서 가장 먼저 고차원적 욕구의 충족을 추구하기 전에 가장 기본적이고 낮은 차원의 욕구인 생리적 욕구를 추구하게 되고, 이것이 충족되기 전까지는 이 욕구가 가장 강력하게 인간의 행동을 지배하게 된다. 만일 이 욕구가 어느 정도 충족되면 이 욕구는 잠재화되면서 한 단계 높은 차원의 욕구가 보다 강력하게 행동을 지배하게 되는 것이다. 이처럼 인간은 현재의 욕구가 충족되면 그것으로 만족하거나 안주하는 것이 아니라, 계속적으로 새롭고 높은 차원의 욕구가 생성되면서 그것에 의해 동기화된 행동이 나타나는 것이다.

2. 자기실현의 완성

Maslow는 인간은 자기성장에 있어 잠재성, 기능, 재능의 끝없는 실현을 향해 동기화되어 있으며 이것은 사명 또는 숙명, 천명, 천직의 완수라고 보왔다. 그리고 그는 자기실현을 인간의 완성된 특징으로 보았으며, 이를 나타내는 인격의 특징으로 다음과 같은 내용을 제시하고 있다.

- 현실의 지각 능력이 우수하다.
- 자신, 타인, 자연을 수용한다.
- 왕성한 자발성을 보인다.
- 문제 해결 능력이 향상된다.
- 자주성이 강화되어 외부로부터의 문화에 좀처럼 오염되지 않는다.
- 독립적이며 프라이버시를 매우 중요하게 생각한다.
- 항상 감사의 기분을 갖고 있으며, 정서적 반응이 풍부하다.
- 최고의 경험(peak experience)을 자주 하게 된다.
- 인류 전체에 대한 동일시 감각이 향상된다.
- 대인관계의 변화가 생긴다.
- 성격이 보다 민주적으로 변한다.
- 창의성이 향상된다.
- 가치관에 어떤 변화가 생긴다.

이상의 내용이 자기실현을 완성한 사람의 특징이라고 한다면 이 반대가 발달 전(前) 단계의 특징이라고 할 수 있다. 그리고 이들 특징의 하나하나가 각각 성장 척도의 최고점인 것이다. 영아는 이 13가지 차원의 모든 면에서 가장 아래에 위치해 있으며, 정상적인 성장을 하게 되면 연령 증가와 함께 이 척도의 정점을 향해 전진하게 된다. 미성숙하고 건강하지 못한 성인의 경우는 이 척도의 몇 가지 면에서 전진이 멈추어 버린 것이다.

그런데 대부분의 인간주의적 심리학자들은 인간이 도달할 수 있는 궁극적 종착점이라고 하는 것은 존재하지 않는다고 보고 있다. 실제 이 척도는 정점이 없는 척도이며, 또한 인간은 어느 누구라도 완전한 자기실현에 도달하는 것은 절대적으로 불가능하며 항상 진보의 여지가 있다는 것이다. 중요한 것은 항상 조금이라도 자기실현을 통해 보다 낫고 보다 자기충족적인 수준에 도달하고자 노력하는 인간의 모습인 것이다. Maslow의 견해로는 가장 성숙한 인간은 성인의 1% 이내밖에 존재하지 않는다고 보았다. 이와 같이 그는 자신의 이론에서 가장 성숙한 인간이 도달할 수 있는 발달의 수준을 정의했다고 볼 수 있다.

3. 마슬로(Maslow)의 아동관과 교육

인간주의적 심리학에서는 생물학적으로 결정되어 있는 인간의 내적 본성은 기본적 욕구나 감정, 기능으로 구성되어 있으며 이것들의 특성은 결코 악이 아닌, 중성적이거나 선한 것으로 보고 있다. Maslow의 주장에 따르면 파괴적이고 잔혹한 악성(惡性)은 선천적인 것이 아니라 자발적 욕구나 감정, 기능의 결핍에 의한 폭발적 반응에 지나지 않는다고 본다. 또한 내적 본성은 나쁘지 않고 중성이거나 선(善)하기 때문에 이것을 억압하기보다는 오히려 밖으로 보내어 촉진하는 것이 좋으며, 인간이 이 본성에 따라 살게 된다면 건강하고 풍요로운 행복한 인생을 보낼 수 있게 된다는 것이다. 그래서 Maslow는 아동발달 지도의 목표는 어디까지나 아동의 내적 본성의 표출을 도와주는 데 있어야 한다고 보았다.

또한 그는 교육의 주요 목적을 '자기실현'과 '완전한 인간'이 되는 것이며, 가장 중요한 학습 경험은 연합 학습이나 조건 학습이 아닌 자발적 학습(intrinsic learning)이라고 보았다. 그리고 그는 행동 변화를 위한 교육 방법을 구체적으로 제시한 Skinner나 Bandura와는 달리 부모나 교사에게 아동의 자발적 동기화의 강화를 위한 구체적인 접근 방법을 거의 제시하지 않았다. 아마 그 이유는 Maslow의 아동관에서 볼 때 교육 방법의 제시는 거의 무의미하거나 무리라고 보았기 때문일 것이다.

Maslow는 아동의 본질을 올바르고 문제가 없다고 보았기 때문에 허용법(permissive regime)을 강력하게 제안하였다. 이것은 부모가 어릴 때부터 자녀에게 욕구 불만이 생기지 않도록 자녀의 욕구를 직접적이면서도 적극적으로 충족시켜 주는 것을 말한다. 그러다가 아동이 점차 강해지고 경험을 보다 많이 축적하게 되면 어른은 이후 아동의 욕구 충족을 조금씩 줄여나가는 것이 좋으며, 나중에는 아동 스스로가 자신의 욕구에 맞는 환경을 선택하고 충족시켜 나갈 수 있도록 적절한 환경을 정비하고 제공해 주는 것만으로도 충분하다는 것이다. 왜냐하면 아동은 누구보다도 자기 자신에게 필요한 것이 무엇인지 잘 알기 때문이다.

그러나 그의 교육 방법은 결코 아동에게 욕구 불만이나 고통, 위험을 경험하도록 해서는 안 된다는 것을 말하고 있는 것은 아니다. 단지 인생 초기에 정서적 안정이나 애정, 존경의 뿌리가 내려질 때 비로소 조금씩 곤란한 경험을 극복하는 내성이 육성될 수 있다고 보는 것이다. 자기실현은 부분적으로는 최선의 노력을 다하는 가운데 어려움에 부딪히기도 하고 실패를 경험하기도 하는데, 이를 통해 인간은 자신의 능력과 한계를 인식하게 되고 어려움을 극복하는 능력을 갖추게 되는 것이다.

학교 교육도 아동의 자율적 학습이 향상되도록 하기 위해서는 너무 교과내용에 중점을 두기보다는 아동이 자신의 내면을 바라보고 여기에서 얻은 자신에 관한 지식으로부터 가치관을 발견하고 자발성과 자연스런 태도를 갖출 수 있도록 지원해야 한다고 본다. 그는 이를 위한 프로그램으로서 예술과 음악, 놀이 활동을 중요하게 생각하고 특히 이중에서도 가장 먼저 놀이 활동을 도입해야 한다고 보았다.

4_ 사회복지실천과의 연관성

이 이론은 클라이언트가 자아를 실현하도록 돕는 데 유용하기 때문에 사회복지실천에서 폭넓게 사용되고 있다. 사회복지사는 클라이언트의 문제를 직접 해결해 주려는 것이 아니라 클라이언트가 현재 직면하고 있는 문제들과 앞으로의 문제들을 극복할 수 있도록 그들의 성장 과정을 촉진시켜 준다.

따라서 인간의 문제보다는 인간의 성장 자체에 초점을 둔다. 또한 클라이언트 중심 모델은 클라이언트의 긍정적인 변화에 영향을 미치는 필수 조건이면서도 충분 조건이 되는 실천가의 3가지 태도로 '공감(empathy)' '무조건적인 긍정적 관심(unconditional positive regard)' '진실성(genuineness)'을 제시하고 있다(Zastrow, 1998).

인간에 대한 관점은 인간의 본성을 선천적으로 선한(good) 존재로 보았는데, 이는 Freud가 인간의 본성을 다소 악한(비도덕적이고 반사회적 본능을 지닌) 존재로 보았던 것과 대조된다. 로저스는 더 나아가 만약 인간이 다른 사람의 영향에서 자유로운 상태에 있다면 인간의 자아실현 욕구는 사회적·협조적·창조적·자기지향적 인간을 이끌어낼 것이라고 주장한다(양옥경 외, 2003).

이와 같이 모든 인간이 자아실현의 욕구를 지녔다고 가정하는데, 자아실현의 욕구는 자신을 유지하거나 향상시키는 방향으로 자신의 모든 능력을 개발하려는 인간의 타고난 성향이라고 할 수 있다.

인본주의이론은 인간이 건전하고 자발적이며, 자신의 행동에 대해 책임을 지고, 합리적이고 건설적인 방향으로 나아가는 미래지향적 존재라고 보는 이론이다. 여기에는 Rogers의 현상학이론과 Maslow의 자아실현이론이 있다.

❶ 현상학이론

Rogers의 이론은 심리 치료와 상담 영역에서 상당한 공헌을 하였다. 특히 클라이언트 중심 치료는 정서적 장애를 가진 사람들의 치료에 유용한 것으로 평가되어 그동안 폭넓게 적용되어 왔다. 또한 그의 이론에서 인간 본성의 긍정적인 측면과 자기개념의 중요성을 강조한 것은 많은 공감을 받고 있다. 그러나 Rogers의 이론은 클라이언트의 말을 비판 없이 그대로 받아들이는 순진한 현상학을 취하고 있으며, 클라이언트에 관한 자료들의 신뢰도와 타당도가 의문시된다.

Rogers가 클라이언트의 내면적인 경험을 이해하기 위해서 일정 기간 동안 그들의 말을 들었다고 할지라도 진정한 감정과 사고를 적절하게 이해하기가 어렵다는 것이다. 그리고 Rogers의 이론은 기본적인 인간 본성에 대한 선한 측면을 너무 강조하고 있으며, 인간의 악한 면과 부적응적인 인간에 대한 설명이 부족하다. 만일 인간이 본래부터 선하다면 인간들이 수많은 악한 일들을 행하지 않았을 것이다. 그러나 인간의 행동은 본성에 의해서만 좌우된다고 볼 수 없으며, 다양한 관련 요소들을 통해서 설명되어야 한다.

이러한 면에서 현상학이론은 인간마다 현실을 달리 지각하며 개인의 주관적인 경험이 행동을 지배한다고 보며, 자기 자신에 대한 개인적인 견해를 강조한 이론이다. 이러한 인간에 대한 관점은 사회복지실천에서 클라이언트가 자신의 문제를 인식하고 스스로 해결해 나가도록 하는 데 유용하게 활용될 수 있다. 즉 클라이언트 중심 치료(client-centered therapy)를 통하여 공감적 이해와 수용을 바탕으로 클라이언트의 자기가치감과 자기이해를 증진시켜 사회적 기능을 향상시킴으로써 클라이언트의 문제를 해결할 수 있게 한다.

❷ 자아실현이론

Maslow의 이론은 인본주의이론의 기틀을 마련하는 데 크게 공헌하였다. 그는 정신역동이론이나 행동주의이론과는 달리 인간 본성에 대한 낙관적인 태도를 보였으며, 동물 연구의 부적절성을 지적하였고, 인간의 전인성과 잠재적 창조성을 강조하여 인간행동 연구의 새로운 장을 형성하였다. 자아실현이론은 인간이 자신의 잠재력을 최대한 발휘할 수 있는 환경이 조성되면 성격의 성숙을 포함한 자신의 성장과 발전을 기할 수 있는 존재이며, 인간행동이 자신의 욕구를 추구하려는 동기에서 나타난다고 보는 이론이다.

이러한 관점은 사회복지실천에서 클라이언트의 욕구와 문제를 해결하는 데 기여할 수 있다. 즉 사회복지사가 클라이언트에게 자신의 잠재력을 최대한 발휘할 수 있는 환경을 조성해 주어 자신의 사회적 기능을 향상시킬 수 있게 하며, 성장 동기를 유발시켜 그들의 욕구와 문제를 스스로 해결할 수 있게 하는 데 기여할 수 있다.

the second

인간 성장과 발달

Chapter 1

태아기

태아는 출생하기까지 자궁 내에서 모체의 보호를 받으며 의존적 생활을 하고 있다가 출생을 통해 한 인간으로서의 능력을 발휘하게 된다. 그러나 최근 초음파 단층 장치 등의 기기 발달에 의해 자궁 내의 태아를 관찰할 수 있게 되면서 태아는 모체 안에 있는 동안 이미 다양한 능력을 갖추고 있으며, 이 능력의 활용을 통해 각 신체 기관의 능력을 강화시키고 또한 외부로부터의 자극에도 적절하게 반응하여 자궁 밖의 생활을 준비한다는 것이 밝혀지고 있다.

1_ 태아의 신체 발육

난관(卵管)에서 수정된 난자는 분열을 반복하면서 난관을 통과하여 약 1주일에 걸쳐 자궁에 도달하게 되는데, 이때부터 비로소 착상과 임신이 이루어진다. 수정란은 착상 후 외배엽, 중배엽, 내배엽으로 나누어지고 이 각각으로부터 다음과 같은 장기가 생성된다(Goodwin et al., 1976).

- 외배엽 : 피부, 중추신경, 감각기 등
- 중배엽 : 결합체, 근육, 뼈, 순환기, 생식기 등
- 내배엽 : 소화기, 호흡기, 방광, 간, 갑상선 등

수정란의 착상에서 8주까지의 시기는 각 장기의 원형에서 주요 기관이 형성되는 시기이며, 이 시기에 이상이 생기면 장기의 발생에 장애를 받아 기형아가 탄생하기도 한다. 임신 초기에 약물 오용이나 풍진 등의 감염으로 인해 신생아의 기형이 발생하는 것도 이 때문이다.

분만은 수정 후 약 260~270일, 최종 월경 1일부터 계산하여 40주를 중심으로 한 시기에 일어난다. 이 시기에 출생한 신생아의 신장은 약 50cm, 체중은 3,000g이며 기능적으로 자궁 밖에서의 생활에 적응할 수 있는 상태가 된다.

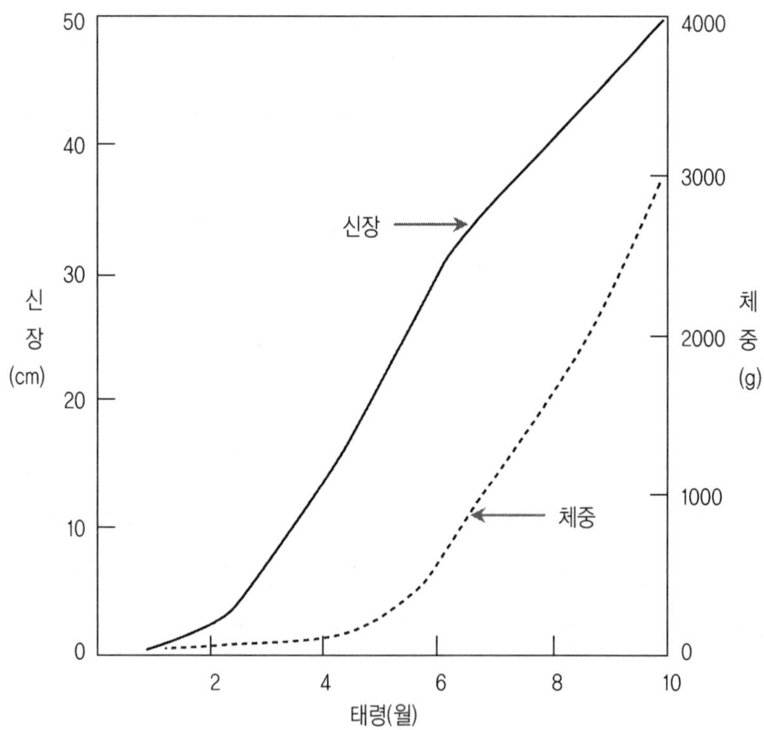

| 그림 2.1.1 | 태아 발육 곡선

태아기는 몸의 각종 장기가 양적으로 증대하고 질적으로 성숙해 가는 시기이다. 자궁 내에서의 태아 발달 곡선은 |그림 2.1.1|과 같이 나타낼 수 있는데 초기에는 신장의 변화가 현저하며, 체중은 태아기 말기부터 증가하기 시작한다.

각종 원인에 의해 분만 예정일보다 빨리 태어나서 체중이나 신장이 충분히 발달되지 못한 신생아를 미숙아라 부른다. 미숙아의 경우 각종 장기도 충분히 성숙되지 못한 채 자궁 밖에서의 환경에 적응해 나가야 하는 문제 때문에 출생 시기에 따라서는 생명 유지가 어려운 경우도 있다.

인간 태아의 성장에서는 무엇보다도 형태적인 부분에 주목하여 임상적으로 체중의 정도에 따라 성숙아와 미숙아로 구분한다. 그러나 형태적 크기와 기능적 발달은 반드시 일치하는 것이 아니라는 사실이 밝혀지면서 이전에는 2,500g 미만의 신생아를 모두 미숙아로 분류하였지만, 요즘은 체중만을 기준으로 분류하는 경우 이를 저출생 체중아라고 하며, 저출생 체중아 가운데서도 출생 체중이 1,500g 미만은 극소 미숙아, 1,000g 미만은 초미숙아라고 한다.

임신 기간으로 분류할 경우에 임신 24~36주까지를 조산아(早産兒), 37~41주를 만기산아(晩期産兒), 42주 이상을 과기산아(過期産兒)라 부르며, 특히 24주 미만의 분만을 유산으로 분류하고 있다. 이전에는 임신 28주 미만의 분만을 유산으로 분류하였지만, 28주 미만에 출생한 아이 가운데도 생존하는 사례가 보고되면서 조산과 유산의 경계가 24주가 되었다. 그러나 최근에는 의학의 발달로 24주 미만의 경우도 생존하는 사례가 보고됨에 따라 유산(流産)의 정의를 22주 미만으로 하자는 견해가 나오고 있다.

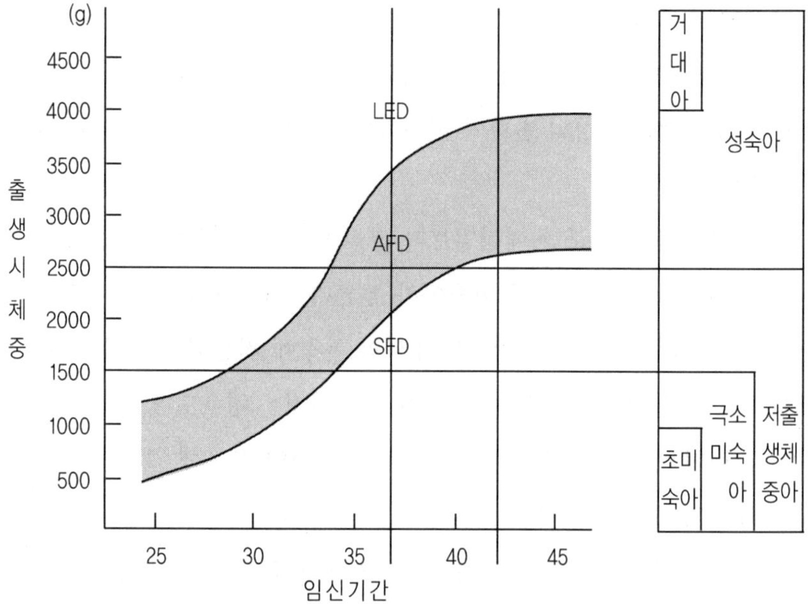

| 그림 2.1.2 | 출생 체중과 임신 기간에 의한 신생아의 분류

자궁 내의 태아 발육에 영향을 주는 요인으로는 성별, 다태(多胎), 인종, 출생 순서, 어머니의 연령과 체격, 임신 중 모체의 영양 섭취량, 임신 중의 노동, 흡연, 모체합병증, 유산 및 조산 경력, 사회경제적 상태 등을 들 수 있다.

신장은 체중에 비해 태내 발육의 상태를 잘 반영하고 있으며, 또한 영유아기나 그 이후의 신체 발육과도 상관이 있어 태아 발육의 지표로 사용되기도 한다. 머리 크기는 태아기에는 체중이나 신장보다 모체의 영양 상태에 따른 영향이 적으며, 임신 기간에 비해 체중이 적은 SFD일지라도 머리 크기는 표준에 가까운 경우가 많다(|그림 2.1.2|). 또한 극소 미숙아나 초미숙아의 생후 발달을 보더라도 체중은 정상적인 상태가 되기까지 시간이 걸리지만, 머리 크기는 비교적 빠른 시기에 정상적 수준에 이른다.

2_ 태아기의 주요 발달

1. 뇌의 발달

임신 10주 이후 대뇌피질의 뇌세포가 하루 약 2억 개가 만들어지며, 임신 20주에는 뉴런의 개수가 약 150억 개, 그 이후 20주에서 30주까지는 뉴런 사이의 연락망을 만들어 주는 신경섬유가 만들어진다. 대뇌반구의 표면은 태아 5개월 중반까지는 요철(凹凸)이 거의 없지만, 그 이후부터 7개월 말경까지는 대뇌반구 표면의 기본 구조가 만들어진다. 소뇌도 외형적으로는 6개월경에 대개 완성되며, 조직발달도 7개월경에는 거의 완성된다.

2. 운동발달

자궁 내의 태아 발달을 보기 위해서 이전에는 유산이나 조산으로 인해 출생한 아이를 대상으로 관찰할 수밖에 없었지만, 최근에는 초음파 단층장치를 이용함으로써 정상적인 임신 상태에서 자궁 내 태아의 각종 형태나 움직임을 지속적으로 관찰할 수 있게 되어 태아에 관한 정보가 비약적으로 증가하고 있다.

태아의 움직임을 초음파 영상이나 유산아의 직접 관찰을 통해 보면 임신 10주에 이미 몸의 위치나 방향, 자세 등을 동시에 변화시키는 연합 운동이 나타난다. 그리고 상체의 섬세한 움직임이나 손가락의 움직임도 보인다.

12주가 되면 원시적 보행과 같은 신체 하부의 교차 운동이 보이며 골반 상부의 협응적 움직임도 발견된다. 태아는 양수에 떠있는 상태이기 때문에 중력 작용이 거의 없고 자궁 밖의 경우에 비해 비교적 자유롭게 운동할 수가 있어 출생 후 1년을 경과해야만 가능한 보행이 이미 태내에서 시작되고 있음을 알 수 있다.

임신 16주경이 되면 태아의 운동 반사는 거의 완성되며 이후는 뇌신경과 척수신경과의 협조, 중뇌 이상의 운동 중추가 발달해 간다. 그러나 태아의 전신 운동은 태아의 크기와 양수의 상대적 관계로 인해 그 활발성이 점차 저하되면서 주로 섬세한 손의 움직임이나 얼굴, 하체 등의 협응 운동이 나타난다.

3. 감각계의 발달

먼저 태아의 청각에 대한 연구를 보면 외부의 소리 자극에 의해 태아의 심장 박동수나 체동의 변화가 발견되었는데, 이 사실은 태아는 적어도 출산 전의 2개월경부터 외부의 소리 자극에 대해 청각적으로 반응할 수 있는 능력을 갖추고 있다는 것을 말해주고 있다. 신생아가 울고 있을 때 자궁 내에서 익숙하게 들었던 모체의 혈류 소리를 녹음하여 들려주면 울음을 그치거나 수면 상태에 빠지는 신생아의 반응을 발견할 수 있는데(Murooka et al., 1976), 이 현상도 태아의 청각 능력을 간접적으로 시사하는 반응이라 볼 수 있다. 최근에는 신생아를 대상으로 태아기에 익숙하게 들었던 소리 자극을 어느 정도 기억하고 있는가를 밝히기 위하여 태아기에 익숙한 소리 자극에 대한 신생아의 반응 연구가 활발하게 진행되고 있다.

후각 기능에 대한 연구에서는 출생 직후의 신생아일지라도 어머니의 모유를 묻힌 헝겊을 얼굴 옆에 갖다 놓으면 다른 모유를 묻힌 헝겊 쪽보다는 어머니의 모유 헝겊 쪽으로 고개를 돌리는 반응을 볼 수 있는데 이는 신생아기 때 이미 후각 기능이 상당히 발달되어 있음을 말해 주는 현상이다.

미각에 대해서도 신생아의 감지 능력을 인정하고 있으나, 단지 자극에 대한 반응인지 아니면 미각에 대한 반응인지는 아직 명확히 밝혀져 있지 않다.

사실 태아기에는 청각 기능을 제외하면 시각이나 미각, 후각 등에 관련된 자극이 어떻게 자궁 내의 태아에게 전달되어 태아의 감각 기능의 발달을 촉진시키는가에 대해서는 아직 거의 규명되지 않고 있다. 그러나 어머니의 식사 등에 의해 태동이 변화하거나 태아의 각성이나 수면 리듬의 변화가 보이기 때문에 태아는 자궁 내에서 모체의 변화에 민감하게 반응하면서 활발하게 생활하고 있다고 할 수 있다. 사실 외부로부터 제공되는 자극을 태아가 어떻게 받아들이고 또한 그것이 생후 어떤 영향을 미칠 것인가라는 문제는 태교를 중요하게 생각하는 우리 사회에서는 매우 흥미로운 주제이지만, 이에 대해서 아직 밝혀진 사실은 없다.

태아는 태내에서는 생장(生長) 발육에 필요한 영양이나 산소를 모두 모체의 모반을 통해 제공받지만 생후는 스스로 영양을 섭취하고 가스를 교환하여야 한다. 그러나 태아의 소화 기관의 발육이나 흡철(吸啜) 운동, 호흡운동 등의 발달 내용을 보면 비록 태아는 모체 내에서 임신 기간에 따른 발육을 해나가지만, 동시에 자신에게 영향을 주고 있는 환경의 변화에 민감하게 반응하면서 살아가고 있으며, 이것이 생후의 능력에도 영향을 미칠 수 있다고 보고 있다. 일본의 발달심리학자 나쯔야마(夏山, 1985)의 연구를 보면 태아는 어머니의 정신적 동요에도 민감하게 반응하여 심장 박동이나 태동의 변화가 나타나는 것을 알 수 있는데, 이는 어머니와 태아의 관계가 이제까지 우리가 생각해 왔던 것 이상으로 밀접하다는 것을 말해주고 있다.

이처럼 태아는 모체 내의 암흑 가운데서 조용히 발육해 나가면서 단지 출생을 기다리고 있는 모체의 부족물이 아니라, 이미 새로운 생명으로서 활발하고 능동적으로 활동하고 있는 한 인간이라는 사실이 점차 밝혀지고 있다.

3_ 사회복지실천과의 연관성

현대 사회복지의 범위는 요람에서 무덤이 태아에서 무덤으로 바뀔 정도로 태아의 중요성이 강조되고 있다. 그러나 과거에는 의학의 영역으로 보아 사회복지실천에서는 거의 관심을 가지지 않았다. 그러나 태아기도 전 생애의 걸쳐서 인간발달에 중요한 관심을 가지기 때문에 사회복지실천에서 직접 개입하지는 않아도 적극적인 관심을 가져야 할 것이다.

태아기는 수정이 이루어지는 순간부터 출생하기까지의 시기로서 정자와 난자의 결합을 통하여 생명체가 형성되며, 염색체의 결합으로 유전과 성이 결정된다. 임신을 하게 되면서 모체에 여러 가지 변화가 일어나며, 수정 후 약 280일 동안 태아는 어머니의 체내에서 자라게 된다. 태내 발달은 어머니의 영양 상태, 정서 상태, 질병, 연령, 분만 횟수 등에 영향을 받으며 약물, 흡연, 음주, 방사선, 환경오염 등과 같은 외부적 요인에 의해서도 영향을 받는다. 그러므로 태아기에서의 태아의 보호와 어머니의 보호는 인간발달의 기초이기 때문에 사회복지실천 차원에서 적극적으로 개입해야 한다. 구체적으로 개입해야 할 문제는 불임 문제, 임산부의 건강, 선천성 장애 예방의 문제로 생물학적 측면에서의 접근이다. 그리고 가임 여성과 배우자를 대상으로 하여 임신하기 전에 철저한 의료적 진단을 받도록 하고, 임신 기간 중에는 금연과 금주를 적극적으로 권장하여야 한다.

심리적인 측면으로서는 임신 과정에서의 심리적 문제와 정서적 문제로서는 산후우울증에 대한 접근이다. 임신 기간 중에는 신체적 변화뿐만 아니라 많은 정서적 변화가 생김으로 이러한 정서를 적절히 조절할 수 있는 정보나 방법을 알려 주어야 한다. 마지막으로 사회적인 측면에서 임신과 관련된 사회경제적 안전성과 임신 중의 경제 활동에 대해 접근한다.

Chapter 2

영유아기

1_ 영유아기의 중요성에 대한 이해

영유아기가 일생 중 다른 어느 시기보다 중요하다고 하는 것은 상식적인 레벨만이 아니라, 학문적 레벨에서도 이론(異論) 없이 언급되어 왔다. 그 이유나 배경에는 다음과 같은 4가지의 논리적 근거가 깔려 있다고 할 수 있다.

① 이후 발달의 기초가 된다.
② 다른 어느 시기보다 발달이 급속도록 진행되는 시기이다.
③ 환경의 영향을 받기 쉬운 시기이다.
④ 특별한 보살핌과 도움이 필요한 시기이다.

1. 발달적 특징

영유아기라고 하면 생후 약 6년간의 기간을 말하는데, 이 시기는 아동기나 청년기에는 볼 수 없는 몇 가지 발달적 특징을 갖고 있다. 이 기간을 보다 분석적으로 접근하여 7개의 하위 단계로 나누어서 그 발달적 특징을 살펴보면 다음과 같다.

(1) 신생아기(생후 1개월간)

주로 반사나 그 외 생득적 반응 양식에 의해 외부 세계에 적응하는 시기이다. 감각 능력은 상당히 발달해 있어서 생후 몇 시간만 지나도 딸랑이 소리나 외부의 소리 자극에 반응을 보이며, 미각도 생후 2~3주면 급속도록 발달해 간다. 그러나 아직 전반적으로 미숙한 상태이기 때문에 보호자의 세심한 배려가 필요한 시기이다.

(2) 영아 전기(생후 1~3개월)

아직 자신의 의지대로 몸을 움직일 수 없지만, 시각이나 청각 등의 원(遠) 감각 기능의 발달이 현저한 시기이다. 3개월경에는 목을 가눌 수 있는 상태가 된다. 신경학적으로 영아 전기는 태아기 후기의 연장선이라 볼 수 있다.

(3) 영아 중기(생후 3~8개월)

신체 발육이 현저하며 움직임이 활발하다. 4개월경부터 부모나 가족의 얼굴을 익히기 시작하면서 7~8개월경이 되면 '낯가림' 현상이 나타나기 시작한다.

(4) 영아 후기(생후 8개월~1년 반)

보행발달의 측면을 보면 생후 8개월경이 되면 엉금엉금 길 수 있고, 10개월경이 되면 책상이나 의자 등을 잡고 일어서고, 11개월경에는 혼자서 일어설 수 있게 된다. 그래서 생후 1년을 지나게 되면 대개 혼자서 보행을 하기 시작하게 된다. 특히 이 시기는 인지 면의 발달이 두드러져서 눈앞에 보였던 장난감을 숨겨 두면 그것을 찾으려고 하는 반응을 보인다. 이런 반응은 이 시기의 영아들이 이미 '대상 영속성'의 개념을 획득하고 있음을 말해 준다.

(5) 유아 전기(생후 1세 반~3세)

신체, 운동 면에서의 발달이 여전히 두드러지게 나타나는 시기이며, 동시에 이 시기부터는 이전에 보이지 않았던 자아의식이 형성되어 소위 '제1 반항기'로 불리는 시기를 맞이하게 된다. 특히 2세경이 되면 고집을 부리거나 함부로 위험한 물건에 손을 대는 등 부모를 순간순간 놀라게 하거나 힘들게 하는 경우가 많은데, 그래서 이 시기를 'terrible two'라고 부르는 발달심리학자도 있다.

(6) 유아 중기(생후 3~4세 반경)

이 시기는 탐색 활동이 왕성한 시기이며 무엇이든 흥미를 느끼면서 궁금해 하는 시기이다. 그래서 4세 전후가 되면 부모나 선생님에게 다양한 질문을 끝없이 하는 모습을 볼 수 있어 이 시기를 '질문기'라고 부르는 발달심리학자도 있다.

(7) 유아 후기(생후 4세 반~6세)

4세반 이후부터는 이전과는 확연하게 다른 발달적 특징이 보인다. 그 중의 하나가 논리적 사고의 출현인데, 이제까지 단순한 비유적 설명으로 간단하게 설득되었던 것이 이때부터는 그 이유를 집요하게 물어 보는 태도를 보인다. 이처럼 이 시기부터는 지적 능력의 중요한 전환기라고 볼 수 있는 특징적 행동들이 보인다.

2_ 영아기의 발달 과제

일반적으로 출생에서 1세 반까지를 영아기라 부른다. 1세 반의 연령은 직립 보행이 가능하고 의미를 담고 있는 언어를 사용하기 시작하기 때문에 이때부터 인간다운 존재의 모습을 보이는 시기라고 할 수 있다. 이제까지 무력한 존재로 여겨져 왔던 영아는 실제로는 주위의 세계를 눈이나 귀로 정확히 지각하면서 외부 세계의 사물을 적극적으로 탐색하거나 접근하기도 하고 어머니와의 사회적 상호 교섭 능력을 기대 이상으로 갖고 있는 능동적인 존재라는 사실이 밝혀지고 있다. 이런 영아기의 발달 과제로는 다음 3가지를 들 수 있다.

1. 어머니와의 애착 관계(attachment) 형성

이 시기에 중요한 발달 과제는 즉 양육자인 어머니와의 애착 관계 형성이며, 이를 통해 영아는 어머니로부터 자기 자신이 사랑받고 있다는 확신을 갖게 된다. 애착 관계는 모자 간의 상호작용에 의해 형성되는데 이를 위해서는 아기가 울거나 웃거나 하는 등의 신호를 어머니가 얼마나 민감하고 적절하게 반응하는가가 중요하며, 동시에 어머니의 이러한 반응을 이끌어내는 아기의 적극적인 행동도 중요한 역할을 하게 된다.

안정된 애착 관계는 아기의 기분이나 요구에 대해 민감성이 높은 어머니의 신속하고 적절한 응답에 의해 달성되는 것이다. 이러한 어머니의 반응에 대해 아기는 자신의 울음이 어머니를 움직여서 욕구를 충족하게 하는 힘을 갖고 있다는 사실을 깨닫게 된다. 동시에 항상 자신의 요구에 대해 민감하게 응해 주는 어머니를 신뢰하게 되고, 이 신뢰를 바탕으로 주위 사람이나 세계로 확대되는 소위 Erikson이 말하는 '기본적 신뢰감'이 형성되는 것이다. 반대로 아무리 울어도 적절한 반응을 얻지 못하는 경험을 하게 되면 영아는 어머니와의 애착 관계가 형성되지 않아 주위에 대해 기본적 불신감을 갖게 되면서 적대감이나 배신당하지 않을까라는 두려움을 느끼기도 한다. 이처럼 영아기에 있어서는 어머니와의 관계의 질이 이후 인간관계에서 기본적 태도의 기초가 되기 때문에 매우 중요한 의미를 지닌다고 할 수 있다.

2. 언어의 획득

언어는 보통 1세 전후로 「맘마」「멍멍」 등 유의미어가 출현하기 시작하면서 발달해 간다. 뇌의 성숙에 의해 발성, 발어(發語) 기관의 운동 컨트롤이 분화하여 모국어의 구사가 가능해진다. 그런데 언어 습득에는 정서적 교류의 발달에 의해 어머니나 타인에게 자신의 기쁨이나 감동을 전하고 공유하고자 하는 커뮤니케이션에 대한 의욕의 육성도 중요하다. 자폐증이나 대인관계 발달의 문제로 언어발달의 지체 현상을 보이는 유아의 경우는 영아기에 타인에게 무언가 전하면서 나누고자 기분이 육성되지 못하였기 때문이라 볼 수 있다. 그러므로 이 시기에는 언어발달의 전(前) 단계로서 놀이를 중심으로 영아와의 충분한 상호작용을 통해서 다양한 표현이나 동작의 즐거움을 경험하는 기회를 가능한 많이 갖도록 하게 하는 것이 중요하다. 이런 과정을 통해 영아는 점차 하나의 음성(맘마, 마마)이 하나의 대상(음식이나 어머니)과 연결된다는 사실을 알게 되면서 의미 있는 언어를 사용할 수 있게 되는 것이다.

3. 감각 운동적 지능의 발달

이 시기의 영아는 눈과 손의 협응, 물건을 쥐거나 흔들거나 굴리거나 빠는 등의 방법으로 물건의 특성을 이해해 나간다고 해서 피아제는 이 시기를 '감각 운동적 지능'의 발달이 나타나는 시기로 보았다. 이 과정에서 눈앞에 보였던 물건이 사라지더라도 그 존재 자체는 없어지지 않는다고 하는 '대상 영속성'의 개념을 획득하게 되고, 또한 눈앞에 보이지 않는 것을 머릿속으로 떠올리는 '표상' 능력도 최종 단계에서는 획득하게 된다.

인지적 발달 측면에서는 외부 세계에 대해 적극적으로 작용하여 탐색이나 조작을 하려고 하는 의욕이 발달된다. 이 의욕이 강화되도록 하기 위해서는 그 아이의 발달 수준에 맞고 흥미를 끄는 다양한 놀잇감을 준비하여 동시에 아이의 탐색이나 조작에 의해 소리나 형태, 움직임 등의 변화가 있는 소위 응답성이 있는 환경의 제공이 무엇보다도 중요하다. 여기에서의 다양한 경험을 통해 주위 사물에 대한 적극적인 조작이나 작용에 의해 무언가 재미있는 것을 경험하거나 기대했던 반응을 얻게 되면 영아는 주변 환경에 대한 자신의 영향력을 이해하게 되면서 자신감과 함께 지적 호기심이 고조되어 더욱 적극적으로 환경에 대해 관심과 탐색 내지 조작을 하고자 하는 의욕이 육성된다. 그러므로 이 시기에는 아이들의 장난도 탐색 욕구나 지적 호기심의 표현으로 이해할 수 있으며, 이를 과감하게 허용하는 부모나 교사의 태도가 무엇보다도 중요하다고 할 수 있다.

3_ 유아기의 발달 과제

1세 반 이후 초등학교에 들어가기 전까지는 활발한 놀이와 함께 자아, 사회성, 상상력 등의 성장이 두드러지게 나타나는 시기이다. 이 시기의 발달 과제로는 다음 3가지를 들 수 있다.

1. 생활습관의 형성과 자율성의 획득

이 시기는 대·소변 훈련을 비롯한 부모의 양육 지도에 의한 기본적 생활 습관의 형성이 중요한 과제가 된다. 양육 지도는 사회의 일원이 되는 데 필요한 행동을 익히도록 하는 사회화의 시도이다. 대·소변 훈련 시기에는 자기 생각대로 하려고 하는 아이와 이를 지도하려고 하는 어머니와의 사이에 갈등이 생성되기도 한다.

3세경이 되면 자아의 형성으로 인해 자신의 욕구가 더욱 명확해지면서 자기 나름대로의 생각을 주장하게 된다. 그래서 만일 부모가 자신의 욕구에 맞지 않는 요구를 하게 되면 "싫어"라고 자신의 생각을 명확히 나타낸다. 부모들은 자녀의 이런 거부적인 태도를 경험하게 되면 누구라도 당혹스러워하지만, 유아의 이런 반항적 태도는 부모에 대한 의도적인 반항이라고 하기보다는 자아성장에 따른 자기표현으로 이해해야 할 것이다.

부모의 양육 지도에 따른 자녀와의 갈등은 결국 다음 3가지 중에 하나로 결착된다. 엄격한 지도에 의해 자녀의 굴복을 유도하거나 아니면 무조건적 수용적 태도로 자녀가 맘대로 하도록 허용한다든지, 또는 적절한 지도로 아이의 자율성이 육성되도록 하는 경우를 생각해 볼 수 있다. 너무 엄격한 태도로 지도하게 되면 아이는 결국 자신의 의지를 포기하게 되겠지만, 대신 적극성이나 자신감을 잃게 되면서 자신에 대한 믿음을 얻을 수 없게 된다. 반대로 너무 자기가 하고 싶은 대로 내버려 두게 되면 인내심이나 자기행동의 통제력이 육성되기 어렵다. 적절한 통제와 관용적인 부모의 태도는 유아의 자존 감정을 유지시키면서 점차 자기행동의 통제력을 키워나가는 자율성의 육성에 영향을 주게 된다. 양육 지도가 원만하게 이루어지기 위해서는 무엇보다도 자녀와의 관계가 중요하며 이것이 전제가 될 때 비로소 아이에게 부모의 지도를 수용하고자 하는 기분 내지 욕구가 생성되는 것이다. 그러므로 부모는 인내심을 갖고 아이를 지켜보면서 아이가 자기 스스로 하기까지 기다리기도 하고 적절하게 칭찬하거나 격려하기도 하고 필요에 따라서는 자신이 모델이 되어 도움을 주기도 하는 등 항상 여유 있고 긍정적인 피드백을 하는 양육 태도가 성공적인 자녀 지도로 이끌어낼 수 있다.

2. 지적 호기심과 행동 기준의 습득

보행이 가능한 시기에 들어서게 되면 아이는 적극적으로 활동하면서 끝없이 주위 세계를 탐색한다. 유아기는 곤충이나 만화, 영화, 사람 등에 대한 궁금증이 있으면 지체 없이 자신의 의문점을 묻는 등 지적 호기심이 왕성한 시기라고 할 수 있다. 이 시기에 부모가 적절한 양육 태도로 접근하게 되면 유아는 도덕적 규범이나 양심, 금지 사항을 학습하게 되고 이탈하지 않는 범위 내에서 주체적인 활동을 하면서 흥미로운 정보나 지식을 얻는 가운데 호기심이 강화되어 나간다. 반면 부모로부터 너무 엄격한 지도나 금지를 경험하게 되면 부모의 꾸중이나 체벌을 두려워하게 되면서 소극적인 태도가 형성되거나 지적 호기심이 위축되어 버린다.

유아기에는 해야 하는 것과 해서는 안 되는 행동 기준의 인식 능력은 부모에 대한 동일시로부터 형성된다. 유아는 성적(性的) 동일시에 의해 자신의 성에 어울리는 복장이나 태도, 놀이 활동을 하게 된다.

3. 또래와의 상징놀이

유아기에 들어서면 영아기에 많이 보였던 감각놀이는 거의 사라지고 소꿉놀이나 선생님 놀이처럼 상징이나 허구의 세계가 표현되는 또래와의 다이내믹한 놀이 형태를 발견할 수 있다. 유아기의 생활 중심은 역시 놀이이며, 놀이에 의해 전인적 발달이 이루어지는 시기이기도 하다. 또한 놀이를 통해서 유아의 이미지의 세계가 표현되고 감정이 발산되며 체험의 재구성이 이루어지기도 한다. 그러므로 무아지경으로 놀이 세계에 몰입하여 신나게 놀아 본 경험이 없는 유아는 발달상에 문제가 생길 수 있다. 또한 혼자 놀이밖에 하지 못하는 아이도 바람직한 모습이라고 할 수 없는데, 그 이유는 또래와의 경쟁이나 타협, 협력 등의 경험 부족으로 인간관계나 사회성의 발달에 문제가 생길 수도 있기 때문이다. 놀이 장면에서 발생하는 또래와의 싸움은 상대방에 대한 타협이나 설득 등 자기 스스로 문제 해결책을 시도해 보는 좋은 기회가 되기 때문에 무조건 나쁘다고 보거나 교사가 적극적으로 중재 내지 개입하는 것은 바람하지 못하다.

인지 능력의 발달에 의해 상징놀이가 가능해지면서 또래와의 소꿉장난이나 가게놀이, 선생님놀이 등을 하게 된다. 이런 역할놀이는 유아들이 부모, 가게 주인이나 손님, 선생님이나 학생의 입장이 되어 그 역할을 해보기 때문에 사회화의 형성이나 자기중심성의 탈피에 도움이 될 수 있다.

4_ 사회복지실천과의 연관성

영유아기는 제1성장 급등기라고 할 만큼 출생하면서부터 급격한 신체발달이 이루어지며 보행을 학습하게 되고, 감각발달이 이루어진다. 인지발달로 인하여 목적 지향 행동과 대상 영속성이 확립되며, 언어발달이 활발하게 진행되는 시기이다. 이 시기에는 성격발달의 기초가 되는 정서발달이 이루어져 성인에게서 볼 수 있는 대부분의 정서가 나타나게 된다. 또한 사회성 발달 과정에서 표현행동과 애착행동을 보이며 격리 불안이 나타나게 된다.

그리고 신체가 전체적으로 균형을 잡아가면서 운동 기술이 발달하여 독립된 개체로 활동하게 되며, 대·소변 가리기 훈련이 가능해진다. 인지발달이 이루어져 주의집중력과 지각변별력이 발달하지만 자아중심성, 직관적 사고, 물활론, 상징적 기능, 꿈의 실재론 등과 같은 특징을 지니는 시기이다. 이 시기에는 언어발달이 급속히 이루어져 기본적인 의사소통이 가능해지며, 정서의 분화가 두드러지게 나타나고, 성적인 관심을 나타낸다. 또한 자율성과 자아개념이 발달하며, 여러 가지 놀이를 배우게 되고, 환경에 대한 호기심이 발달하여 환경을 탐색하게 된다. 구체적으로 사회복지실천 차원에서 접근해서 영역을 살펴보면 다음과 같다.

Freud에 따르면 구강기의 영아(출생에서 1세 반까지)는 입의 자극을 통해 충족을 얻는다. 1세 반에서 3세까지 항문기의 아동은 괄약근의 움직임으로부터 쾌락적인 자극을 받는다. 초기 영아기 동안 아기의 원초아는 즉각적인 쾌락을 추구하려는 쾌락 원칙에 따라 작용한다. 충족이 지연될 때 자아는 충족을 획득하기 위한 수용적인 방식을 찾으려는 현실 원칙에 따라 발달하고 작용한다. 이 시기와 이후의 시기 동안에 일어나는 사건은 성인의 성격에 영향을 주는 것으로 보인다.

Erikson의 심리사회적 이론에 따르면 전 생애에 걸친 성격발달에 영향을 주는 일련의 8가지 위기 중 영아는 첫 위기를 경험한다. 첫 번째 결정적인 위기는 기본적 신뢰감 대 기본적 불신감에 초점을 맞추고 있다. 이것은 Freud의 구강기와 같이 이 위기의 해결은 수유 상황을 둘러싼 사건과 모자관계의 질에 의해 큰 영향을 받는다. 그리고 1세 반부터 3세까지는 자율감 대 수치감과 회의심의 두 번째 위기를 직면하는데, 부모가 자녀를 다루는 방법은 이 위기의 해결에 큰 영향을 미친다. 그리고 영아 간의 개인적 성격 차이는 성과 기질에서 비롯된다.

또한 이 시기에 형성된 신뢰감이나 불신감은 일생을 통해서 지속되며, 다음 단계의 성격발달에 직접적인 영향을 미치게 되고, 일단 형성된 불신감은 변화되기 어려운 특성을 갖고 있다. 신뢰감 대 불신감의 갈등이 성공적으로 해결되면 심리사회적 능력 또는 덕성인 희망을 얻게 된다. 그러나 이러한 위기가 적절하게 해결되지 못하면 자기비하, 정체감 혼란, 우울증 등을 초래할 수 있다.

이상과 같이 영유아에 대한 전문적인 사회복지실천의 개입은 인간발달에 있어 성격 형성에 많은 영향을 미친다.

Chapter 3

아동기

1_ 자아의식의 분화

유아기와 다른 아동기의 발달 특징의 하나는 자신을 명확히 의식하고 분화하는 시기라고 하는 것이다. 물론 유아기에도 이미 어느 정도 자기의식의 분화가 나타나기도 한다. 예를 들어 3~5세의 아동은 주로 「자신이 ~을 할 수 있다」는 등 자신의 행동과 관련된 표현을 하지만, 6세경이 되면 이런 표현보다는 자신의 신체적 속성을 나타내는 것으로서 「자신이 무엇을 갖고 있다」는 식의 표현을 많이 한다. 이런 변화는 5, 6세경이 자기의식에 있어 하나의 전환기라고 하는 것을 말해주고 있다. 10세경이 되면 자신의 소유물이나 신체적 특징에 대한 표현이 더욱 많아지다가, 14~15세경이 되면 이제 자신의 내면적 특성에 대한 언급이 두드러진다.

2_ 성역할의 발달

아동기에 들어서게 되면 외견상의 특징이나 놀이 내용, 놀잇감 등에 대한 흥미 내지 선호가 보다 뚜렷해지고 이와 함께 활동 면, 능력 면, 행동 경향, 성격 면에 있어 남녀의 분화가 현저하게 나타난다. 구체적인 행동상의 역할 특성의 학습은 거의 완성되며 이와 함께 자기 자신의 성역할에 대한 인식이나 평가(성역할관, 성역할의 정체성)도 가능해진다. 성역할에 대한 개념이 서서히 성인에 가까워지면서 사회적 행동 기준으로서의 의미도 커진다. 특히 또래와의 교류나 학습 활동이 이루어지는 학교 장면에서 적절한 성역할을 취득했는가라고 하는 문제는 이 시기의 적응에 있어 중요한 조건이 된다. 성인의 성역할 스테레오 타입을 자신과 친구에게 어느 정도 적용하고 있는가에 대해서 분석한 연구를 보면 남녀 모두 남성 역할 특성을 남자 친구에게, 여성 역할 특성을 여자 친구에게 적용하는 경향이 강하며, 스테레오 타입의 인지가 명확할수록 그것을 친구에게 적용하는 경향성이 강하게 나타났다. 또한 자신보다는 친구에 대해 그것을 적용하는 경향성이 높다는 사실이 밝혀졌다. 한편 일본의 한 연구(湯川, 1983)에 의하면 교사로부터 바람직한 아이로 평가받은 기준은 성적만이 아니라, 적절한 성역할의 취득도 관여한다는 사실을 보고하고 있다.

이처럼 성역할은 아동기에는 아이들의 생활을 좌우할 만큼 중요한 요소가 되며, 이는 당연히 아동의 사회화를 촉진시키는 요인이 되기도 한다. 부모나 또래, 교사 등으로부터의 유형·무형의 자극, TV, 만화, 컴퓨터, 교과서, 그 밖의 다양한 대중매체 등은 아동의 사회화에 있어 강력한 매개체의 역할을 한다. 이러한 것을 통해 아동은 사회에서 기대하고 있는 성역할의 규범을 착실하게 몸에 익혀 나간다.

3_ 발달 과제와 문제행동

학령기의 아동은 이제까지 이상으로 많은 과제에 직면하게 된다. 이제까지의 과제를 충분히 획득하지 못한 아동은 이 시기의 발달 과제에 직면하였을 때 여러 가지 어려움에 봉착하게 된다. 아동기의 발달 과제를 습득하는 과정에서 다음과 같은 문제행동이 발생할 수 있다.

1. 또래 집단의 적응 문제

아동기의 문제행동은 학교나 또래 집단의 적응에 실패하는 경우에 발생할 수 있다. 학교라는 장면은 공부를 하는 곳이기도 하지만, 그 이상으로 또래와의 놀이나 관계 형성이 이루어지는 곳이기도 하다. 그러나 아이들 가운데는 또래와의 관계 형성이 어려운 아이가 있는데, 이런 아이는 아직 모자 분리가 충분히 이루어져 있지 않거나 또래와의 놀이 경험이 부족한 경우가 많다.

또한 이 시기는 또래와의 관계에서 또래 괴롭힘의 문제가 발생하기도 한다. 유아기에는 비교적 평행적·집합적 관계를 기본으로 한 교우 관계를 형성하지만, 아동기의 또래 관계는 집단 가운데 리더의 역할과 이를 따르는 역할이 나누어져 있으며, 활동의 성격이나 시기에 따라서 그 관계도 자주 변한다. 또한 집단과 집단 간의 갈등이 발생하기도 하고, 멤버의 세력도 변한다. 이러한 변화가 심한 집단 생활에서 특정 아이가 집중적으로 공격의 표적이 되는 문제가 발생하기도 한다.

2. 학교와 학습의 적응 문제

초등학교는 단지 또래와의 놀이 공간의 기능만이 아니라, 기초적 학습 능력과 학습 습관, 학습 태도를 익히는 곳이기도 하다. 그러나 이에 잘 적응하지 못하면 학업 부진, 학습 의욕의 저하 등의 문제가 발생하게 된다. 또한 공부에 대한 자신감이 없고 학교에서 즐거움을 느낄 만한 것이 없는 상태가 지속되는 경우, 등교 거부나 자신의 존재감을 확인하기 위하여 학교 폭력을 일으키기도 한다.

한편 공부에 대한 자신감은 어느 정도 갖고 있지만, 학교의 친구 관계나 학교 행사, 발표, 교사와의 관계 등을 포함한 학교 생활에 대해 지나치게 불안감을 느낀 나머지 함구 증세를 보이거나 등교 시 두통이나 복통을 호소하는 아이도 있다. 이런 유형의 학교 부적응 문제 이외에도 주의집중이 잘 되지 않는 아이도 있다. 그래서 오늘날 수업 시간에 집중해서 듣거나 인내심이 부족하여 수업 시간에 쉽게 잠을 자버리거나 장난을 치는 등 수업 붕괴 현상의 조짐이 초등학교에서부터 서서히 나타나기 시작하고 있다.

3. 운동 기능의 습득

아동기는 신체가 튼튼하여 운동이 활발하게 이루어지는 시기이다. 유아기 시절에는 조금만 많이 먹으면 탈이 나기도 하고 기온 변화가 조그만 심하면 쉽게 감기에 걸리기도 하고, 달리기도 하다가도 쉽게 넘어져 상처를 입는 등의 문제가 많았지만, 아동기에 들어서면 이런 문제가 급격히 감소한다. 일상생활에서 또래와의 놀이를 통해서 몸을 기민하게 움직이고 튼튼한 몸을 만들어 나가는 것은 아동기의 발달 과제의 하나이다. 그러나 요즘 아동들은 신체적 활동보다는 학교나 학원 공부, 그리고 컴퓨터 놀이에만 거의 집중하여 물리적·심리적 여유가 없는 상태여서 바깥놀이나 또래와의 놀이의 경험을 충분히 경험하지 못하고 아동기를 보내는 경우가 적지 않다.

4. 사회 규범의 내재화

아동의 문제행동은 종종 아동과 어른 사회와의 균열을 반영하고 있다. 아동기는 또래의 행동을 통해서 사회적 규범을 학습할 뿐만 아니라, 부모나 교사를 비롯하여 주위 어른이나 이웃들부터의 지도, 인정, 칭찬, 제재 등을 통해 바람직한 행동 양식을 익히고 사회 가치에 부합된 행동 기준을 배워나간다. 이 시기에 익히는 사회적 훈련은 청년기에 들어서서 자율성을 획득하는 데 기초가 된다. 그러므로 충분한 사회적 경험을 체험하지 못한 채 청년기를 맞이하게 되면 부적응행동으로 발전할 수 있는 위험성이 있다.

4_ 사회복지실천과의 연관성

이 시기는 학교 교육을 통하여 필요한 지식과 기술을 습득하게 된다. 그리고 인지발달이 이루어져 보존 개념, 분류화, 서열화, 탈중심화 등이 발달하며, 기억 전략과 변형 기억이 현저하게 발달하는 시기이다. 이 시기에는 분노, 질투, 애정, 불안, 좌절감 등의 감정을 조절할 수 있게 되며, 또래집단과의 대인관계가 발달하고 적절한 성역할을 학습한다. 또한 자기의 존재를 자각하고 독자성을 가지게 되면서 자아개념, 자존심, 근면성, 도덕성 등이 더욱 발달하게 된다. 구체적으로 사회복지실천에서 접근해야 할 영역을 살펴보면 다음과 같다.

즉 근면성 대 열등감(industriousness vs inferiority)은 6~12세의 잠복기에 해당되는 아동이 경험하는 심리사회적 위기이다. 이 단계를 Freud는 비활동적인 시기로 보았으나, Erikson은 역동적이고 활동적인 시기로 보고 있다. 이 시기에 아동은 처음으로 형식적인 교육을 통하여 문화에 대한 기초 기능을 배우게 되며, 기초적인 인지적·사회적 기능을 습득하게 된다. 아동은 무엇을 스스로 알아내고 성취하는 것을 통하여 인정을 받고 싶어하며, 자신의 능력과 가능성을 확인하려는 욕구가 강하게 나타난다.

이 시기에 동성 부모에 대한 경쟁 의식은 동일시로 승화되고 배우려는 의욕과 생산적이 되려는 강한 의욕이 나타난다. 또한 아동은 학교를 다니기 시작하면서 그들의 문화에 대한 기술을 이해하기 시작할 때 근면성이 발달하며, 사물이 만들어지고 조작되는 방법에 몰두하기 때문에 근면은 이 시기의 주요한 발달 주제가 된다. 즉 아동은 학교에서 부과하는 여러 가지 과제들에 꾸준히 주의를 기울이고 성실히 작업에 임하는 과정 속에서 근면성을 획득하게 되며, 이러한 근면성을 통해 전 생애 동안 중요하게 여기는 과업 성실성을 갖게 된다.

이 시기에 아동은 사회에서 필요한 유용한 기술이나 지식을 익히게 된다. 아동은 기술이나 지식을 익히고 난 뒤의 성취감, 또래 집단에 비하여 자기가 더 잘할 수 있다고 생각하는 우월감, 이러한 일들에 대한 타인의 인정 등은 근면성 획득의 주요한 요소들이다. 아동에게 무엇을 성취하도록 기회를 제공하고, 성취한 과업을 인정하며, 또다시 시도해 보도록 격려하게 되면 근면성을 갖게 된다(이옥형, 2002).

그리고 아동이 자신의 기술이나 지위가 다른 동료들에 비하여 열등하다고 느끼거나, 무엇을 성취할 기회를 주지 않거나, 성취한 결과에 대해 비난하거나, 무리한 요구를 하여 좌절을 경험하게 하거나, 귀찮은 존재로 취급하게 되면 열등감을 갖는다. 즉 아동이 학교에서나 가정에서 자신에게 주어진 일에 적절한 성취를 느끼지 못하면 열등감에 빠지게 된다. 이러한 점에서 아동을 격려하며, 재능을 발견하고 북돋아줄 수 있는 교사나 부모의 태도가 중요시된다. 근면성의 획득은 과업에 대한 성실성을 기초로 하여 이후 학교 생활의 적응, 학업 성취, 개인의 일과 의무에 대한 기본적인 태도 등을 형성하게 한다. 근면성 대 열등감의 갈등이 성공적으로 해결되면 심리사회적 능력 또는 덕성인 능력을 갖게 된다. 그러므로 사회복지실천에서 이러한 문제를 잘 해결하고 아동기를 보낼 수 있도록 접근해야 한다.

또한 넓은 의미에 있어서 아동의 보건 교육, 레크리에이션 및 안전과 가족 및 사회의 일원으로서 아동의 건전한 성장과 발달을 위하여 개인이나 단체에 의해서 행해지는 일체의 활동을 지원해야 한다.

그리고 특수한 장애가 있는 아동에 대하여 각종의 전문가에 의해 행해지는 조직적인 활동과 요부양이라든가 방치되어 있다든가 문제아라든가 학교를 무단결석하고 있다든가 또는 지체부자유아 등을 다양한 방법으로 지원해야 한다.

Chapter 4

사춘기

1_ 사춘기란

아동기를 지나게 되면 신체적 성숙과 함께 이와 관련된 다양한 차원의 생물학적·심리사회적 변화가 일어나는데, 이 시기를 소위 사춘기(청소년기라고도 함)라고 부르고 있다. 아동기와 구분되는 사춘기의 특징으로는 다음 3가지를 들 수 있다.

① 성적 성숙을 수반하는 급격한 생물학적 성장
② 집단 생활에서 상호 이해와 신뢰를 바탕으로 한 동성(同性)과의 관계 형성, 나아가 새로운 자기인식과 함께 이성 관계와 부자 관계를 전개해 나가는 등의 사회관계의 변화
③ 자신의 가능성이나 미래에 대한 사고, 가설에 의한 사고 등 논리적이고 추상적인 사고가 가능한 형식적 조작기의 확립

이 시기의 주요 발달적 특징과 발달 과제를 보면 다음과 같다.

2_ 발달적 특성과 발달 과제

1. 생물학적 · 신체적 변화

사춘기는 내분비 계통의 변화에 의해 신체가 형태적으로나 기능적으로 변화한다. 이 시기는 뇌하수체계의 호르몬에서 스테로이드계의 호르몬으로 이행하는 시기이기도 하며, 또한 안드로겐이나 에스트로겐이라고 하는 성호르몬의 분비가 급속도록 증가하는 시기이다. 따라서 신장, 체중, 가슴 등의 발육 속도가 급격히 빨라지며, 동시에 성적 성숙 현상이 나타난다. 남자는 목소리가 달라지며, 성모(性毛)의 출현, 외부 성기의 변화, 정통(精通)이 시작된다. 여자의 경우는 유방의 발육, 성모(性毛)의 출현, 초조(初潮)라고 하는 제2차 성징(性徵)이 나타난다. 이러한 신체 변화는 본인이나 주위 사람에게 영향을 주게 된다. 특히 성적 성숙은 질적·비연속적인 변화이며 아동에서 성인으로 이행하는 데 있어 결정적인 특징을 보여주는 것이어서 심리사회적 측면에 미치는 영향이 크다.

2. 심리사회적 변화

사춘기는 아동에서 성인으로 이행하는 과도기에 해당하기 때문에 이 시기의 사회적 지위는 아동기와는 다르다. 신체적 성숙이 진행되면서 나타나는 다양한 발달은 청소년에 대한 인식을 바꾸게 한다. 어른들은 청소년에 대해 이제까지와는 다른 태도와 기대를 갖게 되고, 청소년들도 어른을 바라보는 눈이 달라짐에 따라 어른과의 관계가 변화한다. 또한 심리적 발달과 함께 청소년의 자유의지가 나타나면서 생활의 범위가 확대된다. 제도적인 측면에서는 초등학교를 졸업하고 중학생이 되면서 이들의 사회적 지위가 변한다.

청소년기는 심리적 변화의 측면에서 볼 때 「제2의 탄생」이라고 불릴 정도로 마음의 구조가 급격하게 변화하는 시기이다. 이제까지 의식하지 않았던 자기 자신에 대해 생각을 하게 되면서 자기 자신은 하나의 개체로서 독자적인 세계를 가진 고유한 존재라고 하는 사실을 자각하게 된다. 이러한 자각은 한편으로는 고독감을, 다른 한편으로는 자기 자신의 내면 세계에 대한 관심이나 고유한 자기를 발견하는 계기가 되기도 한다. 청소년은 자기상을 탐구하면서 자신에게 향한 타인의 시선에 신경을 쓰기도 하고 때로는 열등감에 빠지기도 한다. 또한 자율의 욕구를 갖게 되면서 모든 것을 주체적으로 하려고 하는 행동도 강하게 나타난다. 인지 능력의 측면에서는 피아제가 말하는 형식적 조작의 단계에 도달하는 시기여서 추상적·비판적 사고가 가능하다.

사춘기에는 앞에서 언급한 변화들이 급격히, 그리고 동시에 일어난다. 신체와 마음이라고 하는 자신의 내적 상황도 자신을 둘러싼 외적 상황도 이전과는 많이 다르기 때문에 이들이 살아가는 세계는 기본적으로 불안정하다. Lewin은 그의 장(場)이론에서 청년의 행동 특징은 청년이 놓여있는 「장」의 특수성, 즉 아동에서 성인으로 이행하는 과도기에서 유래한다고 보았다. 청소년들은 아동의 세계에서 벗어나 급격히 생활 공간을 넓혀 나가지만, 이 새로운 세계는 그들의 입장에서는 미지의 세계이며 아직 어른의 세계에도 속하지 않아서 두 세계의 경계에서 살아가는 불안정한 「경계인(境界人)」의 위치에 놓여있는 것이다. 또한 자신의 중심 영역이며 기반이기도 한 신체가 성적 성숙이라고 하는 미지의 방향으로 변하는 것도 그들의 모습을 불안정하게 만드는 요인이 되고 있다. 청소년의 정서적 불안정이나 과민성, 행동의 과격성은 청소년이 이제까지의 안정된 세계에서 미지의 세계로, 그리고 불안정한 세계로 던져졌기 때문으로 이해할 수 있다.

3. 새로운 적응 양식의 모색

우리 인간은 끝없이 변화하고 있는 환경과 상호작용을 하면서 자신과의 협응을 위해 노력하고 있다. 「변화하고 있는 사람」과 「변화하고 있는 환경」이 역동적으로 협응하는 과정이 바로 적응의 과정이며, 이를 시간적 경과와 함께 접근한 것이 인격발달의 과정이라 볼 수 있다. 사춘기는 이행(移行)의 정도가 현저하며, 인간도 환경도 변화가 큰 시기여서 협응이라고 하는 과정에 막대한 에너지가 요구된다. 이 때문에 사춘기를 일반적으로 「질풍노도(疾風怒濤)」의 시기라 부르기도 하고 「위기적 시기」라고도 하고 있다. Anna Freud(1936, 1958)는 「사춘기에는 자아와 원초아 사이에 만들어졌던 힘의 관계가 무너지고, 힘들게 이룬 심리적 균형이 상실되면서 새로운 내부적 갈등을 경험하게 된다」라고 하였다. 사춘기의 인격 형성이나 적응 문제는 이러한 내면의 위험한 변화만이 아니라, 다양한 차원의 급격한 변화에 휩싸이기 때문에 이것을 수용하면서 변화에 적합한 새로운 적응 양식, 즉 새로운 자신을 발견해야 하는 과제가 주어진다고 할 수 있다. 그리고 이 과제는 자아정체감의 달성이라고 하는 형태로 통합된다.

4. 인지 세계

우리가 어떻게 살아갈 것인가라고 하는 것은 주위 세계를 어떻게 이해할 것인가라고 하는 인식에 의해 규정된다고 할 수 있다. 그러므로 청소년기의 인격 형성을 생각할 때에 그들이 외부 세계를 어떻게 이해하는가라고 하는 것을 아는 것은 매우 중요하다. 외부 세계의 인지를 규정하는 요인은 자신의 일반적 인지 능력, 인지 대상의 특성, 자신과 인지 대상과의 상호작용 특성의 3가지를 들 수 있다. 자기 자신 및 자신을 둘러싼 사회적 세계의 인지(대인적·사회적 인지)도 일반적 인지 능력에 의해 규정되지만, 한편으로는 타인이나 사회가 갖는 특성에 의해 규정되기도 한다.

일반적인 인지 능력에 관해서 보면 청소년기는 피아제가 말하는 형식적 조작의 단계에 해당된다. 형식적 조작이란 구체적 상황에서 벗어나 구체적 내용에 구애받지 않고 논리적 추상적인 사고가 가능하다는 것을 말한다. 그래서 가설 연역적 사고가 가능해서 가설에 지나지 않는 명제를 토대로 논리적 추리를 할 수 있게 된다. 현실에서는 하나의 가능성에 지나지 않고 현실적인 것이 아닌 것에 대해서도 생각할 수 있으며, 이상(理想)에 견주어 현실을 비판하기도 한다. 이처럼 형식적 조작의 출현으로 자신이나 자신의 주위 환경에 대해 추상적·논리적·비판적 인지를 하게 된다. 이러한 인지 능력의 발달은 대인적·사회적인 것에도 적용되어 다음과 같은 다양한 사회적 심리적 발달이 이루어진다.

(1) 내면적·심리적 이해의 변화

아동기 초기에는 신체적 특징이나 소유물 등 외적·객관적 속성에 의해 자신을 이해했지만, 연령 증가와 함께 감정이나 태도, 성격 특성 등 내면적·심리적 특징에 대해 점차 관심을 갖게 된다. 친구의 선택도 외적 기준에서 내면적 기준으로 바뀌게 되면서 사춘기 이후의 친구는 인간적 공감성이 중요한 요인으로 작용한다. 이처럼 사춘기에는 인간을 이해하는 관점이 표면적·외면적인 면에서 보다 내면적·심리적 관점으로 전환되면서 인간의 속성을 보다 본질적으로 이해해 나간다.

(2) 관계적·통합적 이해

사춘기에 이르면 자기와 타인 내지 사회가 상호 관련되어 있다는 사실을 인식하게 된다. 물론 아동기에도 자신의 특성을 타인과 비교하기도 하지만, 이 시기에 들어서면 타인과의 관계에서 자신을 바라보며 자신에 대한 타인의 반응을 기준으로 자신을 바라보게 된다(Demon & Hart, 1982). 즉 타인이 자신을 어떻게 보는가라고 하는 것이 자기이해를 규정하게 되고, 타인으로부터 인정을 받거나 타인으로부터의 반응을 끌어내는 자신의 속성을 통해 자신을 바라보게 된다.

타인의 내면, 내적 상태를 이해할 수 있다는 것과 타인이 자신을 어떻게 보는가에 따라 자기이해가 규정된다는 것은 동시에 자신의 관점과는 다른 타인의 관점을 이해할 수 있다는 것과 관련되어 있다. 이러한 발달의 배경에는 역할 취득 능력이나 사회적 관점 취득 능력의 발달이 관여하고 있다고 할 수 있다.

(3) 추상적·일반적 이해

발달과 함께 이제는 구체적인 타인과의 관계만이 아니라, 그 배후에 있는 보다 추상적인 타인이나 사회도 인지의 틀 안에 들어오게 된다. 이것은 추상적인 사고가 가능해지면서 구체적·개별적인 이해만이 아니라, 보다 추상적·일반적 이해의 접근이 가능하다는 사실, 보다 넓은 시야에서 다른 여러 사실과 관련지어서 생각을 할 수 있게 된다는 것을 말한다. 이 시기에는 주변의 구체적인 사실만이 아니라, 이것들을 추상화한 사회적 개념으로 인식할 수 있게 된다. 그리고 이에 따라 사회로부터의 일정한 기대를 의식하게 되고, 「사회 속에 자신」을 생각할 수 있게 된다. 일반적인 사회로부터의 기대나 요청은 이제까지는 구체적인 타인을 개입시켜 인지해 왔지만, 이 시기는 타인을 경우하지 않고 직접적으로도 인지할 수 있게 된다.

(4) 과거와 미래 시점의 발달

관계적·통합적 사고나 추상적 사고를 하게 되는 이 시기는 시간 개념에 대한 시야도 확대된다. 지금 일어나는 구체적인 현실만이 아니라, 지금 보이지 않는 미래의 의미를 생각하게 되고, 현재는 미래에 의해 규정된다는 사실을 인식하기 시작한다. 과거도 현재에 영향을 미친다는 사실을 알게 되면서 현재를 과거와 미래의 관계 속에서 이해하는 통합적 사고를 하게 된다. 그래서 사춘기에는 자기 자신이나 타인-사회를 과거, 현재, 미래의 시간적 흐름의 맥락에서 생각할 수 있게 된다. 예를 들어 타인의 고통에 대한 이해도 이전처럼 눈에 보이는 정보(표정이나 호소하는 내용 등)에 국한하지 않고, 왜 그렇게 되었는가라고 하는 인과론적 접근이나 그 사람이 이제까지 처해 있었던 사회적·일반적 상황을 함께 고려하여 판단하게 된다(Hoffman, 1976).

공정성에 대한 인식도 그 시점에서의 평등이나 공정성이 아니라, 이제까지 처해 있었던 사회적·일반적 상황이나 그 사람의 특수한 사정을 고려하여 판단하게 된다(Damon, 1983). 부모에 대한 비판적·부정적인 시각도 청소년기 후기가 되면 그들이 놓여있는 상황(과거, 미래를 포함)을 고려하여 지금까지 살아온 과정을 가진 한 인격체로 이해하게 된다. 자신도 사회도 시간적 흐름 가운데 있다는 사실, 그리고 자신과 타인, 사회는 상호 관련되어 있다는 사실을 인지한 청소년은 역사 가운데 자신을 바라보게 된다. 이와 같이 추상적·통합적·관계적 사고에 의해 시간의 맥락에서, 또한 타인과 사회 속에서 자기 자신을 생각할 수 있게 되는 것은 이후 자아정체감의 형성에 있어 중요한 기초가 된다.

3_ 사회복지실천과의 연관성

사회복지실천에서 사춘기를 따로 분류하지 않고 청소년기에 포함시켜 접근해 왔는데, 사회복지실천에서는 사춘기에 대한 특징과 발달 과정을 이해하고 합리적인 문제 해결을 위하여 접근해야 할 것이다.

사춘기에 대한 연령적 접근은 그 국가의 역사와 문화 등에 따라 달라질 수 있다. 이 시기에는 급속한 신체적 변화와 함께 지금까지 다른 사회적 압력과 요구가 나타난다. 또한 제2성장 급등기라고 할 만큼 급속한 신체 변화가 일어나며, 성적으로 성숙해진다. 그리고 인지발달이 이루어져 형식적 조작 사고를 할 수 있게 되며, 정서적으로 변화가 심한 시기이다. 이 시기에는 자아정체감이 확립되며, 동년배 및 이성과의 새로운 관계를 형성하게 되고, 성역할 정체감이 발달한다. 또한 부모로부터 독립된 인격체로서 대우받기를 원하며 정서적으로 독립하고자 한다.

또한 아동기에서 성인으로의 발전 단계이므로 신체적·정신적으로 변화하는 단계이다. 그러므로 이 단계에서 어떻게 정상적인 성인으로 진입할 수 있도록 사회적 지지를 강화해야 할 것이다.

Chapter 5

청년기

1_ 청년기란

동물은 생물학적으로 성숙하게 되면 성체(成體)가 되지만, 인간의 경우는 신체적으로 어른이 되는 것과 심리사회적으로 어른이 되는 것에는 차이가 있다. 문명사회에서는 아동기나 성인기와는 다른 시기, 신체적으로 성숙해 있지만 심리사회적으로는 아직 어른이 아닌 시기, 즉 청년기가 존재한다. 사실 문명이 발달한 사회일수록 어른이 되기까지 습득해야 하는 과제가 많기 때문에 청년기가 연장되는 경향이 있다. Erikson은 청년기는 심리사회적으로 어른이 되기 위한 유예 기간이 필요하다고 하여 청년기를 심리사회적 모라토리움으로 개념화하였다.

2_ 자아정체감의 형성

1. 정체성의 위기

Erikson(1959, 1973)은 청년기를 「자아정체감 대 정체감 확산」의 위기의 시기라고 보았다. 청년기에 들어서면 이제까지 의식하지 않았던 자신에 대해 의식을 하게 된다. 자신을 의식하면서 바라보게 된 청년은 자신의 다양한 특성 가운데 정말 어느 것이 자기 자신인지를 알지 못하고 「자신의 본래 모습은 무엇인가?」에 대해 의문을 갖기 시작한다. 이제까지 자신이라고 생각해 왔던 자기가 사실은 자신이 만든 것이 아니라, 부모가 이야기한 대로 살아왔던 자기 자신에 지나지 않았다는 사실, 즉 「이거야말로 정말 자기 자신의 모습이다」라고 하는 것이 없다는 사실을 알게 된다.

Erikson은 청년기는 자기가 없고, 자기 자신은 정말 어떤 인간이지 알 수 없는 소위 정체성의 위기에 직면하면서 자신의 진실을 찾아가는 과정이므로 이를 사회가 부여한 유예 기간이라고 보았다. 모라토리움(moratorium)에 있어서 나타나는 것은 역할 실험이나 사회적 놀이이다. 청년기는 사회적 책임이나 의무로부터 면책을 받으면서, 또한 이제까지 구속해 왔던 부모로부터의 양육에서도 벗어나 자유로운 상태가 되면서 이상적으로 생각해 왔던 인물이나 이데올로기에 대한 동일시를 시도하기도 하고 다양한 가능성을 연출(사회적 놀이로서)하면서 자신에게 맞은 삶을 모색해 나가기도 한다. 그리고 이거야말로 자기 자신이라고 납득할 수 있는 자신의 모습을 선택하였을 때, 비로소 자아정체성은 달성되었다고 할 수 있다.

2. 자아정체성의 획득

자아정체성(ego-identity)의 감각을 획득했다는 것은 "자신은 타인과 다른 독자적인 존재이며, 이제까지 살아오면서 일관해서 자기다운 감각을 유지해 왔다"라고 하는 일종의 자신(自身)에 대해 자신(自信)이 있는 체험이라고 할 수 있다. 청년기에 획득된 자아정체성은 이제까지의 자신이 부모의 틀 안에서 형성되어 육성되어 구속받은 자신이었던 것에 대해서 자기 자신은 스스로 주체적으로 능동적으로 선택한 자신이라는 사실, 동시에 이런 자기는 타인이나 사회적 현실과 동떨어져 있지 않다는 인식을 말한다.

즉 자아정체성이라고 하는 것은「이거야말로 자기 자신이다」고 하는 자신의 독자성, 정체감을 실감하면서 동시에 이것은 자기답다고 느끼는 자신이 타인이나 사회로부터도 인정을 받는 것으로서 자기가 자신을 이해하는 모습과 타인으로부터 요구되는 기대가 자신의 모습과 일치할 때 경험되는 것이다.

다시 말하면 자아정체성의 획득이라고 하는 것은 ① 수동적으로 살아온 자신 ② 주체적으로 살아가고 싶은 자신 ③ 타인이나 사회로부터 기대하는 자신을 통합하는 것이라고 할 수 있다. 청년은 결코 자신의 의지는 아니지만, 외부에 의해 영향을 받아 형성된 자신의 모습(①)을 자신으로 인정하면서 현재의 삶 가운데「이거야말로 자기 자신」이라고 말할 수 있는 자기를 만들어 나가는데(②), 이런 자신은 타인이나 사회의 입장에서 의미가 있으며 인정받을 만한 자신(③)이어야 한다는 것이다. 자신을 타인이나 사회와 관계 속에서 이해하게 된 청년은 이로 인해 사회와의 연결 고리가 만들어지고 사회에 있어 자기다움을 실현할 수 있을 때 분명한 자기 자신을 실감하게 되는 것이다.

또한 자아 형성의 과정에는 이상을 향해 자신을 주체적으로 형성하는 측면과 자신의 현실을 그대로 수용하는 측면이 있다. 청년은 한편으로는 현실을 벗어나 자유롭게 이상을 추구하고 자신의 삶을 모색해 나가면서 한편으로는 자신이 처해 있는 현실의 세계를 수용하면서 자신이 그리는 이상의 세계로 접근하게 된다. 만일 도저히 자신에게 버릴 수 없는 속성이 있다면 주체적으로 이를 수용하면서 자신 안에서 통합해 나가야 한다. 예를 들어 여자로서 자신을 수용하고 여성의 성역할을 선택해 나가면서 주체적으로 자신의 것으로 접근해 나갈 때 여성의 성정체성은 달성되는 것이다. 자아정체성의 달성이란 이상이나 미래를 향해 살아가게 된 청년, 다시 말하면 자신의 의지로 자신의 인생을 선택하게 된 청년이 과거의 자신을 수용하면서 이를 미래를 향해 자신의 삶 속에 통합해 가는 것이라고 할 수 있다.

청년은 ①과 ③의 영향을 받으면서 자신의 모습이 형성되어 나가지만 단지 자신이 수동적으로 규정되는 것만이 아니라, 주체적으로도 자신을 만들어 나가기도 한다. 과거의 생육사라고 하는 운명이나 자신이 살아가는 사회적·역사적 상황에 구속받으면서도 이것과 대결하여 주체적인 자신과의 접점을 찾아서 통합하였을 때 이들의 삶은 결정된다.

자아정체성의 달성은 자신을 선택해 나가는 것이며 자신이 자신의 삶을 결정해 나가는 것이고, 선택한 자신의 의사에 자신을 맡기는 것이다. 이것은 다른 가능성을 단념하는 것이며, 상실하는 것을 의미하기도 한다. 청년은 자신이 살아가는 세계를 결정하고 사회적·주체적인 존재로서 사회에 뿌리를 내린다. 이들은 쉽게 포기하지 않으며, 자신이 선택한 인생에 대해서 책임을 갖고 살아간다. 이것이 청년기에 부여된 과제이며 이를 통해 청년은 성숙한 어른으로 성장해 나간다.

3_ 자아정체감의 확립과 성역할

청년기는 자아정체감의 확립과 생활 설계를 계획하는 데 있어서 자신의 성에 대한 인지, 수용과 이와 관련된 성역할의 수용, 적응의 문제가 매우 중요하다. 청년기의 발달 과제로 Havighurst는 「자신의 신체 수용」과 「남성으로서, 또는 여성으로서 사회적 역할의 달성」으로 보았으며, Rogers는 「성에 대한 적응」을 제안하였다. 자신이 누구인가를 자문할 때 그 근저에는 남성 또는 여성으로서 자신의 신체적·생물학적 성에 대한 인지가 포함되어 있다. 그리고 이 성에 따라 기대되는 심리적·사회적인 남성다움(남성 역할), 여성다움(여성 역할)을 인식하고 수용하는 것은 사회에 적응하면서 살아가기 위해서는 필수 조건의 하나이다. 우리 사회는 남성 또는 여성은 이렇게 살아야 한다고 하는 성역할관을 유·무형의 형태로 갖고 있으며, 이것을 어떻게 인식하고 수용할 것인가가 직업 선택이나 결혼, 그리고 부모가 되는 과정에 영향을 미치게 된다. 그러나 사실 규정된 성역할을 수용하고 적응하는 것이 과연 「보다 바람직한 적응」이라고 할 수 있는가라는 문제에 대해서는 논의의 여지가 남아있다고 하겠다.

4_ 취업과 직업적 정체감의 확립

직업적 역할은 성역할과 함께 중요한 사회적 역할의 하나이며, 취업자로서의 정체성 형성은 청년기의 발달 과제로서 매우 중요하다. 취업이라고 하는 것은 경제적으로 자립하고 일에 대한 사회적 책임을 지면서 사회에 공헌하는 등 사회에 대한 공적인 자기정의임과 동시에 어른으로서 사회에 승인받기 위한 필수 조건의 하나라고 볼 수 있다. 또한 개인으로서 직업의 선택은 살아가는 방식의 선택이며, 선택한 직업 생활은 자신의 성격 형성에 영향을 미치기도 한다. 주체성을 갖고 일을 할 수 있는 환경은 노동의 가치, 충실감, 자기평가를 높이는 등 인격적 정체성의 형성에 긍정적 영향을 주게 된다. 한편 출근 거부나 이직(離職), 빈번한 전직 등 직장 부적응에서 나타나는 직업 생활의 실패는 청년기의 병리 현상인 정체성의 확산의 한 유형이라 할 수 있다.

청년기는 자아형성기에 해당되며 일의 영향력도 일에 대한 적응력도 큰 시기이기도 하다. 청년기의 취업은 새로운 사회적 역할을 획득하고 환경에 대한 적응력의 향상 등 의미 있는 경험으로 볼 수 있지만, 학생 아르바이트나 졸업 후의 일시적인 파트타임 근무는 심리적으로 바람직하지 못한 영향을 미친다고 지적하는 사람도 있다. 왜냐하면 일시적 고용으로 인해 생기는 신분의 불안정과 책임감의 결여가 일에 대한 주체성, 자주성의 발달을 저해하여 직업적 정체감의 달성에 부정적 영향을 미친다고 보기 때문이다 (Mortimer & Borman, 1988).

5_ 결혼과 부모가 되는 것

1. 결혼에 대해서

결혼 생활은 이제까지 자라온 환경이나 경험이 다른 두 남녀가 공동의 생활을 하는 것이기 때문에 다양한 갈등이나 충돌이 발생할 가능성이 크다. 자신의 가치관이나 주장을 소중히 여기면서도 이에 구애받지 않고 상대방의 주장이나 가치관과 상호 조정할 수 있는 능력이 요구되는 것이다. 이 때문에 결혼을 앞둔 청년기에는 생활양식이나 가치관의 다양성에 대한 인식이 필요하다.

그런데 오늘날 생활양식이나 가치관의 다양성은 결혼이나 부모로서의 의식에도 영향을 미치고 있다. 그래서 요즘 청년들의 결혼관이나 자녀관에 대한 의식은 이전보다 많이 다르다는 것을 알 수 있다. 보건사회연구원(2003)의 발표에 따르면 25~29세의 미혼율이 1970년에는 10%였던 것이 2000년 현재는 40%나 증가하였고, 30~34세의 미혼율도 1970년에는 1%에 지나지 않던 것이 2000년에는 11%나 달하고 있다. 그리고 미혼 여성들의 결혼관에 대해서 조사한 결과를 보면 「결혼은 하지 않는 편이 좋음(3.6%)」 「해도 좋고 하지 않아도 좋음(37.9%)」으로 나타났으며, 56%의 여성이 결혼에 대해 「걱정스럽다 내지 두렵다」라고 하는 부정적 이미지를 강하게 느끼고 있는 것으로 나타났다. 자녀관에 관한 조사에서는 기혼 여성의 58%, 미혼 여성의 31%만이 「자녀는 꼭 있어야 한다」고 생각하는 것으로 나타났다. 나머지는 「있는 편이 낫거나 없어도 무관하다」고 반응하는 사람들이다. 이처럼 이전과는 많이 달라진 결혼관 내지 자녀관에 대한 의식 변화는 저출산 현상이라고 하는 새로운 사회적 문제를 발생시키고 있다. 즉, 요즘 만혼(晩婚)의 경향성이 두드러지고, 결혼을 하더라도 자녀를 두지 않는 결혼 생활을 선호하는 젊은이들도 늘어나고 있는 실정이다. 또는 결혼 그 자체를 거부하고 남녀가 동거의 형태로 살아가거나 독신 스타일을 선호하는 청년도 적지 않게 등장하고 있다. 이러한 라이프스타일의 다양화는 가치관의 변화가 심한 현대 사회에서 일과성의 사회 현상으로도 간주할 수도 있지만, 오히려 이러한 사회이기에 기존의 틀에 구애받지 않는 자기 실현이나 적응을 위한 모색이라는 면도 있다고 볼 수 있다.

2. 부모가 되는 것

요즘 아이를 원하지 않는 부부나 자녀 양육에 대한 기본적 지식이 부족한 부모의 증가가 하나의 사회적 문제로 대두되고 있다. 그 이유로는 저출산으로 인해 어릴 때부터 형제가 적은 생육 환경으로 인해 육아 환경이 이전보다는 열악해졌다는 점을 지적할 수 있다.

우리나라의 출산율은 다른 어느 나라보다 심각한 상태로 세계 최저의 출산율을 기록하고 있다. 통계청(2002)의 발표에 의하면 출산 아동의 수가 1995년 77만 명, 2000년 63만 7천 명, 2001년 55만 7천 명, 그리고 2002년에는 49만 4천 명으로 급속히 감소하는 추세를 보이고 있으며, 또한 여성 한명이 가임 기간 동안에 출산하는 자녀의 수가 1.17명으로 나타났다. 이 수준은 일본 1.33명, 이탈리아 1.20명, 프랑스 1.89명, 영국 1.64명, 스웨덴 1.51명, 미국 2.04명보다 훨씬 낮은 수치이다. 저출산 현상으로 인해 발생될 수 있는 사회적 문제로서는 노동 인구 감소로 인한 경제 성장의 둔화, 고령화 사회로 인한 국가 재정 부담의 증대 등 다양한 문제를 생각할 수 있지만, 무엇보다도 저출산이라고 하는 사회 현상이 아동의 발달적 측면에 미치는 영향을 간과할 수 없다. 한 가정의 자녀 수가 한두 명인 경우, 자녀가 많은 경우보다 부모의 과보호, 지나친 기대나 간섭 등의 문제로 인해 아동의 주체성이나 자립 등의 심리적 발달에 미치는 부정적 영향을 무시할 수 없다. 또한 저출산 현상은 또래 수의 감소라는 사회 현상을 발생시켜 타인과의 관계나 또래와의 놀이 등 타인과의 교류 기회가 그만큼 줄어들기 때문에 아동의 사회성 발달에도 영향을 주게 된다. 이로 인해 이들이 성인이 되었을 때 그 영향이 지속되어 비록 몸은 어른이지만 마음은 아직 미성숙의 어른, 즉 adult children의 성인이 되는 경우도 적지 않다. 그 영향으로 결혼을 하여도 부모로서 성장하지 못하여 육아 불안을 느끼거나 자녀를 학대하는 등 육아 능력의 저하라고 하는 2차적 문제가 발생하기도 한다. 한 연구(正高, 1995)에 의하면 형제의 수가 적은 어머니는 일상적 언어와 달리 자녀에게 향하는 어머니 특유의 억양이나 템포의 발현 빈도가 일반 어머니에 비해 훨씬 적다는 사실에 주목하면서 저출산 문제는 부모의 양육 능력의 저하라고 하는 새로운 문제를 발생시킬 수 있다고 지적하고 있다. 이런 저출산 현상의 문제 이외에도 핵가족화의 가속화, 맞벌이 부부의 증가, 소원해진 이웃 관계 등의 사회 현상도 오늘날 청년들이 부모가 되는 것을 더욱 어렵게 만들고 있다.

일본의 심리학자 고지마(小嶋, 1988)는 부모가 되기 위한 준비에서 생각해야 하는 중심 개념으로 '양호성'과 '지원 체제'를 제안하고 있다. 양호성이라는 개념은 Murray(1983)가 이전에 양호 요구라는 표현을 사용하였는데 「상대방의 건강한 발달을 촉진시키기 위한 공감성과 기능」을 말한다. 이 양호성의 대상은 대개 자신보다 어린 연소자를 의미하고 있지만, 여기에서는 연소자만이 아니라 노인, 환자, 부상자, 우울한 사람, 심지어 동·식물까지도 포함을 하고 있다. 그러므로 양호성은 어린 자녀도 충분히 수용할 수 있다는 특성을 나타내고 있다. 부모가 되었을 때 자녀에 대해 발휘하게 되는 이 양호성은 실제 부모가 되기 이전, 유아기 때부터의 경험의 축적에 의한 결과라고 볼 수 있다.

지원 체제란 부모로서의 기능을 충분히 발휘하기 위해서 존재하는 가족 내·외의 구성원에 의한 지원을 의미하고 있다. 미국의 이혼 가정이나 자녀 학대 가정에서는 어머니의 친척, 친구, 이전의 남편으로부터의 지원 효과가 크다는 사실이 밝혀지고 있다. 요즘은 이외에도 유치원이나 보육시설 등 공적 기관으로부터의 정신적인 면과 실제적인 면에서의 지원도 어머니의 육아 불안을 경감시키는 효과가 크다는 사실이 밝혀지고 있다.

이제까지 육아 능력은 출산과 수유 능력을 갖고 있는 여성의 생물학적·생득적 특성으로만 인식해 왔지만, 최근 연구에서는 아이에 대한 공감 능력이나 양호 능력은 생모(生母)의 적성이 아니라, 성숙한 인간의 대인관계 능력으로 이해해야 한다는 주장이 학계에서 설득력을 얻고 있다. 그리고 자녀의 성장발달을 통해 부모 자신도 성장, 발달한다는 관점을 가지는 것도 중요하다.

6_ 사회복지실천과의 연관성

이 시기에서 중요하게 접근해야 하는 것은 청소년기에 어떻게 자아정체감을 형성하느냐 하는 문제이다. 자아정체감을 확립하기 위해서는 인간으로서의 존엄성, 신뢰성, 의지, 자기통제력을 갖고 있어야 하며 남성 또는 여성으로서 자신을 수용하고 성에 적합한 행동과 태도를 인식하고 행해야 한다.

또한 다른 사람과 가치, 흥미, 동기 등을 어느 정도 공유하고 있다고 하더라도 자신은 타인과 다른 독특하고 특별한 개인이라는 자각이 있어야 하며, 시간의 흐름과 경험의 변화 속에서도 자신은 동일한 사람이라는 자기 지각의 일관성이 있어야 한다. 이와 같이 자아정체감이 확립된 사람은 자기 자신을 타인과 분리된 독특한 개인으로 지각하고, 자신의 특성을 조화롭게 통합해 나가고자 하는 의지와 능력이 있으며, 자기 자신을 지각하는 일관성을 소유하게 된다.

따라서 자아정체감이란 자기 자신을 타인과 구별되는 독립된 고유한 존재로 인식하고 자신의 능력, 신념, 가치, 동기, 경력 등을 조화롭게 통합하며 어떠한 변화에도 자신을 일관성 있게 지각하고자 하는 내면화된 역동적인 체제라 할 수 있다. 구체적으로 사회복지실천 영역에서 접근해야 할 영역을 살펴보면 다음과 같다.

정체감 대 정체감 혼란(identity vs identity confusion)은 13~20세의 생식기에 해당하는 청소년이 경험하는 심리사회적 위기이다. Erikson은 청소년기의 자아정체감의 확립을 전 생애를 통하여 가장 중요한 발달 과업으로 보았다. 이 시기에는 급격한 신체적 변화와 함께 지금까지와는 다른 사회적 압력과 요구가 나타나는 시기이다. 즉 청소년기가 되어 신체적 성숙이 이루어지고 부모로부터 정서적으로 독립할 수 있게 되면서, 청소년들은 자신이 어떤 사람이 되어야 하는가에 관하여 관심을 갖게 된다. 따라서 청소년은 이러한 새로운 상황에 어떻게 대처해야 할 것인지를 결정하게 되며, 자기의 존재에 대해서 새로운 의문과 탐색이 시작된다.

이 시기에 청소년은 가정, 학교, 사회에서 자신의 위치와 역할을 발견하게 되며 남성 또는 여성으로서의 자신을 발견하기 위해 노력한다. '나는 누구인가' 등과 같은 자신에 대한 끊임없는 질문과 함께 자신의 능력, 존재의 의미 등을 탐색하면서 고민과 갈등을 겪으며 방황하게 된다. 이러한 고민과 방황이 길어지면 정체감의 혼란이 일어난다.

그러나 청소년이 자신의 역할을 정확히 인식하고, 뚜렷한 목적 의식을 가지며, 자신에 대한 통찰력을 갖게 되면 자아정체감(ego identity)이 확립된다. 즉 청소년이 자아정체감을 확립하기 위해서는 자기 자신이 내적 동일성과 일관성을 가진 것으로 지각해야 하며, 다른 사람이 자기를 동일성과 일관성이 있는 사람으로 지각해야 하고, 이러한 일관성에 대한 결과적 자신감이 있어야 한다는 것이다. 또한 자아정체감 발달에는 적절한 성역할에 대한 동일시가 있어야 한다. 여기에서 자아정체감이란 자기동일성과 일관성에 대한 자각이며 자기의 위치, 능력, 역할 및 책임에 대한 인식이다. 이것은 장래의 진로와 직업 선택, 배우자 선택, 인생관 확립 등에 중요한 역할을 한다.

사회복지실천을 통한 성공적인 청소년기를 위한 기초와 통합된 자아정체감의 획득은 초기 아동기에서 유래하며, 청소년의 자아정체감의 발달은 그들이 서로 동일시하는 사회 집단에 의해 현저하게 영향을 받게 된다. 또한 급격한 사회적·정치적·기술적 변화는 자아정체감의 발달을 위태롭게 할 수 있다. 이와 같이 불행한 어린 시절의 경험이나 현재의 사회환경 때문에 청소년이 정체감 발달에 실패하면 정체감 위기를 초래한다. 이것은 직업 선택을 못하거나 추후의 교육을 추구하지 못하는 것으로 나타나며, 무력감·혼란감·허무감·부족감·비인간화·소외감 등을 느끼게 하며, 부정적 정체감을 추구하게 한다.

그러므로 성공적인 청소년기를 보낼 수 있도록 청소년 문화의 개발, 청소년복지 프로그램의 개발, 청소년 상담의 실시 등의 청소년복지 체계를 구축해야 한다.

Chapter 6

중년기

1_ 중년기란

발달심리학의 분야에서 나누는 infancy, childhood, adolescence, early/young and middle adulthood, old age의 구분 가운데 중년기는 middle adulthood에 해당된다. 학자들에 따라서는 이 시기를 성인기 내지 장년기라 부르는 경우도 있지만, 본 서에서는 이 시기를 중년기로 부르기로 한다. 주관적인 인생의 시간 체험에서 중년기를 보게 되면 청년, 성인 전기에서는 미래가 끝없이 넓게 펼쳐지는 세계로 인식될 수 있지만, 인생의 후반기에 접어들게 되면 인생에 대한 관점, 즉 시간 전망에 대한 재구성이 이루어진다. 이 시기가 되면 출생에서부터의 시간보다 앞으로 살아남을 수 있는 시간의 관점에서 자신의 인생을 바라보게 되면서 미래의 자기, 이제부터의 인생, 그리고 죽음에 대한 것을 새로운 입장에서 생각하게 된다. 이런 시기가 본격적으로 중년기의 시작이라고 할 수 있다(Neugarten, 1968).

일반적으로 인간발달의 관점은 유아, 아동, 청년기의 성장 과정을 거친 이후 중년기의 안정된 상태가 지속되다가 노년기에 이르게 되면 퇴화 상태에 접어든다고 보고 있다. 그러나 '중년의 위기'라는 말이 있듯이 중년기를 인생의 전반부에서 후반부로 이행하는 소위 인생의 정점에서 하강 곡선을 그리게 되는 전환기로 보고 있다.

또한 세대적으로 볼 때 중년기는 샌드위치 세대라고도 할 수 있다. 이는 가정, 가족 관계에 있어서 사춘기에 해당하는 자녀와 자신의 부모와의 사이에 놓여있는 세대라고 하는 의미를 담고 있다. 전후(戰後) 세대로서 새로운 감각을 갖고 있는 자녀, 오래된 관습이나 제도를 중요시하는 부모와의 사이에서 중년은 자녀의 부모로서, 한편으로는 자신의 부모의 자녀로서 양쪽의 감각이나 기분을 이해 못하는 것은 아니지만, 현실적으로는 부모의 뒷바라지와 함께 자녀 양육의 어려움을 경험하면서 고민하는 시기이기도 하다. 그렇다면 중년이 되어 그 다음에 다가오는 노년기를 바라보는 사람들은 어떤 성장 과정을 거치는 것일까? 다음은 인격발달이론의 관점에서 중년기의 특징을 알아보자.

2_ 중년기의 발달 과제

중년기의 발달 과제에 대해 언급한 학자들의 이론을 살펴보면 다음과 같다. Jung(1933)은 인격발달의 과정에서 특히 중년기에 비중을 두면서 인생의 후반기(인생의 정로)는 40세경부터 시작한다고 보았다. 이 시기의 발달 과제는 「젊음과 능력의 쇠퇴」라고 하는 사실을 수용하면서 자신의 인생이나 목표를 되돌아보면서 재검토하는 데 있다고 보았다. 그리고 자신의 인생을 올바르게 바라보면서 외적 생활에서 내면적 생활로 무게중심을 옮기는 것이 중요하다고 보았다. 이와 같이 내적 세계의 지향으로 전환하고 중년으로서의 자기를 확립해 나가게 되면 자신의 경험으로부터 획득한 지식이나 상식 등의 자질을 활용하여 자신의 목적을 더욱 적극적으로 추구해 나갈 수 있게 된다는 것이다. 융은 이것을 '개성화(個性化)'라고 불렀다.

Bühler(1935)는 성장에서 정점, 그리고 쇠퇴로 이어지는 생물학적 곡선에 대응한 심리사회적 발달 모델을 가정하였다. 성인 전기는 직업을 선택

하고 가정을 구축하는 자기결정과 함께 이것의 발전이 중심 목표가 되지만, 중년기에 들어서면 비교적 안정적인 상태가 지속되면서 이제까지의 인생 목표를 재평가하는 것이 인생의 목표가 된다고 기술하고 있다.

Erikson(1959)은 생애는 출생에서 죽음에 이르기까지의 과정에서 각각 새로운 성장의 가능성을 가진 단계의 연속이라고 보면서 8가지의 단계를 제안하였다. 각 단계에는 각각의 발달 과제가 있는데 하나의 단계에서 다음 단계로 나아갈 때 심리사회적 위기에 직면하게 되고 이것을 잘 극복해 나가게 되면 그 다음 단계에서 요구하는 발달 과제를 쉽게 획득하게 되면서 살아가는 힘을 얻게 된다고 보았다. 그는 중년기의 발달 과제로는 생식성(生殖性)이라고 보았는데 이것은 다음 세대를 담당하는 자녀, 예술 작품, 문화 등에 대해 관심과 지원, 그리고 보살핌과 지도를 통해 사회적 책임을 짊어지는 것을 의미한다. 그러나 이것을 회피하거나 거부하게 되면 성장도 못하고 의무에만 속박되는 등 정체 현상을 나타내게 된다는 것이다.

Havighurst(1972)는 생애를 통해서 변화하는 신체적 발달과 사회적 기대(사회나 자기가 자신에게 기대하는 역할)로부터 6가지의 발달 단계로 구분하고 각 단계에 있어 구체적인 내용을 설정하고 있다. 중년기의 과제로는 자녀가 성인이 되도록 도와주는 것, 사회 속에서 시민으로서의 책임성을 갖는 것, 직장에서 직위를 얻고 이를 유지하는 것, 여가 활동을 확대하는 것, 배우자와의 관계를 형성해 나가는 것, 신체의 생리적 변화(노화)에 적응하는 것, 늙어가는 부모를 이해하고 수용하는 것 등을 들고 있다.

이상으로 중년기에 요구되는 발달 과제에 대한 학자들의 이론을 소개하였다. 각 이론가들의 표현은 다양하지만 그 내용을 전체적으로 간단하게 요약·정리해 보면 중년기에는 자신의 내면의 세계를 바라보고, 이제까지 살아왔던 인생의 전반기를 회고하면서 다음 세대의 가교 역할로서 남은 인생을 살아가는 과제가 부여되어 있다고 할 수 있다. 한편 Peck(1975)은 앞에서 언급한 Jung에서부터 Havighurst에 이르는 이론가들이 주장했던 것처럼 발달이 생물학적 연령에 따라 일정한 순서로 진행한다는 견해를 버리고 각 발달 단계 내에서 그리고 개인에 따라 각기 다른 순서로 진행될 수도 있다고 보았다. 즉 유아기 단계에서는 연령에 따른 개인차는 그다지 문제가 되지 않지만, 중년기 이후가 되면 그 패턴이 개인에 따라 크게 변화한다. 왜냐하면 예를 들어 40대에 이미 성인에 해당하는 자녀를 두고 있는 중년은 50~60대에 동일한 자녀를 두고 있는 중년보다 자녀의 독립을 그렇게 심각한 위기 상황으로 인식하고 있지 않을지도 모르기 때문이다. Peck은 중년기의 심리적 과제와 위기를 다음과 같이 기술하고 있다.

1. 지혜인가, 체력인가(체력의 위기)

중년기에 피할 수 없는 노화현상의 하나로서 체력이나 스태미나 감소 현상을 들 수 있지만, 이 시기에 경험하는 내용은 어느 시기보다 풍부하다. 체력 저하의 징후가 보인다면 「손보다는 머리를 사용하라」는 속담이 있듯이 이제까지의 경험을 지혜로 삼아 이를 기초로 한 정신력의 강화에 힘써야 할 것이다.

2. 친구인가, 이성인가(성적 능력의 위기)

체력의 저하와 함께 성적(性的) 능력의 위기가 찾아온다. 성적 활동은 인생의 전반기에는 생물학적·사회적으로 활발하게 이루어지는 것이 사실이지만, 인생의 후반부에 들어서서도 2차적으로 중요한 요인이 된다. 특히 이에 대한 위기는 성적 능력에 자신의 가치를 두는 중년에게 찾아오기 쉽다. 그러므로 이 시기에는 이성을 성적 대상으로서가 아니라, 인격체나 친구로서 재인식하게 된다면 의미 있는 대인관계를 유지할 수 있을 것이다.

3. 유연하고 넓은 대인관계인가, 제한된 대인관계인가 (대인관계의 위기)

여기에서 의미하고 있는 것은 어떤 사람에서 다른 사람으로, 어떤 활동에서 다른 활동으로 정서적으로 관여할 수 있는 능력을 말하고 있다. 중년기가 되면 적지 않는 사람이 부모와의 사별, 자녀의 성장과 독립, 동년배의 친구나 친척의 사망 등에 의한 주위 인간관계의 상황 변화로 인해 대인관계의 구조가 바뀌기 시작한다. 한편으로 이 시기는 지역사회나 직장에서 젊은 사람에서부터 노인에 이르기까지 다양한 연령층의 사람들과의 접촉을 통해 이전보다 많은 변화를 경험하게 되면서 보다 분화된 대인관계를 맺게 된다. 이런 다양한 타인에 대한 유연한 접근은 이제까지의 인생에서는 없었던 체험이며, 유익한 경험이 된다.

4. 유연한 정신인가, 유연성이 없는 정신인가(사고의 위기)

대개 중년기에 접어들게 되면서 사고의 유연성이 사라지고 자기 나름대로의 방식이나 습관에 집착한 나머지 새로운 사고를 잘 받아들이지 않는다. 이러한 경향성은 노년기에 본격적으로 일어나는 현상이지만, 이 문제가 발생하기 시작하는 시기는 중년기이다. 그래서 새로운 과제의 수행에 있어 정신적인 노력보다는 이제까지의 경험을 바탕으로 문제를 해결하려는 경향성이 보인다. 한편 중년기에는 대체로 사회생활이나 직업 생활에서의 지위 향상이 기대된다.

3_ 중년기의 위기

중년의 위기(mid life crisis)는 성인발달 연구 분야에서는 중년기에 부딪히는 다양한 사건, 즉 life event와 관련해서 나타나는 것으로 이 시기를 전환기(transition)라고 부르기도 한다. 중년기의 life event로 생각할 수 있는 것에는 승진이나 자녀의 결혼 등 긍정적인 것과 질병이나 배우자의 죽음 등 부정적인 것이 있다. 이러한 것들은 개개인의 내적 자원(건강·능력 등)이나 외적 자원(수입, 가족이나 친구의 지원)의 정도에 따라 스트레스가 되기도 하고 그렇지 않기도 한다. 또한 이런 다양한 life event가 스트레스 상황이 되기 위해서는 그 사건이 인생의 어느 시점에서 일어났는가, 그리고 사회적·역사적으로 어느 시대에 일어났는가도 중요하다. 예를 들어 배우자의 죽음이라는 사건을 30대에 경험한 경우와 70대에 경험한 경우 본인이 느끼는 스트레스의 정도는 차이가 있을 것이다. 이와 같이 개인의 생애에서 적절하지 않는 시기에 life event가 발생하게 되면 위기적 상황이 되어버릴 수 있다.

중년기 위기와 관련하여 성인기(17~60세)의 발달 모델을 제시한 Gould (1972)의 이론을 소개하면 다음과 같다. 그는 성인기를 7가지의 발달 단계로 나누고 각 단계에는 각각 독자적인 자기에 대한 사고가 있다고 보았다. 각 연령대의 역할이나 발달 내용을 | 표 2.6.1 | 과 같이 제시하고 있다.

이 발달 모델을 보면 1~3단계는 인생의 상승기로 기술하고 있지만, 4~5단계에는 큰 변화에 대한 위기적 상황, 즉 중년기의 위기적 상황이 반영되어 있다. 그러다가 자신의 모든 것을 수용하는 성숙 단계로 이어지는 과정으로 그려지고 있다. 특히 여기서 주목할 부분은 단계 4, 5의 중년기인데, 그는 이 시기를 불안정한 위기의 시기로 간주하면서 가치나 목표의 존재에 의문을 던진다고 보았다.

| 표 2.6.1 | GOULD의 성인 생활의 7단계(SANTROCK, 1983)

단 계	추정연령	발 달 내 용
1	16~18	• 부모로부터 독립하고자 한다.
2	18~22	• 동료나 친구와의 관계를 중요하게 생각한다.
3	22~28	• 자립을 추구한다 : 직장을 갖고 자신의 가정을 만든다.
4	29~34	• 자신에 대한 의문을 갖는다 : 역할 갈등, 결혼 생활, 직장에서의 불만으로 인해 스트레스를 받는다.
5	35~43	• 조급하게 목표에 도달하고자 한다 : 시간이 얼마 남지 않은 것을 깨닫는다(목표의 재정비).
6	43~50	• 침착성과 여유 : 자신의 인생을 수용한다.
7	50~60	• 관용성이 보임 : 과거의 수용, 성숙한 모습을 보인다.

한편 레빈손(1978, 1980)은 중년기를 과도기와 안정기도 나누면서 각각에 있어 발달 과제를 다음과 같이 제시하고 있다. 먼저 인생의 중반에 해당하는 과도기에는 ① 과거를 다시 돌아본다 ② 생활 구조를 수정한다 ③ 젊음과 늙음, 파괴와 창조, 남자다움과 여자다움, 애착과 분리의 4가지 발달 과제를 통합하는 것이 부여되어 있다고 보았다. 또한 이 시기는 자신의 내부에서의 갈등과 외부와의 갈등이 일어난다고 보았다. 갈등의 정도는 차이가 있지만, 그는 이것을 위기라고 보면서도 정상적인 발달의 과정으로 간주하고 있다. 과도기가 끝나면 새롭게 안정된 시기, 즉 중년에 접어들게 되는데 이 시기는 이미 모든 것을 재통합할 에너지가 없기 때문에 과거를 재수정할 수가 없다. 그래서 자신에게 적합한 일을 찾거나 자신의 마음에 드는 직장이나 주거 환경을 찾아서 이를 통해 만족한 생활 구조를 구축해 나가는 것이 과제가 된다.

한편 중년기를 인생의 위기로 보지 않고 인생의 전환기로 보아야 한다는 견해도 있다(Vaillant, 1977; Costa & McCrae, 1978; Neugarten, 1979). 이 입장에서는 중년의 위기는 누구에게나 찾아오는 것은 아니며, 이는 단지 젊었을 때 지속되었던 불안 경향 또는 신경증적 경향의 표출에 지나지 않는다고 보고 있다. 또한 이 시기가 인생을 재구성하는 시기라고 하기보다는 본래 이렇게 되고 싶다고 생각했던 인생과 현재 자신의 모습이나 상황과의 사이에 차이가 있는 사람의 불평불만의 표현으로 보기도 한다. 그러므로 적절한 심리적·사회적 자원을 갖고 있는 사람은 중년의 위기적 상황을 경험하지 않는다고 할 수 있다.

4_ 중년기의 신체 운동적 측면과 지적 측면

중년기에 들어서게 되면 배가 나오는 등 중년의 체형으로 바뀌면서 흰머리도 많아지고 탈모 증세가 보이는 등 외견상의 변화가 나타난다. 또한 피부 지방의 감소와 시력이나 청력의 저하 등의 현상도 보인다. 특히 청력은 40대부터 고음부에서의 저하가 점차 시작되면서 50대가 되면 그 정도가 심해진다.

내장 기관에서는 위액이나 소화 효소 등의 분비량의 감소, 위 기능의 약화 등 소화기계의 문제는 다소 있지만 장의 흡수력, 간장이나 취장 기능은 연령 증가에 따른 변화가 거의 없는 것으로 알려져 있다. 미각이나 피부 감각은 경험적으로 연령과 함께 쇠퇴하는 것으로 알려져 있으나 아직 결론적으로 단정 지을 단계는 아니다.

하반신의 근력을 사용한 체력은 중년기부터 떨어지기 시작하지만, 이에 비해 파지(把持) 능력은 일상생활에서 항상 하고 있는 운동이기 때문에 중년기에 저하되는 정도는 그렇게 크지 않는 것으로 알려져 있다. 폐활량은 30대부터 떨어지기 시작하여 중년기 순환 기능의 저하에 따라 약화되는데,

이는 예를 들어 계단을 오르면 이전보다 쉽게 숨이 차는 현상을 통해 알 수 있다. 이처럼 생리적 기능은 대체로 40대부터 점차 저하되기 시작하는데, 이를 생리적 노화 현상이라 하며 중년기에 들어서게 되면 대부분의 사람은 자각하게 된다. 그러나 여기에도 개인차가 있어 평소 체력 관리를 잘하는 사람과 그렇지 않은 사람 간에는 체력 저하의 정도는 다르게 나타난다. 중년기는 성인병에도 걸리기 쉽다. 그 대표적인 것으로는 생리적 기능의 노화에 따른 비만, 심장병, 고혈압 등이 있다. 심장 기능은 20세 이후부터 급격히 떨어지는 것으로 알려져 있으며, 혈압은 40세경부터 점차 상승하는 것으로 알려져 있다.

한편 여성의 경우는 40세 후반에서 50세에 걸쳐 폐경에 의한 갱년기를 맞이한다. 갱년기의 일반적 특징으로는 얼굴이 화끈거리거나 빨개지는 현상, 두통, 어지럼증, 불안 등 심신의 증상을 발견할 수 있는데 이러한 현상을 갱년기장애라고 부른다. 하지만 오늘날은 여성의 사회 진출이나 가치관 등의 변화가 심해 모든 여성이 불가피하게 갱년기장애를 겪게 된다고 볼 수밖에 없는 주장이 지지를 받고 있다.

중년기에 신체적 측면에서 생리적 노화가 시작된다고 하는 것은 누구라도 거역할 수 없는 현상이지만 지적 측면에서도 과연 동일한 현상이 일어난다고 할 수 있는가? 사실 중년기에 들어서면 이전만큼 기억이 잘 안 되고, 물건을 잘 잊어버리는 등의 경우를 경험하게 되면서 지적 능력의 저하 내지 치매 현상을 걱정하게 된다. 기억력 저하의 문제를 기억의 구조적 측면에서 보면 다음과 같다. 먼저 자극이 감각 기관을 통해 입력되면 대부분은 잊혀지게 되고 일부분은 단기 기억으로 저장되는데, 단기 기억은 중년기 동안에는 비교적 그 변화가 적다고 본다. 장기 기억은 경험이나 지식을 통해 저장되는 것이며, 몇 십 년 동안 장기 저장도 가능하며 그 저장양도 상당하다. 하지만 필요에 따라 장기 기억 창고에서 적절한 정보를 선택하여 사용하지만, 그 능력은 연령 증가와 함께 점차 저하되기 시작한다. 그 이유는 필요에 따라 정보를 사용할 때, 정보를 검색하는 능력이 연령 증가와 함께 떨어지기 때문으로 보고 있다. 이처럼 중년기에는 기억 기능도 다소 노화 현상의 기미가 보이기는 하지만, 지적 기능 그 자체에는 큰 영향을 미치지 않는 것으로 알려져 있다.

지적 능력은 30세경에 절정에 달하지만, 그 이후 중년기를 지나면서도 현저한 변화는 없는 것으로 알려져 있다. 이와 관련해서는 「연령과 업적의 관계」에 대해서 연구한 Lehman(1953)의 연구 결과를 보면 잘 알 수 있다. 다양한 영역에서의 업적을 질적·양적 측면에서 발달적으로 분석한 그의 연구 결과를 보면 과학, 물리, 수학 등의 업적은 35세경이 절정이며 그 이후는 매우 완만하게 하강 곡선을 그린다고 기술하고 있다. 한편 음악가나 화가 등의 예술가들은 30대 후반부터 40대에 걸쳐 최고의 업적을 이루는 것을 볼 수 있는데, 그러나 여기에는 개인차가 커서 피카소나 미켈란젤로처럼 노년기에 제2의 업적으로 절정기를 맞이하는 경우도 있다. 그리고 작가의 경우 작품 수가 가장 많은 시기는 35~45세경이며, 이 가운데 베스트셀러를 내는 연령은 45세경이 가장 많다고 보고하고 있다. 이처럼 중년기는 창조성, 생산성, 사회적 활동 등이 가장 왕성한 시기라고도 할 수 있다.

5_ 사회복지실천과의 연관성

이 시기는 신체적·심리적·사회적으로 성숙해지며, 일생에서 가장 활력이 넘치고 활동적인 시기이다. 이 시기에는 배우자를 선택하여 가정을 이루고, 배우자와 원만한 인간관계를 맺으며, 자녀를 양육하고 부모로서의 역할을 수행하면서 가정 생활을 관리해 나간다. 또한 경제적으로 독립의 필요성을 느끼고 직업 생활을 시작하며, 직장에서 자기 일을 만족스럽게 수행하고, 사회인으로서의 책임과 의무를 다하는 시기이다.

인생의 목표를 성취해 가는 인생의 절정기이다. 이 시기에는 노화가 시작되는 자신의 신체적·생리적 변화를 인정하고 적응하며, 사회에 공헌하고 생산성을 획득해 나가면서 중년의 위기에 대처한다. 성숙한 부모의 태도를 소유하고 자녀를 지도하며, 부부 간의 동반자 의식을 신장시키고, 노부모를 부양한다. 또한 직업 안정을 통하여 경제적 안정을 누리고, 여가를 활용하며, 은퇴에 대비해 나간다. 구체적으로 사회복지실천 영역에서 관심을 가져야 할 부분은 다음과 같다.

사회적으로는 직장에서 다음 세대를 지도하고 양성하는 데 관심과 노력을 기울이며 창의적인 학문적 성취, 기술적 생산품, 예술적 업적 등을 통해서 생산성을 획득하게 된다. 한편 자신의 자녀가 없는 경우에는 다음 세대들을 위한 사회적 봉사를 통해서 생산성을 획득하기도 한다.

생산성을 제대로 획득하지 못하면 침체성이 형성된다. 즉 다음 세대에 대한 관심이나 배려를 하지 않고 자기 자신의 신체적·물질적 측면에만 치중하게 되면 타인에 대한 관대함이 결여되며 침체성에 빠지게 된다. 이와 같이 생산성의 획득에 실패한 사람은 자신에 더욱더 몰두하는 자기도취의 상태가 된다. 이러한 사람들은 자기탐닉을 위한 것을 제외하고는 누구에게도 무엇에 대해서도 관여하지 않는 사람들이다.

즉 그들은 생산적으로 사회의 일원으로서 기능하지 못하고 자신의 욕구를 만족시키기 위해 살며, 인간관계가 거의 없다. 생산성 대 침체성의 갈등이 성공적으로 해결되면 심리사회적 능력 또는 덕성인 배려가 나타난다. 이러한 배려는 심리적인 무관심의 반대 개념으로 다른 사람을 위해 마음을 쓰고 돌보는 것이며, 무엇인가 또는 누군가가 문제가 있다는 느낌으로부터 비롯된다. 그러므로 갱년기장애로 발생할 수 있는 신체적 문제를 해결하고 재취업 문제와 노후 생활을 위한 방향을 제시해 주어야 한다.

Chapter 7

노년기

1_ 노년기란

노년기에 들어서게 되면 정년이나 해직 등 직업 일선에서의 후퇴로 인한 수입 감소 등으로 노후 경제생활의 어려움에 대한 압박을 받기도 하고, 노령화에 따른 신체적 능력의 저하와 질환 등의 문제로 고민하는 시기이기도 하다. 또한 배우자와의 사별, 자녀의 독립, 직장이나 지역사회에서 가졌던 사회적 지위의 상실과 역할로부터의 은퇴 등으로 고립감 내지 상실감 등의 정신적 문제가 발생하기도 한다. 여기서는 노년기에 있어서 기억력의 문제와 발달 과제를 중심으로 살펴보고자 한다.

2_ 노년기의 기억력

노년기에 들어서면 누구라도 자신의 기억력이 이전보다 많이 나빠졌다고 느끼게 된다. 그런데 최근 메타 기억에 관한 연구를 보면 기억 능력에 대한 본인의 평가와 객관적인 기억력은 그다지 일치하지 않는다는 사실이 밝혀지고 있다. 과연 노년기의 기억 능력은 이전에 비해 열등하다고 할 수 있는가?

기억은 적어도 감각 기억, 단기 기억, 장기 기억의 3가지 저장 장치로 구성되어 있다고 보고 있다. 감각 기억은 단기 기억에 옮겨지기 전의 일시적인 기억 장치인데, 기억되는 양은 2~4 단위밖에 축척할 수 없으며, 여기에 축척된 정보는 단기 기억 창고로 옮겨지지 않으면 1~2초에 사라져 버린다. 이 때문에 감각 기억은 주시 능력이 매우 중요하다. 단기 기억도 작업용의 일시적 기억과 같은 것이기 때문에 여기에 저장되어 있는 정보도 장기 기억 창고로 옮겨지지 않으면 사라진다.

노년기에는 감각 기억력과 단기 기억력이 떨어지는 것으로 알려져 있다. 감각 기억이나 단기 기억을 잘 사용하도록 하기 위해서는 무엇보다도 해당 정보에 대해 충분히 관심을 갖도록 하고, 동시에 충분한 시간적 여유를 갖고 기억하도록 하는 것이 필요하다. 단기 기억에서 1회당 기억할 수 있는 양은 20대에서 50대까지는 비교적 큰 변화가 없지만, 60대 이후가 되면 서서히 줄어든다. 동시에 감각 기억력도 떨어진다. 노년기에 보이는 기억력의 저하는 정보 처리 속도의 저하와 관계가 있는 것으로 알려져 있다. 즉 감각 기억으로는 기억의 유지가 가능한 시간이 극히 짧기 때문에 자극을 분석하는 정보의 초기 처리 과정에 시간이 걸려서 제대로 자극을 저장할 수 없는 것이다. 이 감각 기억력의 저하는 곧 단기 기억의 저하로 이어진다.

기억력의 저하를 방지하는 효과적인 방법으로는 기억하고자 하는 내용을 소리 내어 읽어 보는 리허설, 기억하고자 하는 것을 카테고리로 정리하여 복창하는 조직화의 노력, 단어의 의미를 적어서 의미를 확실하게 이해하거나 이미지를 사용하는 방법 등을 들 수 있다.

3_ 노년기의 발달 과제

노년기는 생애발달의 최종 단계로서 이제까지 이 시기를 쇠퇴기라 불렀다. 이는 인간은 청년기, 성인기에서 인생의 꽃을 피우다가 그 이후는 연령 증가와 함께 급격히 노화되어 간다는 것을 의미하고 있다. 그러나 최근 노년기에 대한 연구나 연구 방법의 발전에 의해 이 시기의 지적 능력이나 창의력 등이 고령까지 유지된다는 사실이 밝혀지면서 노년기에 대한 새로운 인식이 확산되고 있다(Siegler, McCarty & Logue, 1982; Johansson & Berg, 1989). 이로 인해 이제까지 노년기 모델에 대한 수정이 가해지면서 인간은 죽음에 이르는 어느 정도의 시간 전까지는 심신의 기능이 유지된다고 본다. 이를 환언하면 장수하는 것은 허약한 심신의 상태가 연장되는 것이 아니라, 건강한 기간이 연장된다는 것을 의미하고 있다는 것이다(柴田, 1989).

21세기에 들어서 더욱 길어진 노년기에 대해서 Neugarten(1975)은 노년기는 단일 집단이 아니며, 인간이 노인이 되는 결정적인 기준은 생물학적 연령보다는 실제는 라이프스타일에 있으며, 그렇기 때문에 노인을 young-old(55~74세)와 old-old(75세 이상)로 구분해서 생각해야 한다고 주장하였다. Neugarten의 주장이 나온 이래 30년 이상이나 지난 지금 의학의 발전에 의해 평균 수명이 더욱 연장되어 건강하고 활동적인 노인이 증가함에 따라 old-old에 이어서 85세 이상을 초고령기(very-old, oldest-old, 또는 extremely-old)로 정의하기도 한다. 이전보다 훨씬 길어진 노년기를 순조롭게 보내면서 행복한 노후를 보낼 수 있는가라고 하는 문제는 이제까지의 인생의 각 단계에서 요구되는 발달 과제를 어떻게 수행하면서 인격적 성장을 해왔는가에 달려 있다고 볼 수 있다.

Erikson(1959)의 발달이론에서 노년기는 최종적인 제8단계에 해당하며, 이 시기의 발달적 과제와 심리적 위기는 '자아의 통합성'과 '절망'이라고 보았다. 이제까지 살아온 자신의 인생에 대해 의미와 가치를 발견할 수 있는 사람은 죽음에 대한 수용도 가능하지만, 그러나 위기의 해결에 실패한 사람은 이제 자신의 인생을 다시 시작할 수 없다는 사실을 인식하면서 절망감의 늪에 빠져버리게 된다는 것이다.

한편 Peck(975)은 인생의 후반부인 중년기를 4단계, 노년기를 3단계로 구분하고 각각의 단계에서 각각 다른 심리적 과제나 적응이 있다는 것을 제안하였다. 그리고 그는 Erikson과 같이 각 단계를 생물학적 연령으로 구분하지 않고, 개인에 따라서 각기 다른 순서로 각 단계를 밟아 나간다고 주장하였다. 즉 인생 후반기의 각각의 발달 과제에 임하는 시기는 각 개인에 따라 크게 다르다는 것이다. 인생의 전반부, 특히 아동기 시대에는 생물학적 연령의 차이에 따른 발달 수준의 차이는 거의 없지만, 인생의 후반부에 들어서면 이미 장성한 자녀를 두고 있는 40대 남성과 출가 등으로 독립하여 살고 있는 자녀를 둔 남성과의 사이에는 자녀와의 분리에 대한 위기에 대한 인식이 다르다는 것이다. 또한 동일한 노년기의 연령대일지라도 중년기 때처럼 열심히 일하고 생각도 많이 하면서 살아가는 사람이 있는가 하면 완전히 노령의 특성을 그대로 보여 주는 사람도 있을 것이다. 그러므로 인생의 후반부에 있어서의 발달 과제를 생각할 때는 생물학적 연령과 구분하여 생각해야 한다고 하는 주장이 설득력을 얻고 있다. Peck가 제안하고 있는 노년기의 발달 과제를 보면 다음과 같다.

1. 자아의 분화, 또는 일에 대한 몰입(은퇴의 위기)

여기에서의 과제는 특히 남성에 있어서 60대 전후로 정년퇴직을 해야만 하는 현실에 직면함으로써 생기는 문제이다. 즉 자아의 분화와 일에 대한 몰입이 의미하고 있는 것은 정년퇴직이 가까워지게 되면 자신의 가치를 재확인, 재정의 하면서 이제까지 오랫동안의 직장 생활에서의 역할보다는 좀 더 광범위한 역할을 갖고 활동하는 가운데 만족감을 발견하는 가치의 변화를 의미한다. 정년퇴직은 대부분의 사람의 입장에서는 수입 감소에 따른 생활수준의 저하와 직업 생활에서 유지했던 지위의 상실을 의미한다. 또한 이제까지 구축해 두었던 자신의 가치관이나 자기상을 버리고 타인이나 자녀에게 의존하게 되는 입장의 변화에 적응해 나가야 하는 상황에 직면하게 된다. 만일 이런 강제적인 변화의 상황에서 자아가 분화하여 새로운 역할 활동이나 대인관계, 취미 생활 등에 있어서 의미 있는 만족감을 발견할 수 있는 사람은 자신의 인생의 다른 면을 보다 충실하고 풍요로운 삶으로 발전시키는 계기로 생각하면서 정년퇴임을 당당하게 맞이하게 될 것이다.

이처럼 노년기에 보다 원만한 적응을 위해서는 자신 및 자신의 역할 활동에 대한 재정의가 필요하다. 이를 위해서 자아의 분화를 선택할 것인가, 아니면 이전의 역할 활동의 몰입을 선택할 것인가가 노년기의 만족감 내지 가치관에 영향을 주게 된다.

2. 신체의 초월, 또는 신체의 몰입(신체적 건강의 위기)

연령 증가와 함께 대부분의 사람은 병에 대한 저항력이나 회복력이 저하되면서 신체적 고통을 경험하는 기회가 많아진다. 신체적 건강을 제일의 행복으로만 생각하는 사람은 신체의 노화나 질병을 비극으로 생각하면서 오로지 자신의 신체에만 모든 관심을 집중시키게 된다. 그러나 신체의 문제를 초월하여 타인과의 교류나 취미 등의 생활을 적극적으로 찾는 사람은 노년기를 의미 있게 보내게 된다.

3. 자아의 초월, 또는 자아로의 몰입(죽음의 위기)

노년기의 최종 위기는 죽음에 대한 공포이다. 젊을 때는 죽음이 예기치 않고 찾아온다. 하지만 노년기에 들어서면 죽음을 앞두고 있는 자신을 발견하게 된다. 죽음은 모든 사람에게 있어 절망적인 것이기 때문에 이런 상황에서 극복해 나가는 것이 이 시기에 요구되는 발달 과제이기도 하다.

죽음이 점차 가까워지고 있지만 자녀나 가족, 그리고 지역사회나 문화를 위해 자신의 역할을 찾고, 애정을 갖고 최선을 다하는 노력을 통해 자아를 초월할 수 있다. 자아의 초월은 실로 사후(死後) 자기존재의 영구화이며, 좀더 완벽한 자기실현의 하나라고 볼 수 있다.

4_ 사회복지실천과의 연관성

인간은 연령이 증가함에 따라 신체 각 기관의 조정 능력이 쇠퇴하게 되어 신체·생리적인 변화가 있게 된다. 노화로 인한 신체적인 변화에는 외견상의 변화나 소화기, 신경계, 순환기 계통의 기능 퇴화와 피부의 탄력성 상실 등을 들 수 있다. 즉 시력의 저하, 청력의 약화 등 감각 기능이 감퇴되어 사회적 대인관계 형성에 어려움을 겪게 되고, 피부 노화로 피부 감각과 탄력도가 떨어져 주름이 생기게 되며 신경 계통 및 혈액순환, 호흡, 배설, 생식 기능이 저하되어 불면증이나 소화 및 배변장애가 오기 쉽다. 또한 골다공증으로 인한 골절상과 관절염 등의 질환이 증가하고 그 외에 암, 고혈압, 당뇨병, 동맥경화증, 뇌졸중, 신경통, 백내장, 치과 질환 등 신체적 질환을 많이 가지게 되며 만성 질환인 경우가 증가하게 됨으로 신체적으로 원활하게 활동할 수 있는 의료비 지원 및 노인요양보험 제도를 활성화해야 한다.

여러 신체적인 변화로 감각 및 지각 기능, 정신 기능에도 변화가 오게 되며 이로 인하여 노인 특유의 심리적인 특성을 지니게 된다. 즉 감각 기관의 쇠퇴는 이해하고 반응하는 속도도 떨어지게 되어 문제 해결 능력이 나이가 들면서 감소하게 되고 기억력도 감퇴하게 된다. 그리고 신체적으로 약화되고 은퇴로 빈곤해지기 쉬우며 사회심리적으로 고립과 소외를 경험하게 되고 이러한 변화들에 대한 적응 능력 역시 저하되어 욕구 불만이 쌓이고 이에 반응하는 노인기 특유의 성향이 생성된다. 그러므로 이러한 노인들의 신체적 문제를 해결하기 위한 노인의료복지를 확대해야 한다.

그리고 노인들은 일반적으로 우울해지는 경향, 의존성의 증가, 회상의 경향, 내향성의 증가, 성역할 지각의 변화, 과거 지향적인 경향, 조심스럽고 신중함, 친근한 사물에 대한 애착심 증가, 시간 조망의 변화 등의 성격 특성을 가지고 있다.

또한 노인들은 이와 같은 심리적 특성으로 정신적으로나 경제적으로 안정감을 가지기를 원하고, 아직도 무언가 할 수 있음을 보이기 위해 알고자 하고, 배우고 싶어하며, 친구나 자녀들과 정서적이고 감정적인 유대 관계를 가지기 원하고, 건강하고 더 오래 살기를 원하며, 자신들의 존재 가치를 인정받고 싶어한다.

또한 신체적 노화 현상이 나타나고 감각 기능이 쇠퇴하는 시기이다. 이 시기에는 기억력이 감퇴하고 학습과 문제 해결에 느린 반응으로 보이며, 성격이 다소 변화되어 노인들만의 어떤 독특한 성격 특성을 보이기도 한다. 배우자, 부모 - 자녀, 친구 등과 친밀감을 나누고 유대 관계를 강화해야 하며, 배우자의 죽음에 적응해야 한다. 또한 은퇴 이후의 생활에 적응해야 하며, 자아통합을 성취하고 죽음을 수용해야 하는 시기이다.

그러나 노년기에 직업에서 은퇴한 후 신체적·경제적 무력감을 느끼며, 지금까지 자신이 살아온 인생이 무의미하고 가치가 없다고 생각하고 후회와 회한에 빠지게 되면 절망감을 느끼게 된다. 절망감과 죽음에 대한 공포를 느끼는 노인들은 성취감을 이루지 못한 지금까지의 인생을 다른 방향으로 바꾸기에는 시간이 너무 짧다는 것을 인식하여 초조해지기 시작한다. 희망이 없고 고독감에 찬 노인들은 비참한 절망감에서 인생을 끝내게 되는 것이다.

노인의 심리적 문제를 해결하기 위하여 노인 상담, 노인 여가 프로그램, 노인 재취업 문제 등에 적극적으로 대처해야 한다.

통합성 대 절망감의 갈등이 성공적으로 해결되면 심리사회적 능력 또는 덕성인 지혜를 갖게 된다. 이러한 지혜는 죽음에 직면하여 인생에는 초연하되 이에 대하여 아주 적극적인 관심을 갖는 것이다. 그러므로 가족 지원 프로그램과 광범위한 노인복지사업을 통하여 다양한 노인 문제에 대처해 할 것이다.

이상행동의 이해

Chapter_1 정신분열증 Chapter_2 신경증 및 경계선장애

정신분열증

이상행동(abnormal behavior)은 크게 정신병, 신경증, 경계선장애로 나눌 수 있다. 정신병이란 중증(重症)의 '마음의 병'을 총칭해서 말하는데, 여기에는 정신분열증이나 조울증(양극성 우울증)이 그 대표적이며 '심리장애'와는 구분된다. 심리장애는 정신의 이상(異常)이나 편협한 상태를 총칭하는 개념으로 사용되고 있지만, 정신병은 일반적으로 심리장애보다는 중증(양적 차이)이며, 환시나 환청 등 기묘한 증상(질적 차이)을 보이는 것을 말한다. 정신병의 대표적인 것으로는 정신분열증, 조울증을 들 수 있으며, 심리장애로는 신경증(노이로제), 인격장애, 심신증(心身症), 심적 외상 후 스트레스 장애(PTSD : Post Traumatic Stress Disorder), 다중인격 등이 있다.

1_ 정신분열증

1. 정신분열증이란

정신분열증(Schizophrenia)은 1911년 스위스의 정신의학자 Bleuler에 의해 처음 소개되었다. 그 이전에는 Kraeperin이 명명한 '조발성(早發性) 치매'라고 하는 병명으로 널리 알려져 있었는데, 그 이유는 사춘기나 청년기에 종종 발생하여 치매 증상(인격 황폐)으로 끝나는 병으로 보았기 때문이다. 그러나 Bleuler는 정신분열증은 반드시 치매로 끝나거나 청년기에만 발생하는 것이 아니며, 이 병의 핵심은 '정신의 분열'에 있다고 보았다. 즉 환자의 사고, 감정, 체험에 관한 통합성이 보이지 않고, 이들이 각각 '분열된 상태'를 보이기 때문에 '정신분열증'이라고 하거나 '통합실조증(統合失調症)'이라 불리고 있다.

정신분열증의 원인에 대해서는 이제까지 수많은 정신의학자나 임상심리학자들에 의해 지속적인 연구가 이루어져 왔지만, 아직 명확한 원인 규명은 안 된 상태이다. 전통적인 정신의학에서는 정신분열증을 내인성(內因性) 정신장애로 분류하고 있는데, 내인성이란 유전적·생득적 원인에 의해 발생하는 것으로 가정한다는 것을 의미한다. 이를 뒷받침하는 대표적인 연구로는 가계 연구나 쌍둥이 연구가 있다. 가계 연구에서는 정신분열증의 가계는 정신분열증 환자가 나타날 확률이 일반 가계보다 높다는 것이다. 쌍둥이 연구에서는 한 쪽에서 분열증이 나타나면 다른 한 쪽의 형제도 분열증이 나타나는 비율(일치율)에 대한 분석을 한 결과, 일란성 쌍둥이의 일치율이 이란성보다 훨씬 높다는 것이다. 그러나 여기에 대한 반론도 있다. Jackson(1960)은 일란성 쌍둥이는 유전적으로 동일하여 동일한 성(性), 동일한 얼굴, 동일한 경향성을 갖고 태어나기 때문에 주위 사람들이 동일한 방식으로 대하는 경향이 강하고, 또한 일란성은 마치 자신을 바라보듯이 또 한 사람을 계속 바라보기 때문에 자아발달에 장애가 발생하기 쉽다는 것이다. 만일 이런 문제를 그 원인으로 규정한다면 정신분열증은 내인성보다는 심인성(心因性)으로 분류하게 된다.

한편 정신분열증의 출현율은 평균적으로 인구의 0.73~0.85% 정도이며, 이 수치는 세계 어느 나라에서도 크게 다르지 않다는 것이다. 그러나 비교문화 연구에 의하면 이런 수치를 나타내는 곳은 서구화된 사회뿐이며, 서로 다른 문화가 통합되지 않고 섞여 있는 지역이나 사회, 예를 들어 뉴기

니아에서는 그 출현율이 훨씬 높다는 것이다.

정신분열증의 원인에 대해서 이제까지 신경학적·생리학적 연구에서부터 가족 역동적 연구까지 다양한 연구가 이루어져 왔지만, 이런저런 이유로 정신분열증을 내인성으로 가정하고 있으면서도 아직 명확한 원인 규명의 단계에는 이르지 못하고 있는 실정이다.

2. 정신분열증의 증상과 진단

현재 정신분열증의 분류와 진단으로 사용되고 있는 기준은 크게 2가지이다. 하나는 WHO(세계보건기구)가 제정한 것으로서 1973년에 개정(9판)된 국제 질병 분류 ICD-9(International Classification of Diseases)가 사용되고 있다. 또 하나는 DSM-III으로 불리는 것으로 미국정신의학회가 정한 정신질환질병 분류 및 진단 기준(Diagnostic and Statistical Manual of Mental Disorders, DSM)의 3판(1980)이다.

ICD-9에서는 전통적인 일차적 분류법을 사용하여 정신장애로 분류하고 있지만, DSM-III에서는 다원적인 분류를 사용하고 있다. DSM-III의 진단 기준에는 다음과 같이 A~F까지의 6가지가 있다.

한편 Bleuler는 정신분열증의 증상으로서 다음 4가지의 기본 증상을 제시하였다. 그 내용은 연합 이완(사고가 정리되지 않고 기묘하고 비합리적임), 자폐(자신의 내적·망상적 세계에 머무름), 감정적 부조화(감정이 단조롭거나 극단적으로 민감함), 언밸런스(애정과 증오 등 모순된 양가 감정을 동시에 갖고 있음)이다. 여기에다 환각이나 망상 등의 부작용이 나타나기도 한다. 독일의 정신의학자 슈나이더는 정신분열증의 진단을 위해 일련의 증상으로서 「일급(一級) 증상」이라고 하는 것을 제안하였다. 이것은 사고화성(思考化聲 : 자신이 생각하고 있는 것이 소리가 되어 들리는 현상),

환청(주로 자기 자신에 대한 부정적인 이야기), 피영향 체험(누군가에 의해 신체나 사고가 조작되고 있다고 느낌), 사고 전파(생각하고 있는 것이 타인에게 알려지고 있다) 등의 내용을 담고 있는데, 이 진단 기준은 오늘날에도 널리 사용되고 있다.

DSM-III의 진단 기준

A. 다음 증상 중에 적어도 하나 이상이 적용되어야 한다.
(1) 기묘한 망상
(2) 신체적 망상, 과대 망상, 종교 망상, 허무 망상, 그 밖의 망상
(3) 환시(어떤 타입일지라도)를 수반한 박해 망상 또는 질투 망상
(4) 환청
(5) 사고 분열, 비논리적 사고, 이야기 내용의 빈곤 등이 다음 중에 어느 것이라도 수반하는 경우
a. 둔감하고 평탄, 또는 부적절한 감정
b. 망상 또는 환각
c. 긴장병성 또는 다른 현저한 장애행동
B. 적응 기능의 황폐
C. 증상이 현재도 나타나며, 6개월 이상 지속
D. 감정의 병은 제외
E. 45세 이전에 발병
F. 기질성 장애와 정신지체는 제외

(1) 양성 증상과 음성 증상

앞에서 언급한 것처럼 정신분열증은 그 증상이 매우 다양하지만 이들 증상은 크게 2가지, 즉 음성 증상과 양성 증상으로 나눌 수 있다. 양성 증상은 망상이나 환각, 사고장애, 자아장애(자기 자신이 자기가 아닌 것으로 여겨지거나 타인에게 조작되고 있다고 생각함), 그 밖에 기이한 행동 등 누가

보아도 단번에 이상하다고 생각될 수 있는 증상들이다. 한편 음성 증상은 감정의 마비나 무관심, 자폐 등 정신 기능의 감퇴 현상을 말한다. 현재 양성 증상의 개선에 효과적인 약은 있지만, 음성 증상의 개선에 효과적인 약은 앞으로 개발이 필요한 상황이다.

(2) 정신분열증의 유형

정신분열증 유형의 분류는 전통적으로 다음 4가지 파과(破瓜)형, 긴장(緊張)형, 망상(妄想)형, 단순형으로 분류하고 있지만, 오늘날은 DSM-III에서 분류하고 있는 다음 5가지 유형의 분류가 가장 일반적이다.

1 망상형

주요 증상으로는 망상(특히 피해 망상)이나 환청이 빈번하게 나타난다. 그러나 이 유형의 정신분열증은 의욕의 저하나 감정의 단순화는 가벼운 상태이기 때문에 사회생활이 어느 정도 가능한 경우가 많다. 이 유형은 다른 유형에 비해 발병 연령이 높아서 30세 이후에 발병하는 경우도 적지 않다.

2 해체형(이전의 파과형)

의욕 감퇴, 사고나 행동의 멸렬, 감정의 단순화, 자폐 등이 주요 증상이며, 망상이나 환각은 그다지 보이지 않는다. 청년기에 주로 발병하여 서서히 진행되는 특징을 갖고 있으며, 치료하기가 쉽지 않은 유형이다.

3 긴장형

긴장병증후군으로 불리는 일련의 증상을 보인다. 이는 혼미 상태(의식은 있지만 자극에 반응하지 않는 상태)와 격렬하고 지나치게 많은 움직임이라고 하는 대조적인 증세를 보인다. 거절(拒絶)증(모든 지시에 대해 무

목적으로 거절한다), 상동(常同)성(말이나 움직임을 계속 기계적으로 반복한다), 기묘하게 찡그리는 얼굴, 반향(反響) 증상(상대방의 언어나 행동을 흉내낸다) 등이 수반된다. 청년기에 발병하며 비교적 초기에 증상이 일시적으로 정지된 것과 같은 상태를 보이기도 하지만, 이후에 재발을 반복하기도 한다.

④ **감별 불능형**

앞에서 언급한 3가지 어느 유형에도 분류할 수 없는 것은 여기에 속한다.

⑤ **잔유형(이전의 단순형)**

의욕 저하나 자폐 등이 중심적인 증상이지만, 이 정도는 해체형보다는 가벼운 상태이다. 정신분열증의 증상이 약한 수준의 형태로 남아있는 상태이며, 주위 사람들이 병으로 인식하지 못하는 경우도 있다.

3. 분열증 가족의 연구

정신분열증에 대한 심인론적 연구가 많아짐에 따라 가족에 대한 관심이 증대되었다. 그 배경에는 개인의 정신 건강은 가족 내의 역동에 의해 규정된다고 하는 생각이 1950년대 미국을 중심으로 있었던 것이다. 또한 가족 시스템론이 부각되면서 「개인은 가족 시스템 자체가 변해야만 변할 수 있으며, 가족 시스템은 부분의 총합보다 큰 통합성을 갖고 있다」라고 하는 가설을 기초로 가족을 하나의 전체로서 접근하는 것이 중요하다고 생각하게 되었다. 그래서 개인을 이해하기 위해서는 가족 그 자체에 대한 이해가 필요하다고 하는 인식이 확산되었던 것이다. 1980년대에 들어서서 분열증 가족 연구에서도 개개인의 문제가 아니라, 복잡하게 기능하고 있는 "전체로서의 가족(family as a whole)"의 문제로 보기 시작한 것이다. 즉 모자 관계를 출발점으로 해서 부자 관계, 부부 관계, 그리고 가족 전체의 문제로서 생각하게 된 것이다.

이와 관련하여 흔히 소개되고 있는 이론이 Bateson이 제안한 이중구속 이론(double-bind theory)이 있는데, 그 내용은 다음과 같다. 메시지를 전달할 때 2가지의 커뮤니케이션이 존재하는데 하나는 내용의 전달이며 이는 대개 언어에 의한 것이다. 다른 하나는 언어에 수반되는 어조(語調), 표정, 동작 등에 의한 비언어적 메시지이다. 이 2가지 메시지의 불일치 상태는 성장기에 있는 아동의 입장에서는 회피 불가능한 특수한 학습 상황과 어떻게 반응해야 할지 모르는 곤란한 상황에 놓이게 된다. 예를 들어 언니의 괴롭힘 때문에 동생이 "엉엉" 울고 있는 상황에서 어머니는 언니를 향해서 「넌 언니면서 동생에게 그렇게 하면 되겠어? 잘 대해 줘야지!」라고 소리 지르면서 화를 낸다. 그러나 그렇게 말하고 있는 본인도 지금 자녀에게 화를 내면서 거칠게 대하고 있다. 또 하나의 예를 들면 창문을 깨뜨린 자녀에게 어머니는 몇 번이고 「화내지 않을 테니 이리로 와!」라고 소리를 지르고 있으면서 본인은 지금 화를 내고 있다.

이 두 사례에서 알 수 있듯이 자녀 지도에 있어 언어적 커뮤니케이션과 비언어적 커뮤니케이션 사이의 모순을 발견할 수 있다. 언어 표현과는 너무 다르게 어머니의 어조나 태도는 매우 엄격하다. 아이의 입장에서는 이런 이중구속적인 상황에서 상반된 이 두 메시지 가운데 어느 쪽을 선택하면 좋을지 판단이 쉽지 않아 혼란스러워 할 수밖에 없다. 물론 이런 식의 커뮤니케이션은 일반 가정에서도 얼마든지 볼 수 있지만, 정신분열증 부모의 경우는 양육 행위에서 이런 문제가 더욱 많이 나타난다고 하는 것이다.

2_ 조울증(양극적 우울증)

1. 조울증이란

정신분열증을 「인격의 병」이라고 한다면, 조울증은 「감정의 병」이라고 할 수 있다. Kraeperin은 조울증과 관련하여 인격의 붕괴 현상이 나타나지 않고 「우울 상태」와 「조 상태」의 어느 한 쪽의 상태만이 나타나는 것(주기성 정신병)과 양쪽이 주기적으로 번갈아가면서 나타나는 것(순환 정신병)으로 분류하였다. 이 구분은 현재 우울증(단극성 우울증)과 조울증(양극성 우울증)의 구분과 맥락을 같이하고 있다. 요즘 학계에서는 「조울증」이라 부르지 않고 「기분장애」나 「감정장애」로 부르는 게 일반적이다. 이 병은 일정 기간이 지나면 정상적인 정신 상태로 돌아오며 정신분열증처럼 인격의 파괴로까지 이어지지 않는 것이 특징이다.

(1) 우울증의 증상

기분이 저하되는 소위 우울의 상태는 누구라도 일생 가운데 한 번 이상은 경험하는 현상일 것이다. 실연이나 실직, 진학 실패, 부모와의 사별 등의 슬픔을 경험하게 되면 누구라도 기분이 침울해진다. 우울증(단극성 우울증)에서는 이런 상태가 심각하여 깊은 비애감이나 허무감, 비관적 사고, 절망감이나 죄악감 등을 느끼기도 하고, 심하면 자살 욕구를 느끼는 경우도 적지 않다.

우울증 환자는 얼굴에 생기가 없으며 의욕 저하와 느린 동작으로 인해 주변에서 신체적인 병이 있지 않는가라는 의심을 받기도 한다. 또한 밤늦게 잠자리에 들어도 새벽에 잠을 깨는 현상은 우울증의 전형적인 특징의 하나이기도 하다. 대개 아침에는 우울 증세가 심하게 나타나지만, 저녁이 되면 증세가 가라앉는 게 일반적이다. 중증인 경우는 망상이나 착란 현상이 나타나기도 한다. 로젠한과 셀리그먼은 우울 증상의 특징을 다음 4가지 측면으로 정리하여 기술하고 있다.

먼저 정서적 측면에서는 대표적으로 슬픔이라는 감정과 함께 비애감이나 허무감, 절망감, 죄악감 등을 느끼며 만족이나 흥미의 상실이 수반된다.

인지적 측면에서는 자신을 비현실적이며 부정적인 시각으로 바라보면서 자신을 인생의 실패자, 무능한 사람이라고 하는 심각한 열등 의식에 사로잡힌다. 이로 인해 무력감을 느끼면서 미래에 대한 절망적인 생각을 하게 된다.

동기적 측면에서는 만족이나 흥미의 상실로 인해 동기나 의욕이 저하되면서 소극적이고 수동적인 태도를 보인다. 심한 경우에는 의지 마비의 상태에 이르게 되면서 기본적인 생활도 제대로 하지 못해 아침에 일어나는 것이나 식사, 옷 갈아입기 등이 힘든 경우도 있다.

육체적 측면에서는 모든 생물학적 즐거움과 의욕 상실로 인해 체중이 감소하고 수면장애 등의 문제가 발생하기도 한다. 이로 인해 몸이 쇠약해지고 쉽게 피로를 느끼는 등의 문제가 나타나기도 한다.

(2) 조증의 증상

기분이 고조된 조 상태만이 계속되는 현상을 조증이라고 말하는데, 이런 증상의 발생 비율은 매우 적다. 대개의 경우는 조 상태와 우울 상태가 번갈아 가면서 나타나는데 조 상태보다는 우울 상태의 기간이 더 길게 나타나는 것이 일반적이다. 조 상태와 우울 상태가 극단적으로 나타나는 증상을 조울증(양극성 우울증)이라 부른다.

조 상태 환자의 정신 활동은 상당히 활발하며 억제가 힘들다. 수면 시간도 점차 짧아지지만 본인은 이로 인한 피로감을 전혀 느끼지 못한다. 자기 자신을 완전무결한 존재로 인식하면서 자신감이 충만하여 무엇이든 도전하려고 하는 의욕이 강하게 나타난다. 또한 자신을 전지전능한 존재로 인식하기 때문에 장래에 대한 고민도 없으며, 노벨상에 필적할 만한 발견을 하였다고 착각할 정도의 과대 망상으로까지 발전하는 경우도 있다. 또한 무언가를 하려고 할 때 계속적으로 다른 생각이 일관된 맥락도 없이 떠오르면서 나중에는 이것을 본인이 억제할 수가 없어 맨 처음 생각한 것에 대한 결론을 도출해 내지 못한다. 또한 과잉행동으로 인해 안정감이 없으며 문득문득 생각이 난 것을 곧바로 행동으로 옮겨버리는 특징을 보인다. 그리고 낭비나 과식, 과음, 성적(性的) 이탈 등 정도를 넘어선 행동을 보이는데 만일 이런 행동을 못하게 하면 분노를 표출한다.

(3) 조울증의 진단

DSM-III에서 조울증은 「감정병(Affective disorders)」으로 분류하고 있으며, 그 특징은 ㅣ표 3.1.1ㅣ과 같이 기분, 활동성, 흥분, 행동의 4가지 항목으로 나누고 있다. 진단 시 이런 특징과 지속 기간을 고려하게 된다. ㅣ그림 3.1.1ㅣ을 통해서 감정의 변화를 보게 되면 영역 1에 속하는 경우는 정상, 영역 2에 속하는 경우는 경증(輕症)의 조울증, 영역 3에 속하는 경우는 본격적인 조울증의 상태로 분류하게 된다.

| 표 3.1.1 | DSM-III에 의한 조·수울증의 특징

	우울증	조증
기분	• 비애 : 눈물, 낙담 • 의욕 상실 : 열의 상실, 유머 상실, 목표의 가치 상실, 죽음에 대한 욕구 • 권태 : 지루함. 호기심이나 흥미 상실, 친구에 대한 관심 상실 • 자기평가의 저하 : 무능감, 열등감, 자책감, 자기경멸, 자신에 대한 무가치감	• 기분 고조 : 기분 최고, 원기 발랄 • 유머, 농담을 하거나 장난기를 보임 • 계획을 세움 : 모든 일에 대해 계획을 세움. 주의 산만 • 과대 망상 : 자신이 타인보다 월등히 뛰어난 재능이나 능력이 있다고 생각함
활동성	• 쾌적감의 상실 : 기분이 나지 않음. 피곤함. 기분이 우울함 • 스태미나의 저하 : 일의 시작을 주저함. 의기소침, 의욕 상실, 피곤함. 활동성이 떨어짐 • 식욕 : 식욕 상실, 공복감이 없음. 체중 감소 • 성욕 : 성행위의 회피, 성욕 상실, 쾌감 상실	• 유쾌함 : 강하고 적극적이며 자신이 세계 최고라고 생각함 • 스태미나 : 피곤함을 거의 느끼지 못하며, 잠깐의 수면으로도 피곤함을 회복함 • 식욕 : 왕성한 식욕으로 인한 과식의 경향성 • 성욕 : 쉽게 성욕을 느낌. 성적 무분별
흥분	• 불안 : 걱정, 공포, 긴장, 고통, 공황 • 혼란 : 마지못해서 함. 외부 자극의 영향을 쉽게 받음 • 수면 : 수면장애, 깊은 잠을 못 잠. 수면 중단, 악몽, 숙면의 느낌이 없음 • 행동 : 안정감이 없음. 침착하지 못함. 손톱을 깨문다. 낭비, 부주의하고 위험한 행동, 자기파괴적 행동	• 혼란 : 참고 기다리지 못하며 침착하지 못함 • 자극성 : 특히 무언가에 구속되었을 때 요구가 많고 억지를 부림 • 행동 : 침착성이 없음. 항상 몸을 움직임. 큰 소리를 냄. 다소 폭력적인 행동의 경향성이 있음
행동	• 위로 내지 격려에 대한 기대행동 • 대인관계 : 집착적·요구적·변명적임. 때로는 과도한 성욕 • 도피 : 고독의 세계에 머무름. 수면 과다 • 음식, 약물, 알코올 : 과다한 의존 내지 섭취, 체중 증가	• 쾌락을 추구하는 행동 • 대인관계 : 부자연스런 친절함. 누구에게나 말을 건다. 필요 이상의 관대함. 심야에도 전화로 수다를 떤다 • 음식, 약물, 알코올 : 무분별한 섭취

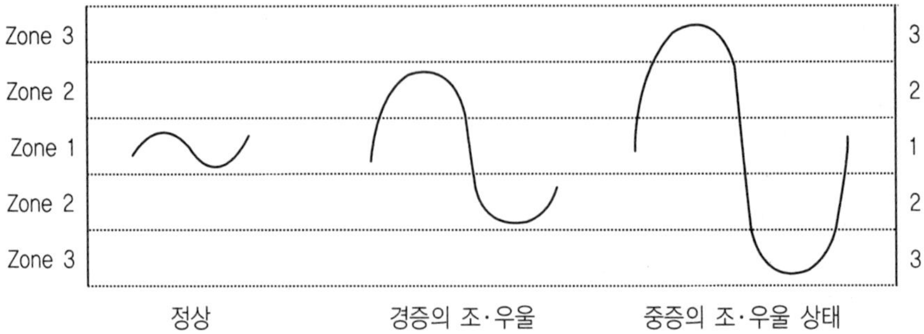

| 그림 3.1.1 | 감정의 변동

2. 우울증의 관련 요인과 치료

조울증이나 정신분열증 등 정신병의 증세가 나타나기 전에 이미 그 사람의 성격이 병에 대한 '준비'를 하고 있다는 사실이 오래전부터 지적되어 왔다. 다시 말하면 이런 문제나 증상이 나타나기 이전의 성격, 즉 이 병에 걸리기 쉬운 성격이 있다고 하는 것이다.

우울증의 경우, 독일의 정신의학자 테렌바하가 소개한 특징을 보면 다음과 같다. 발병(發病) 이전의 성격은 「자신의 일상생활이나 사회 질서에 너무 집착하는 타입이며, 이상이 높고 항상 자신을 질책하면서 목표를 끝없이 세워나간다. 또한 책임감도 강하며, 꼼꼼한 성격, 성실, 정직하며 서열에 민감하다」는 것이다. 한편 타인에 대해서는 상당히 헌신적인데 이는 타인과의 충돌을 피하고 전체의 협조성과 분위기를 중요하게 생각하기 때문이다.

그런데 이사나 정년으로 인한 퇴직 등으로 이제까지의 질서와 상황이 급격히 변하게 되면 이런 사람은 그 변화에 잘 적응하지 못하고 오히려 위협을 느끼게 되면서 그 안에 갇히게 된다. 이런 상태가 지속되면 우울 증세가 나타나게 되는 것이다.

우울증은 인구의 10% 이상이 일생 중에 한 번은 경험하는 것으로 알려져 있으며 '마음의 감기'라고 할 정도로 그 발생 빈도가 높은 병이다. 병의 원인이나 배경에 대해서는 다양한 요인이 제기되고 있으며, 최근에는 우울증의 병인으로서 뇌 속의 신경 전달 물질의 분비 이상으로 추정되고 있다. 치료법으로는 약물 치료와 충분한 휴식이 필요하다고 보고 있다. 그런데 이런 환자에 대해서 단순히 격려한다고 하는 마음에서 「힘내라, 의지가 강해야 돼」라는 말을 하기 쉬운데, 오히려 이런 표현은 역효과를 낳을 수도 있기 때문에 유의해야 한다.

한편 조울증의 경우는 가계 연구나 쌍둥이 연구로부터 유전적 요인이 관여하고 있는 것으로 추정되고 있으며, 여기에 환경 요인이 겹쳐서 발병하는 것으로 알려져 있다. 치료 방법은 약물 치료가 중심적이다.

3. 아동의 우울증과 사회 의학적 관점

본래 우울증은 어른들의 병이며 아동과는 무관한 것으로 알려져 있었다. 그러나 요즘은 아이들 가운데서 경증의 우울증 또는 가벼운 우울 상태로 진단되는 사례가 드물지 않게 보고되고 있다. 그 배경에는 놀이 경험의 상실, 과도한 입시 경쟁, 스트레스가 많은 학교 생활, 신체적 질환, 부모와의 관계 변화, 이혼 증가, 부부 간의 불화 등 다양한 요인을 들 수 있다. 이런 환경적인 요인으로 인해 경증의 우울증 아동이 증가하고 있는 현실에서 점점 정상과 이상의 경계가 애매모호해지면서 그 구분이 곤란해지고 있다. 또한 소아기의 우울증 또는 우울 상태에 관한 개념도 다양하여 전문가들 사이에서도 일치된 견해를 아직 돌출해 내지 못하고 있다. 아동의 우울증이 추정되었던 당시에는 생물학적 모델이나 심리학적 모델의 관점에서 그 증세나 원인을 이해하려고 하였다. 1970년대 들어서서는 이와 함께 생물학적 모델, 행동적 모델, 인지적 모델, 가족 관계의 관점 등에서 우울증의 문제를 이해하고자 하는 접근이 시작되었다.

생물학적 입장에서는 아동의 우울증과 어른의 우울증을 과연 동일한 차원의 질환으로 간주하여도 되는가라고 하는 의문을 제기하였다. 성인 우울증에서는 생물학적 요인을 기초로 하는 내인성 우울증과 환경적 요인에 의해 발생하는 반응성 우울증을 도식적으로 나누어 생각하고 있지만, 아동의 경우에는 심인성(환경적 요인)의 우울 상태가 존재한다는 것은 명확하지만, 어른의 경우와 마찬가지로 생물학적 요인에 의한 내인성 우울증이 존재하며 그것이 어느 정도 질환의 요인으로서 나타나는지에 대해서는 명확하지 않다.

심리학적 입장에서 아동의 우울증 문제를 가장 적극적으로 다룬 이론은 정신분석학이다. 정신역동학적 관점에서는 우울 상태의 발생 배경을 영유아기에 있어서 어머니와의 애착 문제로 귀속시키고 있다. 어릴 때 어머니와의 애착이 충분히 형성되어 있지 않은 상태에서 성장하게 되면 이후의 인생에 있어서 하나의 심리적 상처로 남게 된다는 것이다.

행동주의 관점에서는 환경으로부터의 강화 자극의 감소 등에 의해 인간관계의 문제 해결 능력의 상실, 비언어적 행동이나 감정 표현의 결핍, 그리고 불안에 대한 내성의 실패 등의 문제가 발생하게 되면서 이로 인해 우울 증세가 나타나게 된다고 보고 있다.

인지적 모델에서는 부정적인 자기인지를 문제의 핵심으로 보고 있으며, 우울증적인 아동은 자기 자신이나 세계관, 미래에 대한 부정적인 생각을 하기 쉽다고 보고 있다.

가족 관계 모델에서는 아동의 우울증상의 원인을 비기능적인 가족 관계로 귀속하면서 최근 급변하고 있는 가족의 변화와 부모의 자녀 양육 기능의 약화 등을 문제로 삼고 있다.

이처럼 우울증의 발병에는 다양한 요인을 가정할 수 있기 때문에 그 원인을 명확히 규정짓기란 결코 쉽지 않다. 특히 아동의 경우는 성인 이상으로 학교 등의 환경이나 가족 관계, 친구 관계 등 주위 사람들과의 인간관계가 문제 형성에 깊이 관여하고 있기 때문에 원인 규명이 더욱 어렵다고 할 수 있다.

Chapter 2

신경증 및 경계선장애

1_ 신경증

신경증(neurosis)이란 심리적인 원인에 의해 발생되는 심신의 기능적 장애를 말하며, 해부조직학적 원인이나 기질적인 질환은 아니다. 이 병의 특징은 현실 인식은 떨어지지 않아 인격의 붕괴 현상까지는 나타나지 않지만 환자 본인은 현재 놓여있는 상태를 자각하면서 자신이 무언가 문제가 있다는 것을 의식하고 있지만, 일상생활의 적응을 힘들게 하는 다양한 증상을 보인다. 신경증은 독일어로 노이로제라 하며 18세기 후반 Cullen이 처음으로 의학 용어로서 사용하였다. 그는 이 용어를 신경계 일반의 질환의 의미로 보면서 기질적 장애를 포함하는 보다 광범위한 개념으로 사용하였다. 그 이후 Charcot, Janet 등의 히스테리와 최면에 관한 연구, 프로이드의 정신분석 연구 등에 의해 그 기초가 정립되면서 오늘날은 신경계에는 명백한 기질적 장애가 보이지 않고, 기능적 장애로 인정되는 것을 의미하는 개념으로 사용하고 있다.

신경증(Neurotic Disorders)은 미국정신의학회의 DSM-III(Diagnostic and Statistical Manual of Mental Disorders, 3th Edition)에 의한 기준에 따르면 다음과 같이 10가지로 분류되고 있다.

- 불안신경증(Anxiety neurosis)
- 히스테리(Hysteria)
- 강박신경증(Obsessive-compulsive neurosis)
- 공포 상태(Phobia states)
- 신경증적 우울 상태(Neurotic depression)
- 신경쇠약(Neurasthenia)
- 대인이탈증(Depersonalization syndrome)
- 심기증(Hypochondriasis)
- 그 밖의 특수한 신경증 상태
- 기 타

이러한 분류의 바탕에는 환자의 마음속 깊은 곳에 '병적 불안'이 존재하며, 병적 불안이 그대로 나타나게 되면 불안 상태가 되고 이것이 가공되면 다양한 정신 상태(㉔ 강박신경증)나 신체적 증상으로 나타난다고 하는 병인론적(病因論的) 견해가 있다.

이런 병인론적 발상을 거부하고, 신경증을 기술적(記述的)으로만 보아야 한다고 주장하는 견해도 있는데, 여기에서는 다음과 같이 정의하고 있다.

① 정신적 장애가 있으며, 이것이 그 환자를 괴롭게 하여 본인이 수용할 수 없는 정도로 자아와 이질적인 것(ego-dystonic)으로 인식되는 증상이다.

② 현실을 이해하는 데는 어려움이 없다.

③ 환자의 행동에는 사회 규범을 파괴하는 것은 없지만, 사회적 기능은 현저하게 떨어진다.

④ 장애가 비교적 지속적이며 반복된다.

⑤ 명확한 기질적 요인은 존재하지 않는다. 신경증(노이로제)에는 히스테리, 불안신경증, 강박신경증 등 다양한 종류가 있다. 이것들은 정신병으로는 분류하지 않으며, 정신병보다는 증상이 가벼운 정신적 장애의 하나라고 본다. 그리고 그 원인은 매우 다양하며, 대개는 심리적 요인에 의한 경우가 많다고 보고 있다.

1. 히스테리

히스테리는 신경증의 가장 대표적인 증상의 하나로서 여성에게 많이 나타난다고 하여 그리스어로 자궁이라는 의미를 지닌 hysteria라는 용어가 붙여져 사용되고 있다. 증상의 특징은 신체적인 이상이 없음에도 불구하고 운동 마비나 감각 마비, 실신, 경직, 통증을 느끼게 된다. 아동의 경우에는 아침에 갑자기 두통이나 복통을 호소하여 일어날 수가 없거나 등교할 수 없는 상태, 수업 중 갑자기 선생님의 소리가 들리지 않거나 시야가 좁아져 특정의 사람밖에 보이지 않거나 특정의 소리밖에 들리지 않는 현상, 좋아하는 연예인을 보면 자신도 모르게 그 앞에서 실신하는 현상 등은 모두 히스테리 현상의 하나로 의심이 되는 경우도 적지 않다.

이런 증상은 결코 신경계의 기질적 이상이나 생리적 이상에 의한 것은 아니기 때문에 의학적으로는 문제가 없다. 그렇다고 환자가 특정 장면에서 어떤 목적을 갖고 의도적으로 보이는 꾀병이나 의도된 행동은 결코 아니다. 그러나 이런 현상은 예를 들어 등교 시 복통이나 두통을 호소하게 되면 학교에 가지 않아도 비난받지 않기 때문에 환자는 이런 증상에 의한 질병이득(疾病利得), 즉 어떤 심리적 이익을 추구하는 것처럼 보여 의심을 받기도 한다. 이처럼 히스테리 증상에는 질병 이득이 수반되는 경우가 많다. 그러나 Freud는 정작 환자 자신은 '질병 이득에 대한 욕구'라고 하는 의식은 전혀 없으며, 오히려 환자 자신이 이런 무의식적 욕구를 의식하게 되면 이 증상은 사라지게 된다고 주장하고 있다.

치료법으로 정신분석적 접근에서는 최면이나 꿈, 자유연상법 등을 통해 환자의 무의식적 욕구를 의식하도록 하면 해결된다고 본다. 그러나 무의식적 욕구의 의식은 환자에게 강한 심리적 고통을 경험하게 만든다. 왜냐하면 히스테리 증상이란 사회적으로 수용할 수 없는 무의식적 욕구의 변형이며 이런 자신의 무의식적 욕구가 의식이 되면 사회적인 비난이나 거부를 감당해야 한다는 두려움이나 양심적 가책을 느껴야만 하기 때문이다. 그러므로 심리치료사나 카운슬러는 환자의 문제행동에 대한 비난이나 거절이 아닌 그들의 세계를 지속적으로 수용하고 공감하는 자세가 환자의 행동 치료를 위해 필요하다고 본다.

2. 불안신경증

불안신경증은 의학적 진단에서는 아무런 이상이 없음에도 불구하고 심장 박동이 빨라지거나 고통스럽고, 땀이 많이 나며 심하면 호흡 곤란 증세를 보이는 현상을 말한다. 이외에도 어지럼증, 구토 증세, 손발의 떨림, 화장실에 자주 가는 등의 증세가 보이기도 한다. 이와 같이 불안신경증은 신체적 이상은 없지만, 비현실적인 사고에 의해 불안을 느끼는 상태이기 때문에 일종의 심기증(心氣症)이라고 할 수 있다. 다른 사람이 볼 때는 전혀 불안을 느낄 필요가 없는 상황이나 대상임에도 불구하고 환자 본인은 그 상황이나 대상에 대한 불안감을 자신의 힘으로 도저히 떨쳐버릴 수 없는 상태라고 할 수 있다. 그러므로 불안신경증 환자에게 "불안해 할 필요가 전혀 없어. 괜찮아. 안심해"라고 격려를 해도 오히려 불안만 가중시킬 뿐 대개는 소용이 없다. 사실 이 병에 대한 이해가 부족한 일반 사람이나 의사들 가운데 「성격 탓이다, 신경과민이다, 소심하다」 등의 말을 함부로 함으로써 불안 신경 환자를 경시하거나 모욕을 주는 일이 적지 않다. 가족들도 신체적 질환이나 특별한 문제가 없음에도 불구하고 일도 하지 않고 빈둥빈둥 놀기만 한다고 화를 내거나 비난을 하는 경우도 있다. 이런 식으로 환자에게 접근하게 되면 오히려 증상이 악화되어 상대방을 공격하거나 자폐적 증상을 보일 수도 있다. 바람직한 대응법은 환자의 불안을 수용하고 공감해줌으로써 불안을 완화시켜 주거나 행동 치료 기법의 하나인 체계적 감감법(systematic desensitization)으로 접근하다.

3. 공포증

공포증(phobia)이란 공포를 느낄 만한 대상이나 상황이 아님에도 불구하고 본인에게는 견디기 힘든 공포를 느끼게 되는 현상을 말한다. 그렇기 때문에 이것도 신경증의 일종이라 볼 수 있다. 공포증 환자는 자신의 이런 공포감이 불합리하고 다른 사람의 입장에서는 전혀 공포 자극이 되지 않는다는 사실을 알고 있으면서도 자신의 의지로 공포감을 억제하지 못해 특정의 인물이나 사물, 또는 상황을 회피하려는 행동 경향을 보이게 된다.

공포증의 종류는 공포를 느끼게 하는 대상이나 상황에 따라 예를 들어 공간공포증(광장공포증 · 고소공포증 · 폐쇄공포증 · 외출공포증 등), 대인공포증(시선공포증 · 적면공포증 · 이성공포증 · 회식공포증 등), 특정의 병이나 동물에 대한 공포증, 불결공포증 등 다양하다.

치료법으로는 일반적으로 행동 치료 기법의 하나인 체계적 감감법(systematic desensitization)이나 용암법(fading), 그리고 Modeling 기법이 널리 소개되고 있다.

4. 강박신경증

의식하지 않으려고 하여도 도저히 의식에서 사라지지 않는 것을 소위 강박관념이라 부르는데, 이로 인해 일상생활에 현저하게 방해를 받으면서 상당히 고통을 느끼게 되는 것을 강박신경증(obsessive compulsive neurosis)이라 부른다. 이 증상은 신경증의 하나로서 자기 자신의 의지와는 상관없이 불합리한 행동이나 관념이 반복적으로 나타난다. 이처럼 환자 본인은 자신의 이런 행위가 무의미하다는 것을 알고 있으면서도 자신의 부자연스런 행동이나 사고를 도저히 떨쳐버릴 수가 없는 상태이다.

이런 증상과 관련해서 프로이드는 다음과 같은 사례를 소개하고 있다. 한 젊은 변호사는 자신의 아버지와 존경하는 한 여성에 대해 무언가 불길한 일이 생기지는 않을까라는 생각이 머리를 떠나질 않아서 몇 년이나 무의미한 시간을 보내게 된다. 그런데 그는 이런 불길한 예감이 들 때마다 이 불안감을 떨쳐버리려는 생각에 손을 흔들대었던 것이다. 사실 그의 아버지는 몇 년 전에 사망하였음에도 불구하고 그는 이런 강박관념에 얽매여 있었던 것이다. 그의 마음을 이렇게 구속한 것은 아버지의 의지에 따라 유복한 사촌 동생과 결혼할 것인가, 아니면 유복하지는 않지만 존경할 만한 여성과 결혼할 것인가라는 것이었다. 이런 갈등이 그 변호사에게 강박신경증으로 나타났던 것이다. 이처럼 정신분석학에서는 강박신경증을 불안이나 갈등으로부터의 회피 내지 변형된 증상으로 보고 있다.

강박신경증을 보이기 쉬운 성격(강박 성격)으로는 엄격하고 원리원칙주의자, 꼼꼼하고 자신의 주장이 강하며 완벽주의자적 성격의 경향성이 강하다고 보고 있으며, 여기에는 유전적 요인도 관여하고 있다고 보고 있다.

강박관념에 의해 나타나는 행위(강박 행위)는 젊은 변호사가 불안감을 떨쳐버리려고 손을 흔들어대는 행위처럼 의식(儀式)적인 행위로 표출된다. 예를 들어 횡단보도를 짝수의 걸음으로만 건너야 된다든지, 문을 잠갔음에도 불구하고 불안해서 몇 번이고 확인한다든지(외출 중에 다시 집으로 돌아오는 경우도 있다), 불결한 느낌을 불식시키지 못해 몇 번이고 반복해서 손을 씻는 등의 행위를 볼 수 있다. 소위 '징크스'라고 하는 것과는 달리, 평소 그런 행위가 무의미하다는 것을 본인은 인식하고 있으면서도 그것으로 인해 고통을 느끼고 있는 것이 강박신경증이다. 만성화된 강박신경증은 치료가 곤란한 경우도 있다.

5. 그 밖의 신경증

이밖에도 신경증에는 열등감이나 절망감 등에 의해 우울해지면서 무기력 상태나 수면장애를 일으키는 신경증적 우울증이 있는데 일반 우울증과 구별하기가 쉽지 않다. 그리고 신체적 이상이 없음에도 불구하고 병을 두려워한 나머지 조그마한 신체적 변화에도 과민하게 반응하여 신체적 이상을 호소는 심기증(Hypochondriasis)도 있다.

정신분석학에서는 어떠한 신경증일지라도 그 증상의 중심에는 '불안 반응'이라고 하는 문제가 관여하고 있다고 보고 있으며, 그렇기 때문에 문제의 해결은 이 불안을 약화시키는 데 있다고 보고 있다.

2_ 경계선 인격장애

1. 경계선 인격장애란

오늘날 정신과 진료에서 「경계선 인격장애(Borderline personality disorder)」로 진단되는 환자가 늘어나고 있다. 이 병은 DSM-IV에 의한 인격장애의 분류 가운데 속하는 하나의 유형으로 대인관계나 감정이 상당히 불안정하고 다양한 충동성을 보이는 것이 특징이다.

이 증상에 대한 문제가 본격적으로 다루어지기 시작한 시기는 대략 1940년대부터이다. Fenichel(1945)의 경계선 사례(borderline case) 개념의 소개가 그 단초가 되었는데, 처음에는 이 증상의 본질을 분열증으로 보았다. 1950년에 들어서서 Knight(1953)는 분열증과 신경증의 경계 영역, 즉 중간 상태에 있는 사례로 보았다. 그러다가 1960년대 Kernberg는 분열증도 신경증도 아닌 중증의 인격병으로 보면서 '경계 인격 구조'라 명명하였다. 이 경계 인격 구조와 DSM에서 말하는 경계선 인격장애는 엄밀하게 말하면 일치하지는 않지만, 오늘날 거의 동의어로 사용하고 있다.

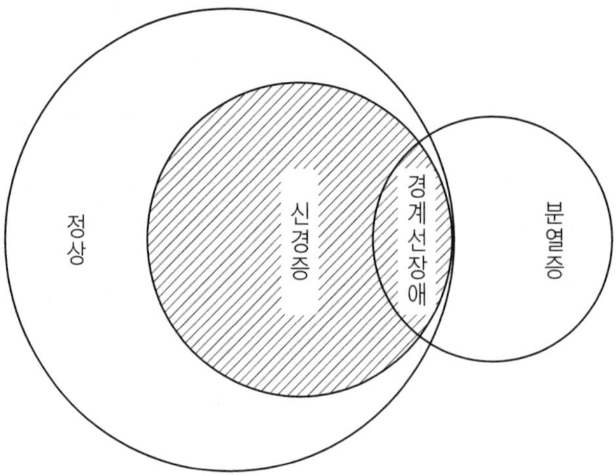

| 그림 3.2.1 | 경계선장애의 윤곽

1970년대 대상관계이론 연구가 활발하게 이루어지면서 이 장애의 원인에 대한 설명을 다음과 같이하고 있다. Masterson은 분리-개체화기의 제3단계인 재접근기(rapproachemen : 생후 16~25개월)에 유아가 어머니로부터 자유롭게 분리되어 자기와 어머니가 별개의 존재라는 사실을 인식하게 되면 이로 인해 유아는 이제까지 의존해 왔던 어머니를 상실할 가능성,

즉 모성 상실의 위기에 처할 위험성에 놓이기 때문에 유아는 「버림받은 우울(abandonment depression)」을 경험하고, 이후 제2의 분리-개체화기(second separation-individuation phase : 10~12세)가 되면 이 우울 상태를 재경험하게 되면서 이를 방어하기 위해 이런 증상이 나타난다고 본다.

2. 경계선 인격장애의 특징

경계선 인격장애 환자는 정서가 불안정하여 끝없이 안절부절 못하며 갑자기 분노를 폭발하거나 심각한 절망감에 빠지기도 한다. 타인에게 버림받을 지도 모른다는 두려움으로 인해 상대방이 약속 시간에 조금이라도 늦게 오면 격노한다. 또한 한 번 만난 사람일지라도 이상화(理想化)하지만 상대방이 자신을 수용하지 않는다는 사실을 알게 되는 순간부터는 상대방을 비난, 공격한다. 자아가 불안정하여 학교를 중퇴하는 등 행동이나 목표의 변화가 심하다. 그리고 과식, 낭비, 약물 남용, 불안정한 성행위 등의 자기 자신에 대한 충동적 위해(危害) 행동을 하며, 자해행동(신체에 상처를 내거나 화상을 내기도 한다)이나 자살 계획 내지 시도를 반복한다.

발생 비율은 여성(환자의 약 75%)이 남성에 비해 훨씬 높으며, 유아기 때 모자 관계의 문제가 인격장애의 형성에 영향을 준다고 보고 있다. 청년기에서 성인 초기에 걸쳐 만성적인 불안정한 상태가 계속되면서 자살의 위험성도 높아지지만, 연령 증가와 함께 안정을 찾아가는 것이 일반적이다.

3_ 사회복지실천과의 연관성

이 분야는 사회복지실천에서 임상사회사업과 밀접한 관계를 가진다. 임상사회사업은 개인, 가족, 그리고 소집단들의 심리사회적 기능을 향상시키고 유지시키는 모든 사회사업실천의 목적을 공유하고 있다. 임상사회사업실천은 정서적·정신적 부조화를 포함하는 장애, 손상, 심리사회적 역기능에 대한 치료와 예방을 위한 사회사업이론과 방법을 전문적으로 적용하는 것이다. 그리고 임상사회사업 실천은 심리사회적인 맥락 안에서 인간발달이론에 대한 하나 혹은 그 이상의 이론적인 지식을 기초로 하는 것이다.

현재 우리나라도 다양한 정신적 문제가 발생하고 있는데 체계적으로 접근하지 못하고 있는 실정이다. 그리고 이런 문제를 단순히 의학적인 방법으로 접근하려는 경향이 많다. 그러나 이런 다양한 정신 문제를 해결하기 위해서는 사회복지실천 차원에서 다양한 원조 체계를 구축해야 할 것이다.

인간과 상황에 대한 관점은 임상사회사업 실천에 핵심적인 개념이다. 임상사회사업은 대인관계적 상호작용, 정신 내적인 역동성, 그리고 생활을 지원하고 관리하는 문제 등을 지향하는 개입들을 포함한다. 임상사회사업서비스는 심리 치료와 카운슬링, 클라이언트 중심의 대변, 즉 자문 평가를 포함하는 사정, 집단, 치료로 구성된다. 임상사회사업의 과정은 사회복지사의 목적, 그리고 NASW의 윤리 강령 속에 포함된 원칙과 가치의 범위 안에서 시도되는 것이다. 구체적으로 사회복지실천의 영역을 살펴보면 다음과 같다.

비행소년의 교정 서비스나 정신재활 서비스와 같이 사회복지실천적 배경에서 사회복지실천과 깊은 관련을 가지고 있다. 클라이언트에 대한 존엄성과 긍정적인 인식, 자기결정의 존중, 관계의 강조, 정서적 관여, 전체적 모습의 통찰, 객관적 사정, 실천을 지향하는 현실적인 계획, 선택을 중심으로 한 개인의 의지와 이에 따르는 책임감의 강조, 클라이언트의 환경에 대한 고찰과 같은 현실 치료의 많은 가치와 개념들이 사회복지실천과 익숙한 개념임을 발견하게 된다.

또한 사회복지사가 클라이언트를 돕는 과정과 흡사하여 손쉽게 사회복지사가 이 모델에 접근할 수 있을 것이다. 특히 학교사회사업, 교정사회복지, 정신보건 및 정신재활, 아동 및 청소년복지, 가족 상담, 집단 상담, 산업 상담 등의 분야에서 이 치료 모델이 적용되고 있고, 감정의 통찰이나 말하기보다는 행동하려는 성향을 가진 클라이언트에게 더 적절한 모델이라 할 수 있으며 그 적용 분야와 대상도 계속 확대될 것이다.

체계이론과 사회체계

Chapter_1 사회체계이론 Chapter_2 가족과 집단 Chapter_3 지역사회와 조직 Chapter_4 문 화
Chapter_5 사회체계와 사회복지실천과의 관점

Chapter 1

사회체계이론

1_ 일반체계이론

1. 일반체계이론의 이해

(1) 개 념

일반체계이론(general system theory)은 생물학자인 Ludwing von Bertalanffy(1901~1972)가 제시한 이론이다. Bertalanffy는 체계를 구성하는 요소들의 속성과 요소들 간의 상호작용 속성과 관계를 이해하기 위해서 일반체계이론을 개발하였다. 일반체계이론은 인간이 상호작용을 하는 데 많은 체계를 이용하여 접근하는 방법이므로 사회복지실천을 하는 데 있어서 사정과 개입의 영역을 확대시키는 계기가 되었다.

일반체계이론은 전체성의 과학으로 비유되는 질서이론이다. 여기에서 체계는 상호 의존적이며 상호작용을 하는 부분들로 구성된 전체 또는 부분들 간에 관계를 맺고 있는 일련의 단위들이다. 즉 체계는 인과적인 관계 속에서 직접적으로 또는 간접적으로 관련된 구성요소들의 복합체이며, 각 구성요소들은 어떤 특정한 기간 내에서 안정적으로 다른 구성요소와 관련되어 있다(이근홍, 2003). 체계의 구성요소들의 상호작용은 구성요소들과 다르거나 발견되지 않는 총체적인 특성을 포함하고 있다. 그러므로 구성요소들 간 상호 관계는 부분들의 집합 이상의 하나의 전체를 창조한다(Compton & Galaway, 1984).

(2) 인간관

일반체계이론은 이러한 체계의 특성을 바탕으로 체계의 부분들 간의 상호작용을 통해서 체계의 한 부분의 변화는 전체로서의 체계에 영향을 미칠 뿐만 아니라 체계 내의 모든 다른 부분에도 영향을 미친다는 것에 근거하고 있다.

일반체계이론은 인간을 통합된 하나의 체계로 간주한다. 즉 이것은 인간을 신체적·심리적·사회적인 측면에서 각각 분리된 존재로 보지 않고 통합된 전체로 기능하는 것으로 보는 것이다. 또한 인간은 외부 세계와 끊임없이 상호작용을 하며, 상호 의존하는 존재로 보고 있다(이근홍, 2003).

(3) 기본 가정

체계는 어떤 형태의 규칙적 상호작용이나 상호 의존성에 의해 통합된 것으로 서로 끊임없이 상호작용하고 있다. 체계는 조화를 이루고 안정된 구조를 지니고 있다.

2. 일반체계이론의 주요 개념

(1) 체계 내부의 구조와 조직

모든 체계에는 구조를 가지고 있는데, 구조는 체계 성원들 사이에서 지속적으로 나타나는 안정된 관계 유형을 의미한다. 그리고 조직은 에너지 교환을 촉진하는 체계 성원들의 집합이다. 하나의 체계가 조직화되는 방식은 체계의 구조와 작동 순서와 밀접하게 관련되어 있다. 역할은 특정한 지위와 연관된 문화적 유형의 총합으로서 모든 사회체계는 여러 가지 역할을 가지고 있다(권중돈 · 김동배, 2005).

(2) 경계선

체계의 경계가 되는 경계선은 내부와 외부를 구별 짓는 개념적이고 임의적인 구분이다. 즉 경계는 환경과 구별 짓는 체계이며 체계의 부분들과 환경 사이의 상호작용을 관찰함으로써 나타난다.

(3) 개방 체계와 폐쇄 체계

① 개방 체계

개방 체계(open system)는 일반체계이론에서의 주요한 개념으로서 체계가 환경과 역동적으로 연결되어 활동하는 것을 의미한다. 즉 이것은 체계가 체계 내에서나 다른 체계들과 빈번하게 상호작용을 하는 것을 말한다. 즉 상대적으로 개방적인 경계는 체계 내에서 자유롭게 정보와 자원의 교환이 가능하며, 외부로부터 자유로운 에너지 흐름이 가능하다. 체계의 계속성과 변화는 환경 내에서 체계들 간의 상호 교환에 의해 생기게 된다. 이러한 환경과의 상호 교류 및 환경 내에서의 상호 교류가 체계의 생존에 기초가 된다.

② 폐쇄 체계

폐쇄 체계(closed system)는 체계들이 다른 체계들과 상호작용을 하지 않는 것으로 상대적으로 외부 환경과 고립되어 있다. 즉 체계들이 다른 체계들로부터 투입을 받아들이지 않을 뿐만 아니라 다른 체계에 산출을 생산하지도 않는다. 이것은 체계의 요소들의 분화가 적어지고 조직과 기능이 상실되는 경향을 의미한다(Compton & Galaway, 1984).

③ 개방 체계와 폐쇄 체계의 관계

개방 체계와 폐쇄 체계의 관계는 클라이언트가 어느 정도 지역사회 자원의 이용과 관계가 있다. 클라이언트의 문제를 해결하기 위해서 어느 체계를 구축하느냐에 따라서 사회복지사들의 서비스와 연결된다. 그러므로 사회복지사는 가능한 개방 체계를 유도하여 문제를 해결할 수 있도록 해야 한다.

(4) 엔트로피와 시너지

① 엔트로피

엔트로피는 체계 부분들 간의 상호작용이 결여되어 체계를 유지하고 발전시키기 위한 유용한 에너지가 감소하는 현상을 의미한다. 즉 엔트로피는 질서가 상실되는 과정이며, 체계가 붕괴하는 과정이다.

부적 엔트로피(negative entropy)는 체계 내에서 무질서가 질서로 전환되는 과정 또는 체계의 질서가 증가하는 것을 말한다. 사회체계는 성장과 발달의 잠재력을 가지고 있으므로, 외부의 에너지를 받아들임으로써 체계 내의 유용하지 않은 에너지를 감소시키고 체계의 발전을 도모할 수 있다(Norlin & Chess, 1997).

② 시너지

시너지(synergy)는 체계의 부분들 간의 상호작용이 촉진되어 체계를 유지하고 발전시킬 수 있는 유용한 에너지가 증가하는 것을 말한다. 이것은 개방 체계에서 주로 나타나는 것으로, 주로 체계가 환경에 개방적이고 체계의 부분들 간의 증가하는 상호작용에 의해서 나오게 된다.

(5) 안정 상태

[1] 개 념

체계는 일정한 형태로 존재하지 않고 지속적으로 변화를 추구하고 균형 상태를 유지하려고 하는데, 이것을 체계의 역동적 속성이라 한다. 안정 상태(steady state)는 전체 체계가 평형 상태를 유지하는 것이며, 체계가 환경과 성숙한 관계를 유지하고, 체계의 기능들이 체계의 유지를 위해서 역동적으로 수행되고 있는 것을 말한다. 그리고 안정 상태는 전체 체계가 균형을 이룰 수 있도록 환경과의 융통성 있는 교환 상태를 유지한다.

[2] 균형과 항상성

균형(equilibrium)은 체계가 고정된 구조를 가지고 부분들 간의 수평적인 상호작용을 하면서 환경으로부터 투입이 없이도 체계를 유지할 수 있는 능력을 말한다. 그리고 균형은 성장과 발달을 일으키는 일시적인 불안정을 유발한다. 항상성(homeostasis)은 체계가 균형을 유지하고 있으며, 균형이 위협을 받을 때 회복하고자 하는 역동성을 지닌 경향을 말한다.

3. 사회복지실천과의 연관성

사회체계이론은 인간이 상호작용을 하며 상호 의존적인 관계를 맺고 있는 구조를 설명한 이론으로서, 인간이 체계에 의해 영향을 받으며 체계를 변화시킨다고 보는 견해이다. 여기에는 Bronfenbrenner의 생태학이론과 Bertalanffy의 일반체계이론이 있다. 사회체계이론은 사회복지실천의 초점을 개인의 행동에서 벗어나 사회환경으로 전환시킴으로써 인간을 보다 폭넓은 입장에서 이해하는 데 기여하였다.

그리고 일반체계이론은 사회복지실천에 매우 중요한 영향을 미쳤으며 많은 변화를 초래하였다. 일반체계이론의 영향으로 직선적 원인에 입각한 의료적 모델에서 벗어나 여러 가지 원인에 의해서 행동이 일어나든 순환적 원인으로 전환하는 계기가 되었다.

일반체계이론은 체계가 여러 부분으로 이루어져 있으며, 부분들 간의 상호작용과 상호 의존적 관계를 통해서 체계의 한 부분의 변화는 전체로서의 체계와 체계 내의 모든 부분에 영향을 미친다는 것이다. 이것은 사회복지실천에서 클라이언트와 상호작용을 하는 체계의 다양성을 강조하므로 통합적 관점에서 그들을 볼 수 있게 하였다.

즉 일반체계이론은 클라이언트의 행동이 1가지에 의해 일어나는 것이 아니라 여러 가지 원인에 의해 일어난다는 폭넓은 시각을 제공하였다. 이것은 사회복지실천에서 문제 해결을 위해 함께 일할 사람들을 사회사업의 4가지 기본 체계로 분류하여 다양한 부류의 사람들 및 여러 가지 지역사회 자원들과 함께 일하는 기틀을 마련해 주고 있다.

일반체계이론은 인간행동을 이해하는 데 있어서 개인의 행동에 대한 초점에서 벗어나 개인이 관계하는 체계 성원들 간의 역동적 상호작용에 초점을 두어 인간을 보다 폭넓은 입장에서 이해하는 데 기여하였다. 특히 이것은 체계의 구성요소들 간의 상호 의존성과 상호작용 및 사회체계의 적응 또는 부적응에 강조점을 두고 있기 때문에 인간행동의 이해에 매우 유용하게 활용될 수 있다(김동배 · 권중돈, 1998). 일반체계이론은 많은 과학으로부터의 지식을 인간행동을 이해하는 데 활용할 수 있는 분석 도구로 전환할 수 있다는 유용성을 제시해 준다.

즉 일반체계이론은 인간행동을 이해하는 데 있어서 다양한 변인들 간의 상호작용을 이해할 수 있는 개념적 준거틀을 제시하고 있다. 즉 이것은 개인과 사회환경이 상호작용을 하는 총체로서 간주되는 복합적인 조직의 문제를 전체적인 시각에서 볼 수 있으며, 그러한 상호작용에 관한 자료를 분석할 수 있는 기반을 마련하였다.

2_ 생태학이론

1. 일반적 특성

생태학이론(ecological theory)은 Urie Bronfenbrenner가 체계화한 이론이다. Bronfenbrenner는 생태학적 이론을 활동적이고 성장하는 인간과 환경과의 일생을 통하여 이루어지는 진보적인 상호작용으로 보고 있다. 그리고 인간발달에서 맥락 속의 발달 또는 발달의 생태학을 연구해야 한다고 주장하였다. 그리고 생태학이라는 용어는 독일의 생물학자인 헤켈이 19세기 말에 만들어 사용되기 시작하였는데, 그는 생태학은 다윈의 생존 경쟁 상황에 적용되는 생물들의 복잡 다양한 모든 상호 연관 관계를 연구하는 학문이라고 정의하였다. 이런 발달은 인간생태학으로 발전하였고, Bronfenbrenner의 인간발달생태학으로 자리 잡았다.

생태학이론은 성장하는 유기체와 항상 변화하는 사회적·물리적 환경과의 특정 시점에서의 상호작용을 규명하는 이론이다. 즉 이것은 인간이 환경의 제 요소들과 끊임없이 상호 교류를 하면서 적응하고 진화한다는 견해를 바탕으로 하고 있다. 따라서 인간과 환경은 분리될 수 없으며, 항상 동시에 고려해야 한다는 것이다. 이러한 생태학이론은 가족·집단·조직·지역사회·문화 등 인간이 몸담고 있는 환경을 보다 체계적으로 구조화하고 이들 환경 체계와 개인 간의 관계를 이해하는 것을 인간발달의 주요 과제로 삼고 있다(이근홍, 2003).

생태학이론은 행동주의 학습이론과 마찬가지로 인간발달에서 환경의 영향을 매우 중요시하였다. 그러나 행동주의 학습이론에서는 환경적 맥락이 모호한 반면에, 생태학이론에서는 환경을 체계적으로 구조화하였다(이옥형, 2002).

2. 인간관과 위기이론

(1) 인간관

생태학적이라는 용어는 개인의 환경에 대한 적응 노력과 양육적 특질에 관심을 가졌다. 이러한 의미는 환경 속의 인간이라는 관점에서 접근하고 있다. 그러므로 인간과 환경은 분리해서 생각할 수 없으며 인간과 환경은 지속적인 상호작용과 상호 교환을 통하여 상호 영향을 미치면서 호혜적 관계를 유지하고 있는 것이다(권중돈 · 김동배, 2005). 그리고 생태학이론에서는 인간에 대해 낙관적인 시각을 가지고 있다. 생태학적 이론에서는 인간이 환경적 자원과 사회적 지지를 자율적으로 이용할 수 있으며 효과적으로 활용할 수 있다는 것이다. 그러므로 인간은 사회환경 속에서 자신의 문제를 해결하면서 자아를 발달시키고 발전해 나가는 인간으로 보고 있다.

(2) 생태학적 관점에서 위기이론

전체 생태 체계 내에서 개인은 주요한 재앙적 사건의 영향을 받는다고 본다. 따라서 위기 개입은 재앙을 경험한 개인뿐만 아니라 전체적인 생태 체계에서 다루어야 한다. 이때 개입은 손상될 가능성이 있는 생태 체계 위기의 성격과 필요에 따라 다양한 수준에서 포괄적으로 서비스를 제공해야 한다. 이를 위해 인간과 환경 분야의 다양한 전문가들이 안전성과 균형 회복을 위해 원조해야 하며, 다학문적 팀 접근이 필요하다. 이런 다학문에는 생태학, 동물행동학, 자아심리학, 스트레스 이론, 형태심리학, 역할이론, 문화인류학, 인본주의심리학 등으로 구성되어 있다.

3. 주요 개념

(1) 적합성과 적응

적합성은 개인의 적응적 욕구와 환경의 질이 어느 정도 부합되는가와 관련된 개념으로 인간과 환경 사이에 상호 교류를 통해 성취된다. 개인과 환경 사이의 적합성은 적응일 수도 부적응 일수도 있다. 적응은 개인과 환경 사이의 활발한 상호 교환을 포함한 개인-환경이라는 하나의 단위에서 이루어지는 과정이다. 생태학이론에서는 개인과 환경이 상호 영향을 미치고 최적합 상태를 성취하기 위하여 상호간에 영향을 미치고 반응한다고 본다(권중돈 · 김동배, 2005).

(2) 스트레스와 대처

생태학이론에서는 환경의 지지 정도나 스트레스 유발에 관심을 두고 있다. 스트레스는 개인이 지각한 요구와 자원 및 능력 사이에 불균형이 생긴 것이다(Germain, 1978). 그리고 스트레스를 해결하기 위해 자연적으로 발생하는 대처 기술은 정서적 고통을 완화하기 위한 능력이다.

(3) 관계, 역할 및 유능성

관계는 인간관계를 형성하거나 타인과 연결시키는 능력이다. 그리고 역할은 일련의 기대되는 행동 유형일 뿐만 아니라 상호적 요구와 의미의 유형이다. 자아심리이론에서 유능성이란 개인이 환경과 효과적으로 상호작용할 수 있는 능력으로 보고 있다(White, 1965).

(4) 생태학이론의 환경

생태학이론에서 환경은 체계나 조직들의 시간적·공간적 속성으로 구성된 것으로 사회적 환경과 물리적 환경으로 나누고 이 두 환경은 서로 영향을 주고받는 통합적 체계로서 문화적 신념, 가치, 규범 등과 지속적으로 상호작용을 한다. 이러한 환경은 생활의 변천을 촉진시키거나 방해할 수 있다. 그리고 생태학이론에서는 생활을 영위하고 있는 물리적 환경과 사회적 환경뿐만 아니라 문화적 환경에도 관심을 가져야 한다.

1 사회적 환경

현대인의 사회적 환경에서 인간에게 많은 영향을 미치는 것은 관료 조직제 조직이다. 관료 조직(bureaucratic organization)은 공식적인 조직으로서 사회적·경제적·정치적·교육적·문화적 서비스를 충족시키기 위하여 만들어진 조직이다. 이것은 적절한 노동 분화, 정책과 절차, 권위와 의사결정 과정 등을 통하여 인간의 욕구를 효과적으로 충족시키기 위한 목적으로 설립된 것이다(김동배·권중돈, 2005).

또 다른 사회적 환경인 사회적 관계망(social networks)은 비공식적인 조직으로서 공유하는 사회적 지위, 유사하거나 공유하는 기능, 지리적인 또는 문화적인 관련성 등과 같은 어떤 공통적인 유대에 의해서 연결된 개인이나 집단을 말한다. 이러한 사회적 관계망은 우리 주위의 가족, 친척, 이웃, 동료 등의 다양한 사람들과 관계되는 체계이다. 그리고 사회적 관계망은 정보 교환, 자원 제공, 인간관계 유지 등 다양한 기능을 담당하고 있다.

2 물리적 환경

물리적 환경은 자연적 환경과 인위적 환경으로 구성되는데, 자연적 환경에는 기후 조건과 지리적 조건 등이 포함된다. 그리고 인위적 환경으로는 건물, 교통시설, 대중매체 등이 포함된다.

3 공간과 시간

환경 조직은 공간, 시각에 의해 구성된다. 현대 사회 현대인에게 있어 공간적 개념의 중요성이 높아지고 있으며, 상담에 있어서도 그 중요성이 강조되고 있다. 공간은 개인의 사회적 상호작용의 양과 거리를 의미한다. 인간은 누구나 다른 사람이 침범할 수 없는 공간적인 영역을 유지하며, 그 경계는 가시적이고 때로는 그 존재가 인식되지 못한다. 그리고 공간의 범주에는 생활 영역과 거주 환경도 포함시켜야 한다. 또한 인간은 생활의 편안함을 위해 상대방의 사생활을 침범하지 않고, 서로 개입하지 않으며, 바람직한 거리를 유지하기 위해서 상호 이해와 합의가 필요하다(장인협, 1997).

환경에서 시간이란 상호작용의 지속 기간, 주기성 및 속도에 대한 것이며, 이것들은 인간의 적응과 밀접한 관련성을 지니고 있다. 시간은 전 생애에 걸쳐 일어나는 변화와 사회역사적인 환경을 포함한다. 이 체계는 아동이 성장함에 따라 생기게 되는 외적인 사건과 내적인 사건이 구성요소가 된다. 또한 시간 체계는 인간의 생애에서 단일 사건이 발달에 미치는 영향에 국한하지 않고 시간의 경과와 더불어 연속적으로 일어나는 사건들이 누적되어 미치는 영향을 강조하고 있다. 그리하여 이혼의 영향, 환경과의 관계에서 이사의 빈도 등의 연구가 이루어졌다.

4. 생태학이론의 체계

Bronfenbrenner는 인간과 사회적·물리적 환경과의 상호작용을 바탕으로 상호 의존적이고 변화하는 구조를 4개의 주요한 체계로 규정하였다. 즉 그는 생태학이론의 체계 수준을 미시 체계, 중간 체계, 외부 체계 및 거시 체계로 구분하였다.

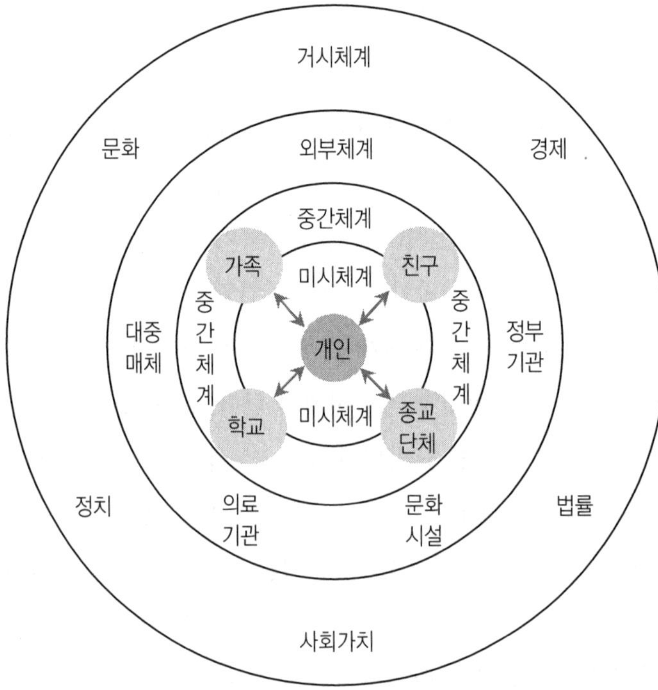

| 그림 4.1.1 | 생태학이론의 체계 수준(자료 : 이근홍, 2003)

(1) 미시 체계

미시 체계(microsystem)는 인간이 가장 밀접하게 상호작용을 하는 사회적·물리적 환경으로 종교, 학교, 가족, 친구 등 우리 주위의 사회적 관계망과 관련된 체계들이 포함된다. 즉 인간이 살고 있는 집의 크기, 근처에 있는 운동장의 시설물, 학교 도서관에 구비된 책 등과 같은 물리적 특성을 포함하고 있다. 또한 미시 체계는 성장하는 개인이 친밀한 대면적인 환경 내에서 경험하는 활동, 역할, 대인관계의 유형을 포함한다(Bronfenbrenner, 1993).

(2) 중간 체계

중간 체계(mesosystem)는 미시 체계들 상호 관계를 포함한 환경과의 관계를 의미하는 것으로 미시 체계들의 상호작용을 포함한 관계 체계를 의미한다. 관계 체계에는 학교 생활, 가족 생활, 종교 생활 등의 상호작용을 의미한다.

중간 체계는 성장하는 개인을 포함한 둘 또는 그 이상의 미시 체계 간의 연결 체계 과정으로 구성되어 있다. 이것은 각각의 미시 체계에 존재하는 인간에게 적절한 환경적 관점 내에서 자신의 위치를 확보하도록 해준다. 개인이 다양한 미시 체계에 참여할 때 서로 다른 역할을 수행하게 되며, 미시 체계들 간의 상호작용의 질, 빈도, 영향력은 개인의 행동에 크게 영향을 미친다(정옥분 · 윤종희 · 도현심, 1999).

(3) 외부 체계(외체계)

외부 체계(exosystem)는 인간이 직접 참여하지는 않지만 인간에게 영향을 미치는 환경을 의미한다. 지역사회 수준에서 기능하고 있는 주요한 기관들로서 학교, 언론 기관, 정부 기관, 교통시설, 통신 시설, 의료 기관 등을 말한다. 외부 체계는 개인과 밀접하게 상호작용을 하는 것은 아니지만 점차 성장하면서 생활의 주요한 요소가 되며, 개인의 행동발달에 영향을 미친다.

(4) 거시 체계

거시 체계(macrosystem)는 미시 체계, 중간 체계, 외부 체계를 포함된 모든 요소에 개인이 살고 있는 문화적 요소까지 포함한다.

즉 우리 사회의 전체적인 이념이나 가치를 포함한 정치, 경제, 법규, 관습 등을 포함하여 인간의 행동발달에 영향을 미치고 있다.

5. 사회복지실천과의 연관성

Bronfenbrenner의 이론은 학습이론이 제공하는 것보다 환경에 대하여 더 풍부한 자료를 제공해 주고, 인간이 어떻게 환경에 영향을 주고 환경에 의해 영향을 받는가를 폭넓게 이해할 수 있으며, 인간발달에 영향을 미치는 환경을 체계적으로 구조화한 이론이다. 이것은 행동주의 학습이론에서 제공하는 인위적인 조작을 통한 환경적 영향이 아닌 자연적인 환경의 영향을 포함한 포괄적인 환경을 다루고 있다.

생태학이론은 인간이 환경의 모든 요소들과 끊임없이 상호 교류를 하면서 그들의 물리적·사회적 환경을 변화시키며, 환경과의 지속적인 상호 적응 과정을 통하여 환경에 의해서 변화된다는 것이다. 이것은 사회복지실천에서 클라이언트와 사회환경과의 상호 교류를 통하여 그들의 성장과 발전을 촉진하고, 그들의 생활상의 욕구와 문제를 해결해 나가는 것과 깊은 관련성을 가지고 있다. 즉 생태학이론은 사회복지실천에서 클라이언트의 다양하고 복합적인 욕구와 문제를 해결하기 위하여 사회 자원을 동원하여 활용할 수 있게 한다.

그리고 생태학적 이론은 환경 속에 있는 개인에게 긍정적인 영향을 미치는 복잡한 힘의 관계에 관심을 가지게 하였고 부정적인 환경을 감소시키는데 공헌을 하였다. 그리고 직접적 서비스와 간접적 서비스의 통합을 통하여 사회복지실천에서 광범위한 지식을 제공해 주었다. 또한 인간과 환경 사이의 상호 교환이 기반이 된 많은 이론들의 공통된 관점으로 인간행동에 대한 다양한 이론들을 통합한다. 생태적 관점은 인간과 환경이 어떻게 서로 영향을 주고받는지를 보는 준거틀을 제공해 준다. 또한 이 관점은 상황적·환경적 맥락에서 클라이언트 체계를 봄으로써 사정과 계획 단계에 매우 유용하다.

Chapter 2

가족과 집단

1_ 가 족

1. 가족의 이해

(1) 정 의

가족은 대부분의 사회에서 보편적으로 발견되는 가장 기본적인 단위로 개인과 사회의 중간에 위치하면서 사회에 대해서는 기본적인 사회 집단이며 개인에 대해서는 개인의 발달과 성장에 필수 부분인 환경이며 체계이다.

즉 가족은 인류 역사가 시작될 때부터 있어 온 가장 작은 사회 집단으로 사회 구성의 최소 단위이면서 가장 긴 역사를 지니고 있다. 가족은 국가나 민족 사이에 구조와 형태 또는 생성 과정 면에서 차이가 있는 다양성을 지니고 있을 뿐만 아니라 한 국가 속에서도 사회가 발전하고 변천함에 따라 변화하며 종교, 계급 그리고 직업과 같은 사회경제적 요인에 따라 다양하게 나타난다.

가족에 대한 정의는 학자에 따라 다르고 시대나 문화에 따라 다르게 정의되기도 하고, 또한 개인이 경험하는 가족은 역사와 민족, 시대적 변천에 따라 다양하므로 가족이란 무엇인가를 한 마디로 정의하기는 쉽지 않다. 보편적으로 볼 때 학자들의 정의를 보면 가족이 어떤 관계의 사람들로 구성된 것이냐 하는 형태적인 의미와 그것이 개인에게나 사회에 수행하는 역할이 무엇이냐 하는 기능적인 의미의 2가지 측면에서 접근하고 있다.

가족이란 "일반적으로 영속적인 결합에 의한 부부와 거기에서 태어난 자녀로서 형성된 생활 공동체"라든가, 혹은 "가계를 공동으로 하는 친족 집단"으로 또는 "혼인, 혈연, 입양 이외에도 구성원의 필요에 따라서 기타 관계된 사람들이 지속적인 연대 의식으로 생활을 함께 영위하는 집단"이라고 주로 형태적인 측면에서 정의되기도 한다. 그런가 하면 가족은 "부부와 그들의 자녀로 구성되는 기본적인 사회 집단으로서 이익 관계를 떠난 애정적인 혈연 집단이며, 같은 장소에서 기거하고 취사하는 동거하는 집단이고, 그 가족만의 고유한 가풍을 갖는 문화 집단이며, 또한 가족 생활을 통하여 인간의 기본적 인성이 형성되므로 인간발달의 근원 집단"이라고 하여 기능적인 측면에서 가족이 정의되기도 한다(고수현 외, 2002).

(2) 가족 정의의 복잡성

가족에 대한 정의는 오늘날 매우 다양한 형태로 공존하고 있는 가족의 다양성을 포괄하지 못하고 있다. 현대에는 한부모 가족, 동거 가족, 미혼모 가족, 노인단독 가족, 동성애 가족, 무자녀 가족, 공동체 가족 등의 다양한 가족들이 출현하고 있으므로 이제는 보편적인 가족의 정의에서 벗어나 가족의 다양성에 주목하여 좀더 포괄적인 정의에 따르자면 현대 가족은 친밀, 헌신의 관계에 있는 사람들이 하나의 집단에 속해 있다는 정체성을 의식하고 그 집단의 고유한 정체성을 수립하여 성적으로 표현적이나 부모-자녀 관계를 유지하는 것으로 보고 있다(최경석 외, 2001).

또한 최근 미국사회사업협회(NASW)는 "자신들 스스로가 가족으로 생각하면서 전형적인 가족 임무를 수행하는 2인 이상의 사람들"이라고 광의의 의미로 가족을 정의하고 있다. 앞으로 사람들의 다면화된 욕구에 따라 더욱 다양한 가족 형태가 등장할 것이고 어떤 특정한 가족 형태가 보편적인 가족이 될 수 없을 것이므로 모든 가족 유형이 가족복지의 대상이 될 수 있도록 가족에 대한 정의는 포괄적이어야 할 것이다.

2. 가족의 기능과 특징

가족의 기능은 가족의 역할이 무엇이냐를 말하는 것으로 사회 변화에 따라 영향을 받는다. 학자들에 따라 조금씩 다른 관점을 제시하고 있지만 현대 사회에서 가족의 핵심적인 기능을 요약하면 다음과 같다.

(1) 애정적 기능

가족은 구성원들에게 사랑과 이해 및 안전을 보장해 주며, 수용적이고 친밀하며 남편과 아내, 부모와 자녀 간에 애정을 가꾸어 가는 집단이다. 특히 오늘날에는 가족 간의 애정은 부부 간의 친밀한 관계가 초석이 되고 있어 이 기능에 결함이 생길 때 가족은 해체되는 위기에 놓이며, 여러 가지 가족 문제를 발생시킬 가능성이 커진다.

(2) 경제적 기능

결혼은 법적·사회적으로 경제적인 협력을 요구하여 결혼한 부부는 그들의 자원을 공유하고 노동을 분담할 것을 기대한다. 가족의 경제적 기능은 생산 기능과 소비 기능으로 나누어지며 가족은 경제의 기본 단위로서 재산을 공동으로 소유하는 집단으로 생활 물자의 소비와 문화적 욕구가 가족을 단위로 해결됨으로써 가족은 구성원들의 신체적 안정을 유지해 준다.

현대는 산업화로 인하여 가족의 생산적 기능은 약화되고 소비 공동체라고 할 만큼 소비 기능의 비중이 높다.

(3) 자녀 양육과 사회화 기능

부모는 자녀를 출산할 뿐만 아니라 그들의 발달에 대한 책임을 지고 가치관, 사고방식 등을 학습하게 하고, 특정 문화에 잘 적응하며 살아갈 수 있도록 각종 기술을 익혀 주고 나아가 사회에서 성숙한 성인으로 살아갈 수 있는 기반을 형성해 주는 사회화를 담당한다.

(4) 보호 기능

보호 기능은 가족원의 생명이나 재산의 전반적인 보호와 환자·노인·어린이 등에 대한 보호가 포함되며, 전통 가족에서는 이러한 모든 기능을 수행하여 왔으나 오늘날에는 의료 기관, 경찰 제도, 사회보장 제도 등 다양한 전문 기관이 생겨나 이러한 기능을 분담하여 수행하게 되었다.

3. 가족의 특징

(1) 시간적 특징

가족은 대부분의 다른 사회 집단보다 상당히 장기간 동안 존재한다. 물론 가족 관계가 지속적으로 이루어지지 않는 경우도 많다. 이혼이나 사망 등의 다양한 가족 해체를 통하여 관계가 단절되는 경우도 있다. 그러나 우리는 보통 전체 일생을 통하여 일정한 형태로 자신의 가족이 존속되는 것으로 간주한다. 시간적으로 가족 형태가 변화더라도 지속적으로 가족이라는 매개체를 통하여 존속하게 된다.

(2) 구조적인 특징

가족은 그 구성원들 간의 생물학적이고 사회적인 다양한 구조적이고 구성적인 특징을 지니고 있다. 그리고 생물학적으로 출산 행위는 근본적인 가족의 결속을 유지하게 하고, 이러한 행위는 우리가 출생을 통하여 우리에게 직접·간접적으로 관계되는 최소한의 어느 정도의 유전적 특성이나 혹은 특징적인 기질을 공유하고 있다. 즉 인간은 성장 시기 동안 어느 정도의 생물학적 요소에 기초할 것이다.

또한 인간을 창출해 내는 이러한 과정에는 사회적 측면이 있는데, 어떤 사회도 출산의 생물학적 행위나 아동의 양육을 우연한 일로 방치하지는 않는다. 가족의 특성도 일정한 사회화 과정을 통해서 얻어진다.

(3) 규범적인 특징

가족 구성원도 일정한 권리와 의무를 가지게 되는데, 이것은 법적인 측면도 있고, 비공식적인 측면도 지니고 있다. 널리 행해지지는 않더라도 법에 의해 합법화되는 입양을 제외하고는 법적인 내용과 관련된 가족에 관한 주요 법적 대책은 결혼에 의한 것이다. 즉 결혼 그 자체가 법에 의한 권리와 의무를 포함하고, 그리고 법적으로 가족 관계를 구성하게 되는 것이다.

4. 가족의 변화와 특징

(1) 가족의 변화

1 가족 형태의 변화

근대 사회에 있어서의 사회 변동의 주요한 추진력을 공업화에서 구하는 것은 이론이 없는 것이며, 또한 근대에 있어서의 가족 형태상의 추세적 변화가 핵가족에 있다는 것도 경험적인 사실이다. 이점에 관하여 기술의 변화가 경제 시스템의 변화를 야기하며, 이것이 '가족 형태의 변화 = 핵가족의 우월'을 초래하였다. 그후 이와 같은 기술·경제적 요인 외에 핵가족제 이념이나 이데올로기, 그리고 인구학적 요인 등이 가족의 변화와 깊이 관련되어 있다는 관점이 덧붙여져 오고 있다. 그런데 가족의 변동은 그 형태상의 변화만으로 파악되는 것은 아니다. 그 외에 권위 구조, 역할 구조, 가족 주기, 정서 구조, 가족 기능, 가족 의식, 생활 구조 등 가족의 구조 변동을 파악하는 측면은 다양하다.

② 가족 기능의 변화

가족 형태의 변화는 이전에 가족이 수행해 온 기능의 변화를 초래한다. 특히 가족 규모의 축소는 다양한 능력을 갖는 활동 주체를 가족의 내부로부터 배출해 가는 것을 의미하며, 그 활동 주체 능력의 상실이 가족 기능의 축소·약체화, 위기 대응 능력의 저하 등에 이어진다. 가족이 상실한 기능은 외부의 기관(행정·기업·지역사회 등)이 가족을 대신하여 유상·무상으로 인수하게 되는 것이다. 이런 의미에 있어 그와 같은 것을 가족 기능의 외부화(사회화)라고 일컫는다.

공업화의 진전은 먼저 가족이 보유해 온 경제 기능 중에서 생산 기능을 분리시켜 가정과 직장의 분리가 진행되었다. 외부화된 기능은 이와 같은 경제 기능, 생산 기능에 그치지 않는다. 영유아의 보육, 자녀의 교육, 환자와 신체장애자의 보호, 고령자의 부양 등 이전에는 가족의 내부에서 가족의 직접적 접촉과 협업을 통해 행해졌던 것이 각각 전문적인 서비스 기관(영리적·비영리적임을 불문하고)에 위양되는 경향이 강해지게 되었다. 그 밖에 종교, 오락이나 교제 기능의 일부도 외부화되고 있다.

요컨대 핵가족화의 원인으로서는 사회 구조 전체의 근대화·도시화를 들 수 있지만, 그 중 중요한 구체적인 요인으로서는 자본주의 경제가 발달하여 고용 노동자가 증가하며 도시에 집중해 있기 때문에 핵가족이 증가하고 있다. 근대적(민주주의적 · 개인적)인 결혼관, 가족관이 보급되고 있다는 것 등을 지적할 수가 있다.

③ **가족 해체**

현대 핵가족의 특징은 출산율의 저하와 수명의 연장에 의한 가족 규모의 축소와 자녀들의 독립 후의 중 · 고령기 부부만의 기간 연장, 가족의 생활보장 기능의 실질적 평등화, 맞벌이에 의한 부부의 역할 교체, 부부 관계의 실질적 평등화, 가족 해체의 진전, 이혼과 재혼의 증가, 이와 같은 여러 문제의 사회적 해결을 위한 사회보장, 사회복지에 대한 니드의 증대 등이다.

현대 사회에 있어 산업화 · 도시화 · 핵가족화는 전통적인 가족을 민주적 가족으로 바꾸는 데 크게 기여한 것은 사실이다. 그러나 그 반면 이전에는 없었던 많은 문제들을 야기하고 있다. 즉 아동 학대 · 유기, 가정 내 폭력, 가출, 부모로서의 역할 포기, 세대 간의 단절, 이혼 등 가족의 병리 · 해체라고 하는 현상이 곳곳에 나타나고 있다. 그러나 그 중에서도 특히 중요한 것은 노후의 가정 생활의 문제, 이혼율의 증가, 주부의 맞벌이에 따른 문제, 자녀의 가정 내 폭력, 자살, 비행 문제 등으로 요약될 수가 있다.

(2) 특 징

현대 사회 가족 변화의 특징을 살펴보면 다음과 같다.

① **가족 개념의 변화**

가족 개념은 역사적 · 전통적인 사상에 기반을 둔 가족 개념에서 새로운 사상에 기반을 둔 가족 개념으로 변화하고 있다. 그래서 선진국에서는 레

즈비언, 게이 등을 가족 개념에 포함시키는 경향이 늘고 있다. 즉 자연과 문화적인 가족 질서에서 현실적인 가족 질서의 개념을 강조하기 시작하였다.

2 이성 역할의 변화

가족 해체와 핵가족화가 되면서 이성 역할이 변화하기 시작하여 가족 기능 및 구조에 많은 영향을 미치기 시작하였다. 이러한 이성 역할의 변화에 의해 새로운 가족 문화가 발생하고 있다.

3 결혼의 변화

결혼의 개념과 형태가 변화하여 이혼과 재혼이 증가하고, 한부모 가족 및 미혼모 가족의 증가로 인하여 새로운 결혼 문화가 발생하고 있다. 그리하여 계약 결혼, 동거 등의 새로운 형태의 가족이 발생하기 시작하였다.

4 부모-자녀 관계의 변화

과거의 부모-자녀 관계의 변화로 인하여 각국의 문화에 따라 새로운 부모-자녀 관계가 형성되고 있다.

5 사회와 가족 관계의 변화

사회와 가족은 공통적인 역할이 있는데, 그 역할이 변화하고 있다. 그리하여 결혼 후 자녀를 출생하지 않아 사회적으로 저출산 문제가 발생하고 있다.

6 가족 연령과 구성원의 변화

평균 수명의 연장으로 가족에서의 노인 세대가 많이 늘어나고, 산업화와 공업화과 환경오염 등으로 인하여 장애 가족이 늘어나고 있다.

5. 가족 문제의 출현

(1) 가족 문제의 증가

급변하는 사회 변화가 가족에게 미치는 영향은 다양하며 그에 따라 가족도 여러 면으로 변화를 겪고 있다. 사회 변화가 가족에게 미치는 영향은 현대 사회가 직업을 중심으로 이동이 잦음에 따라 이동이 유리한 핵가족이 일반적인 가족 형태를 이루게 되고, 개인의 능력만을 요구하는 고도의 산업화·전문화된 사회로 개인의 능력과 업적에 따라 승진할 수 있으므로 친족 조직의 붕괴를 가져오게 되었으며, 인간관계가 직업적·부분적이 되고 전인격적인 접촉이 거의 불가능해짐에 따라 가족의 기능 역시 전문화된 사회 조직으로 분화되었다.

원래 다른 사회 제도와 비교해서 가족 제도는 빨리 변화하는 제도가 아닌 데도 요즈음 가족의 변화는 근대화의 속도만큼이나 급진적이어서 가족 구조와 기능 면에 있어서 그리고 그 내용 면에 있어서도 많은 변화를 초래하였다. 즉 가족은 소규모화되고 핵가족화되는 경향을 보이고 비전통적인 가구 형태가 증가하고 있고, 그에 따라 가족에 대한 가치관도 변화하고 있다. 즉 한국 가족원의 수는 현저히 줄어들고 있고, 가족 세대의 단순화로 대가족 가구가 감소하고, 단독 가구의 증가, 가족 형태의 다양화 등 가족 구조가 변화되었으며, 이러한 변화는 아동, 노인, 애인 등 앞으로 가족이 보호하는 데 어려움을 갖게 될 것이다.

가족 구조와 가족 가치관의 변화는 자연스럽게 가족의 기능을 변화시켜 왔으며, 현대 사회에서 가족 기능의 변화 문제는 사회의 산업 구조가 바뀌면서 제기되는 문제 중의 하나로 전통적 요소와 서구적 요소의 충돌, 사회 구조적 변화 속도와 가족의 변화 속도 간의 괴리 등으로 인해 서구의 가족과는 다른 양상으로 변화되어 왔으며, 그 과정에서 한국 가족의 특수 기능이 부각되고 있기도 하다.

또한 개인의 자유와 권리를 중요시하는 개인주의적 사회 윤리가 가족 윤리에도 그대로 반영되어 개인에 우선하여 가족을 중시했던 가족 가치관도 개인주의 가치관으로 변화되어 부부 관계에, 혈연 관계인 형제 관계에도 개인주의적인 경향이 강하게 나타나고 있다. 부부 관계에 있어서의 배우자를 위한 희생은 보다 약화되었으며 가정 생활에서 부딪히는 문제들을 공동의 노력으로 해결하기보다는 배우자나 자녀보다도 나 자신이 중요하다는 생각으로 이혼하기도 한다. 즉 이러한 변화는 가족 이기주의와 가족 편의주의를 증폭시킴으로써 가족 문제와 사회 문제를 심화시키는 요인으로 작용하고 있다.

가족의 안정성은 급격히 약화되어 결혼의 비율은 낮아지고 이혼율은 급증하고 있으며, 이에 따라 결혼의 당위성을 수용하는 사람들이 줄어들고 가족의 불안정성과 해체는 점차 더욱 증가할 것으로 생각된다. 이에 이혼 가족, 재혼 가족이 증가하고 있으며, 이러한 문제들은 부도덕 가정, 애정 결여 가정, 빈곤 가정, 갈등 가정, 해체 가정 등의 문제 가정을 양산하게 될 것이다.

가족 문제는 가족원들이 가족 내에서 욕구가 충족되지 못하고, 자신의 역할을 적절히 수행할 수 없게 됨으로써 가족 기능, 가족 관계가 원만하지 못하고 가족 해체 현상이 나타나게 되는 모든 현상이라고 볼 수 있으며, 이는 가족의 전체성과 관련되는 가족 성원의 역할장애와 가족의 사회적 역할장애로 볼 수 있다. 그리고 이러한 역할장애를 유발하는 요인으로 가족 외부 요인과 가족 내부 요인으로 나누어 볼 수 있다(최경석 외, 2001).

① 가족 외부 문제

가족 외부 문제로는 가족과 관련되는 사회경제적 문제로서 가족 전체성에 영향을 주는 경제적 불안정, 불평등, 실업, 무주택, 교육 기회의 박탈, 의료 기회의 박탈, 이사 등이 있다. 이러한 사회 환경적인 문제는 가족 내부 문제와 더불어 현대 사회에서 중요한 문제로 등장하고 있다.

② 가족 내부 문제

가족 내부 문제는 가족 구성원 간의 관계 문제와 가족 구성원 간의 내적 문제로 구분해 볼 수 있다.

첫째, 가족 구성원 간의 관계 문제로는 가족의 전체성에 영향을 주는 가족 성원 역할의 불이행, 갈등, 가족 성원의 증가나 감소, 별거, 이혼 등이 있다.

둘째, 가족 구성원의 내적 문제로는 가족의 전체성에 영향을 주는 가족 성원의 적응 능력, 상호작용, 행동의 장애 등이 있다.

우리나라 가족 문제의 성향을 보면 가족의 경제적 부양의 문제, 가족 보호 기능이 약화되어 오는 문제, 가족의 통제 능력과 통제 기능이 약화되며 가족 공동체로서의 사회화·정서적 지지의 기능 수행이 약화되어 가고 있는 문제, 결손 가정의 증가에 다른 문제 등이 나타나고 있다. 또한 가족 문제는 의식주의 가장 기본적인 문제에서 가족 구성원의 정신 문제 등의 비경제적인 문제도 점차 가족 문제에서 차지하는 비중이 높아지고 있다.

(2) 가족 문제의 유형

① 저소득 가족

빈곤한 가정의 아동들은 가정에서의 보건, 교육, 복지 문제 등에서 소홀히 다루어지며 가정에서 유기, 이탈하거나 비행 또는 범죄에 이르는 근본 원인이 되는 것이다.

② 결손 가족

결손 가족이란 보통 부부 중 어느 한 편이나 또는 쌍방이 사망, 이혼, 유기, 별거 등의 원인으로 인해 일반 가족에 비해 물질적·정신적 안정을 상실하였거나 또는 가족의 기본적 기능의 상실을 초래하는 가족이라고 말하고 있다. 결손 가족에서 문제되는 가족은 모자 가족, 부자 가족, 아동 가족, 고령자 가족을 들 수 있다.

- 모자 가족 : 배우자가 사별, 이별, 행방불명 등의 이유로 동거하지 않는 18세 이상 60세 미만의 여자와 18세 미만의 자녀만으로 구성된 가족을 말한다. 모친이 생업에 종사할 경우가 많으며 수입은 적고, 취업은 불안정하며, 노동 조건도 좋지 않아 낮은 생활수준이다. 더욱이 부친의 결손, 모친 부재는 가족의 교육 기능을 저해하고 아동들의 사회화 기능이 저하되어 부랑, 비행 등에 빠지기 쉽다.
- 부자 가족 : 부자 가족의 경우는 경제적 곤란이 모자 가족보다 적지만, 가족원의 정서적 안정의 기둥인 모친이 없으므로 아동의 정서적 불안정은 보다 심하다.
- 아동 가족 : 18세 미만의 자만으로 구성되는 가구를 말하는데 이들 형태의 가구 아동들에게는 극심한 빈곤이나 정서 불안정이 수반된다.
- 고령 가족 : 의학의 발달과 생활수준의 향상으로 평균 수명이 점점 연장되고 있다. 노령 인구율은 해마다 증가하고 있으며, 변화가 빠른 현대 사회 속에서 노령층은 그들의 역할과 지위를 상실하고 있을 뿐 아니라 핵가족 제도에서 오는 생활 변화로 소외당하여 가고 있다.
- 이주 가족 : 많은 농촌 인구가 도시 지역으로 이주하고 있는데 이들은 숙련된 기술을 갖고 있지 않으므로 적절한 직업을 구하기 힘들다. 따라서 빈곤하게 되고 빈민 지역에 정착할 수밖에 없게 된다. 특히 이러한

빈민 지역 가정에서는 노동을 심하게 하고 영양을 제대로 섭취하지 못하여 전염병이나 질병에 걸리기 쉽다.

③ 다자녀 가족

다자녀 가족은 비경제 활동 연령층에 속하면서 부양자의 부양 부담을 가중시키는 요인으로서 경제적 압박 요인이 된다. 더욱이 자녀들의 성장 과정에서 갈등과 욕구 불만, 부모로부터의 애정 결핍 등의 문제가 생기기 쉽다.

④ 다문제 가족

다문제 가족은 항상 사회적·개인적·경제적 문제를 복합적으로 지니지만 그렇다고 복합적인 문제를 가진 가족이 반드시 문제 가족은 아니다.

문제 가족의 생활은 외면적으로는 빈곤, 불결, 무질서, 무계획 등이지만 중요한 것은 이들의 외부 환경적 조건과 내면적인 생활 태도가 같이 관련되어 있는 점이다.

⑤ 비정형적 가족

비정형적 가족이란 과거에 우리가 인식해 온 정형적인 가족의 반대되는 용어이다. 즉 정상적인 결혼을 통하지 않고 자녀를 출산하든지, 계약 결혼 등의 현대 사회에서 발생되는 가족 유형이다. 앞으로 비정형적인 가족의 유형은 많이 발생될 것이고, 이로 인한 사회 문제도 많아질 것이다.

6. 가족 역할의 변화와 가족 문제

(1) 가족 역할의 개념

역할이라는 개념은 가족이론 중에서 상징적 상호주의의 영향을 받아 발전하기 시작하였다. 역할은 아동발달의 게임 단계에서 학습되는 규칙으로 다루었다. 그래서 역할 수행은 행위자의 입장이 되는 것이고 행위자가 준수해야 하는 규칙을 내포하고 있다.

가족의 현상들을 설명하기 위한 중요한 역할 개념에는 여러 가지 견해를 가지고 있다. 그리고 역할 기대나 역할에 대한 규칙이 명료해야 한다는 것이다. 행위자와 다른 사람들이 공유한 확실한 기대가 없이는 행위자가 역할을 수행하거나 타인이 그들의 행동을 행위자의 행동과 연결시키는 것은 불가능해진다.

가족 역할은 친족 지위에 수반되는 모든 가족 규범으로 정의할 수 있다. 예를 들면 대부분 사회에서 어머니의 역할에 수반되는 것은 자녀 양육의 규범이다. 그러나 지위가 구조적으로 규정되기 때문에 가족 역할의 내용은 사회와 윤리적 하위 문화에 따라 달라진다. 그리고 가족 규범이 역할을 구성하는 것처럼 사회적 가족 역할은 연령과 가족발달의 단계에 따라 달라질 수 있다. 예를 들면 아동을 양육하는 어머니의 역할은 청소년을 기르는 어머니의 역할은 매우 다르다.

(2) 가족 역할의 내용

① 역할 긴장

역할 긴장은 역할에 있어 중요한 부분이다. 역할 긴장은 행위자가 역할을 수행하기 위한 충분한 자원을 가지고 있지 않은 것이다. 즉 다양한 역할이 있을 때, 기대가 지나치면 역할의 과다나 긴장을 초래할 수 있다.

역할 긴장에 따르는 필연적인 결과는 한 역할에 대한 기대가 다른 역할의 기대와 모순되거나 갈등하게 되는 특수한 사례로 이어진다는 점이다. 이 역할 갈등이란 보통 행위자가 동시에 반대의 역할을 수행할 수 없기 때문에 역할 긴장이 발생하게 된다는 것이다.

② 가족 규범

가족 규범은 집단과 개인의 행동을 통제하는 사회적 규칙을 말한다. 그리고 가족 규범은 개인이 가족발달의 다양한 관계와 연령에 따라 성취해야 하는 것들의 방법에 대한 규칙이다. 따라서 많은 가족 규범들은 연령과 가족발달 단계에 따라 구분된다. 즉 아장아장 걷는 아이들에게 십대들에게 적용될 수 있는 규칙을 적용시킬 수 없는 것처럼 가족 규범은 연령과 가족발달 단계에 따라 달라진다.

③ 가족 단계

가족 단계는 가족 내에서 가족 역할 관계의 구조와 상호작용이 다른 시기와 질적으로 두드러지게 구분되는 시간과 간격을 말한다. 집단 차원에서 하나의 단계는 앞으로 경험하게 될 단계와 이미 경험한 단계와 구별되는 성원들 간의 역할의 상호작용의 한 유형을 의미한다. 가족 단계는 일반적으로 가족 성원의 변화 및 가족 구성원들이 공간적이고 상호 관계적으로 조직되는 방식상의 어떤 변화를 나타내는 사건들로부터 추론된다. 예를 들어 아이가 어른이 되는 것은 부모 역할이 끝남을 의미하는 것이 아니고 가족 구성원의 공간적이고 상호 관계적인 조직에 바탕을 둔 하나의 변화를 의미하는 것이다.

(3) 부모 역할의 변화

① 중요성

가족 주기에서 성격발달에 가장 중요한 시기를 영유아기라 하고 부모의 영향은 가장 심각한 것이며, 이때 형성된 성격은 성인이 된 후의 성격에도 크게 영향을 미친다고 한다. 또한 부모의 불화는 꼭 자녀의 불화가 되어 그들의 내면적 갈등을 조장시켜 주는 것이라고도 하였다. 즉 부모에게 걱정이 있다면 그것이 그대로 이심전심으로 자녀에게 감정 이입(empathy)이 된다는 것이다.

육아 방식과 성격발달에 관한 연구는 편의상 이유(離乳), 배설 훈련, 공격성, 의존성과 같은 아동의 특정한 행동과 관련된 아동 방식과 성격발달 간의 관계 연구, 그리고 부모-자녀 관계의 분위기와 성격발달과의 관계가 밀접하다. 그러므로 가족 역할 중 부모의 역할은 다른 어떠한 역할보다 중요하다고 할 수 있다.

아동의 문제를 부모와 아동 간의 관계에 있어서 역할 수행의 기능장애라는 관점에서 파악하고 있다. 즉 사회적 역할로서의 부모와 자녀 간의 권리와 의무 관계에 차질이 생길 때 아동 문제가 나타난다고 보고 있다. 이렇게 볼 때 아동의 역할은 필연적으로 제한적일 수밖에 없으며 아동에 대한 부모의 역할이 중심을 이루는 것으로 보고 있다.

아동 문제에 대한 아동 자신의 역할은 매우 제한적이고 아동의 개인적 결함은 지엽적인 것이어서 아동만을 대상으로 하는 것은 문제 해결에 도움이 되지 못한다. 즉 아동의 문제는 아동에 대한 부모의 역할이 상실되었거나 무능력해졌거나 역할의 수행을 기피하거나 또는 역할 갈등으로 인하여 혼란을 일으켜 그 기능을 발휘하지 못할 때 그리고 부모의 역할이 충분히 발휘될 수 있도록 지역사회의 자원이 제공되지 못할 때 발생하게 된다.

2 사회 변화와 부모 역할의 변화

현대 사회의 여러 가지 변화로 인하여 부모 역할에도 많은 변화를 가져오고 있다. 이러한 부모 역할의 변화는 긍정적인 측면도 있지만 문제점도 발생하고 있다. 또한 핵가족의 영향으로 인하여 부모가 가족에서 유일한 모델이 되기 때문에 부모들이 적절한 역할을 하지 못할 때에는 가족 전체에 많은 영향을 미치게 된다.

3 부모 역할 변화의 유형

＊ 아버지 역할의 변화

현대 사회의 가족 기능의 변화 중에서 중요한 것이 아버지의 존재의 재발견이라 할 수 있다. 우리나라의 경우 아버지의 역할 중에서 중요한 역할이 경제적 의무를 다하는 역할, 성역할 등에서 현대 사회에서는 많은 변화를 가져오고 있다.

아동발달에서의 아버지의 중요성은 여러 연구에서 밝혀지고 있는데, 아버지와 아동의 상호작용은 어머니와 비교하면 아버지와 어머니의 행동에서 질적 차이뿐만 아니라 양적 차이가 발견되고 있다. 즉 아버지는 상호작용의 양이 어머니보다 적으나 신체적·언어적 자극이 많으며, 놀이행동도 보다 활발한 질적 차이가 나타나고 있다. 그리고 일반적으로 자녀의 인지발달에 영향을 미치는 것은 아버지가 더 많다고 말하고 있으며 도덕성과 사회성의 발달에도 중요한 영향을 미치고 있다(아산사회복지재단, 1997).

＊ 어머니 역할의 변화

위에서 설명한 바와 같이 현대 사회에서 아버지의 역할도 많이 변하였으나, 어머니의 역할도 많이 변하였다. 대부분의 학자들은 아동의 성정 과정에서 가장 중요한 사회적 대상은 어머니라는 사실에 공감을 한다. 즉 어머니의 역할은 가족의 전반적 발달, 특히 초기 발달에 중요한 영향을 미친다. 그러나 여성의 사회 참여 등으로 인한 어머니의 역할 변화는 아동 성정과 가족 역할 관계에 많은 영향을 미쳐 다양한 가족 문제로 연결된다. 결론적으로 가족 기능의 변화는 아버지의 역할과 어머니의 역할을 동시에 변화시켰다고 볼 수 있다.

(4) 가족의 권위 구조

가족의 권위 구조 내지 세력 구조에 있어 E. R. Mower가 현대 미국의 도시 중산 계급 특징의 하나인 부의 우위성을 명목화하여 현실의 가사 수행 분야에 있어서는 처가 실권을 쥐고 있다는 점을 지적하고 있듯이 부부 관계에 있어 부의 권위의 명목화 및 부부 간 세력의 평등화의 경향은 현대 가족의 일반적 특색이라 볼 수 있다. 이러한 현상은 우리의 경우도 유사하게 접근하고 있다.

또 부부의 세력 구조가 자녀들의 행동에 미치는 영향과 정서 구조 등과 관련된 고찰에서 자기 가정에 대한 귀속 의식이 가장 높고, 현재의 가정에 만족하고 있는 자녀의 비율이 큰 것은 도시와 농촌에 있어서 어느 정도 차이가 나고 있다. 그리고 가족의 권위 및 권력 구조는 가족 형태와 기능의 변화에 의한 새로운 가족 문화의 형성과 관련하여 변화하게 될 것이다.

7. 가족과 사회복지실천

가족은 사회를 형성하는 구성요소로서 가족 구성원들에게 정서적 안정과 지원을 제공하며, 구성원들 간의 상호작용을 통해서 서로에게 영향을 미치는 하나의 사회체계이다. 즉 가족은 부부 관계, 부모 자녀 관계, 형제자매 관계를 통해서 서로에게 영향을 주고 영향을 받기도 하면서 가족 전체의 기능에 기여하는 상호 연결된 체계인 것이다.

가족은 부부 체계, 부모-자녀 체계 및 형제 체계와 같은 하위 체계로 이루어져 있다. 부부 체계는 상호 보완과 적응을 통해서 관계를 형성하며, 부부 간의 관계가 경직되면 스트레스를 받게 되고, 이완되면 가족 내의 질서가 손상될 수 있다. 부모 자녀 체계는 부모의 자녀에 대한 양육, 지도, 통제 등을 통하여 사회화의 역할을 수행하며 부모 중 한 사람과 한 자녀와의 밀착된 관계는 가족 체계가 역기능적인 양태로 나타날 수 있다. 형제 체계는 형제들 간의 상호 관계를 통해 많은 것을 배우게 되며, 특히 경쟁, 질투, 싸움 등을 통해서 자율성, 협동, 양보 등을 배운다.

한편 가족은 집단, 조직, 지역사회, 국가 등과 같은 상위 체계와의 상호작용을 통해서 영향을 받으면서 유지하고 발전한다. 가족 체계가 상위 체계와의 관계에서 개방적일수록 다른 사회체계의 변화에 쉽게 적응할 수 있으며, 자원을 효율적으로 활용할 수 있다.

그리고 일반적으로 가족과 사회복지실천에서는 가족 치료라는 용어를 많이 사용하고 있는데 구체적인 가족 치료를 살펴보면 다음과 같다. 가족 치료는 가족복지 서비스의 치료적 접근으로 정신과 의사들이 중심이 되어 발전시켰지만 오늘날 점차 전반적인 가족 문제의 해결을 위한 접근법으로 널리 활용되고 있다. 그리고 가족 치료는 가족 문제에 대한 임상적 접근으로 다양한 이론적 배경을 가지고 접근한다.

즉 심리적 문제를 개인 한사람의 문제로 보지 않고 그가 속한 가족 시스템의 문제로 생각하여 가족 문제를 해결하는 심리 치료의 한 분야이다. 가족 치료의 시작은 정신분석학적인 요소가 강했지만, 정신분석이 "개인 속의 가족"을 다룬다면 가족 치료는 그를 포함한 실제 가족을 다룬다고 볼 수 있다. 가족 치료는 가족을 하나의 체계로 보며, 그 체계 속의 상호 교류 양상에 개입함으로써 가족 체계의 역기능적인 상호작용 패턴과 관계 구조를 변화시켜 인간의 문제를 해결하고자 하는 치료적 접근법이다. 즉 인간 문제의 원인을 개인적 요인에서 찾는 것이 아니라 가족 성원들 간의 관계의 문제로 보고 인간 문제의 원인을 가족 구성원들의 상호작용적 맥락에서 이해하고 해결하고자 하는 접근이다.

2_ 집 단

1. 개념과 특성

(1) 개 념

사회복지실천에서 인간을 환경 속의 존재로 보고 있기 때문에 집단 환경 속의 인간으로 볼 수 있다. 최근에 사회복지실천에서도 집단의 중요성과 집단 경험에 대한 중요성이 대두되고 있다. 집단이란 공통의 목적이나 관심사를 가지고 있는 두 명 이상의 사람들이 모인 집합체로서, 집단 구성원들의 정체성과 다른 집단에 대한 배타성을 가지고 있으면서 개인의 행동발달에 주요한 영향을 미친다.

집단은 1차 집단과 2차 집단, 성장 집단과 치료 집단 등 다양한 형태를 가지고 있으며 의사소통, 목적, 규범, 역할, 정서적 유대 등에 의해 많은 영향을 받는다. 집단은 구성원들의 상호작용을 바탕으로 한 사회체계로서 개인의 다양한 욕구를 충족시키고 문제를 해결하며, 구성원 각자와 사회에 유익하기도 하지만, 부정적인 영향력을 미치기도 한다. 그리고 집단은 집단 구성원들에게 대인관계의 장을 제공하고, 집단과 개인의 목적을 달성하기 위해 지지하고 자극함으로써 집단 성원들의 성장과 변화를 유도하는 것이다.

(2) 특 성

집단의 특성은 비슷한 관심사와 목적을 가진 최소 2인 이상의 일정한 구성원이 있으며, 집단들이 공유하고 있고 달성 가능한 공통의 목적을 가지고 대면적인 의사소통을 통하여 소속감을 가진다. 그리고 이러한 과정은 역동적인 변화와 연결된다. 즉 개인은 집단의 한 구성원으로서 상호작용에 참여하면서 자아정체감을 형성하고 성취감과 좌절감을 경험하면서 성장해 나가고 있는 것이다. 그리고 집단 구성의 목적은 집단의 존립 목적과 방향, 기대 등을 포함하며 목적은 하나일 수도 있고 복합적일 수도 있다.

2. 사회복지실천에서 집단의 등장 배경

1930년 이후부터 집단사회사업이 개별사회사업과 함께 사회복지실천 방법으로 인식되기 시작하였다. 가장 초기에는 YMCA와 YWCA에서 집단 프로그램 및 활동을 제공하였다. 그후 19세기 후반에는 인보관(隣保館) 운동이 시작되었고, 런던의 토인비 홀, 아담스(Jane Addams)의 힐 하우스(Hill House)에서는 집단 프로그램을 통해 소외 계층을 도왔다. 이 기관들은 이민자들이나 공장 노동자들에게 집단 경험을 통해 도시의 환경을 극복하도록 도움을 주었다. 20세기 초에는 보이스카웃, 걸스카웃, 4H Clubs 등의 집단 지도 기관이 등장하였다. 이러한 기관들 중에서 인보관이 가장 영향력이 있었다. 이 당시 집단은 주로 사회화, 기술 훈련, 교육, 레크리에이션을 위해 활용되었다.

1930년대 초에 개별사회사업(social case work)과 구별하기 위한 목적으로 집단사회사업(social group work)이라는 용어가 사용되었다. 집단사회사업의 이론이 지속적으로 발전하면서 1950년대에는 집단사회사업이 사회사업 전 분야에서 실천되는 약진을 보였다. 현재 사회사업가들(social work with groups)은 학술지를 통해 집단사회사업의 지식과 기술을 발전시켰다.

3. 집단의 접근 방법

(1) 내집단과 외집단

인간이 어떤 집단에 소속하는지의 여부에 두고 속하면 소속 집단 또는 성원 집단이라고 하고, 그 집단이 아닐 경우 비소속 혹은 비성원 집단이라 할 수 있다. 이와 같이 소속 및 비소속 집단의 구분은 그 자체가 큰 의미가 있는 개념이 아니고, 그러한 소속 여부가 우리의 사회적 실존과 사회관계에 어떠한 의미를 갖고 무슨 영향을 미치는가 하는 것에서 중요성을 모색해야 한다. 이러한 의미에서 내집단과 외집단으로 분류를 할 수 있다. 이것은 실제로 집단에 속하는 자체가 중요한 것이 아니고 그 집단에 속한다는 소속감이 중요한 것이다.

(2) 준거 집단

인간들이 자아정체감을 얻고 행동의 기준을 배우며, 거기에서 지배적인 규범에 따라 판단하고 행하게 되는 집단을 준거 집단이라고 한다. 즉 준거 집단이란 행위 기준이 되는 표준 집단이 된다. 현대 사회에서 준거 집단은 하나의 표준 집단으로 중요한 역할을 하고 있다.

(3) 원초 집단과 2차 집단

원초 집단이란 친밀한 면접적 공동생활과 협동을 특징으로 지닌 집단을 말한다. 즉 원초적인 상호작용을 집단 목표로 하고 상호작용과 의사소통이 개방적이다. 그리고 집단 규범이 독특하고 사회적 거리가 줄어진다. 그리고 원초 집단은 인간의 삶이 시작된 원초부터 존재했고, 없어서는 안 되는 집단이다. 즉 원초 집단과 원초적 관계가 보편적인 것은 개인과 사회의 근본적인 욕구를 충족시켜 주기 때문이다. 그리고 2차 집단은 어떤 특정한 목적을 달성하기 위해 인위적으로 구성된 집단이다. 2차 집단은 구성원들 간에 친근감·애정·배려 등과 같은 정서적인 측면이 부족하며, 의사소통이 빈번하지 못하다. 2차 집단은 특정한 목적 달성을 위해 구성원들 간에 상호작용을 하며, 구성원들 각자의 역할을 중요시하고, 구성원들의 능률이나 효율성을 강조한다.

4. 성장 집단과 치료 집단

성장 집단은 집단 활동을 통해 개인의 잠재력을 개발하여 사회적 기능을 향상시키기 위해서 구성된 집단이다. 성장 집단에서는 집단을 개인이 성장할 수 있는 기회로 활용하며, 자신의 발전을 위해 집단 활동을 통해서 사고와 행동을 변화시킨다. 성장 집단으로는 인카운터 그룹(encounter group), 퇴직 준비 집단 등이 있으며, 이러한 집단은 잠재되어 있는 구성원들의 심리적·사회적·정서적 기능의 향상에 초점을 둔다.

치료 집단은 집단 활동을 통해서 개인의 행동을 수정하거나 심리적·사회적 문제를 해결하기 위해 구성된 집단이다. 치료 집단에서는 집단을 개인의 문제 해결을 위한 도구로 활용하며, 구성원들은 자신의 문제를 해결하기 위해 집단에 깊숙이 관여한다. 치료 집단으로는 비행청소년 집단, 정신장애인 집단 등이 있으며, 이러한 집단은 집단 활동을 시작하기 전에 구성원들에 대한 치료 계획을 세우고, 전문가에 의해 계획적으로 이루어진다는 특성을 지니고 있다(이근홍, 2003).

5. 집단과 인간발달

(1) 유아기

인간은 집단 없이는 생활할 수 없으며 집단의 일부분으로 생활하면서 다양한 집단 활동을 한다. 이러한 집단 활동을 통해 성격 형성이나 사회화를 하는 것이다.

유아기의 놀이는 사회적 활동 또는 인지적 활동으로 인식되어져야 하며, 놀이를 통해 유아들은 신체적 능력을 시험해 보고 세상을 배우며, 갈등적 감정을 다룬다. 유아의 생활은 놀이의 연속이라고 할 만큼 유아기에 놀이는 중요하며, 그것을 통하여 여러 가지를 배우게 되고 사회성을 발달시키는 중요한 요소가 된다. 유아의 연합놀이는 그 자체가 목적이 있는 것으로 사회적 행동이면서 착실한 학습의 장인 것이다. 즉 유아의 놀이는 일정한 단계를 통해서 발달하는데, 이것은 그들의 시간을 다른 사람을 무심코 지켜보면서 보내는 한가한 놀이(unoccupied play)에서 혼자놀이(solitary play)로 발달하며, 다른 유아의 놀이를 지켜보면서 놀이에는 참여하지 않는 방관자행동(onlooker behavior)으로 발달한다. 그 다음으로 유아의 놀이는 다른 유아의 옆에서 독립적으로 노는 평행선놀이(parallel play)로, 유아들이 서로 장난감을 주고받으며 상호작용을 하는 연합놀이(associative play)로, 그리고 유아들이 서로 다른 역할을 하면서 통합적으로 노는 협동놀이(cooperative play)로 발전한다(Zanden, 1997). 이러한 집단에서의 놀이를 통하여 유아는 신체 및 정신적으로 발전하기 시작한다.

(2) 아동기

아동기에는 학교에 다니기 시작하면서 인간관계가 확대되어 부모에 대한 의존성이 줄어들게 되고 개인적으로 자립하며 자기를 주장하게 된다. 그와 더불어 자기의 존재를 자각하고 독자성을 가지게 되면서 자아개념, 자존심, 근면성, 도덕성 등이 더욱 발달하게 된다. 아동기에는 학교 생활을 하면서부터 부모에 대한 의존이 줄어들고 교사 및 또래 집단과의 관계가 빈번해지기 때문에 부모는 아동의 행동을 보다 잘 이해하고 너무 간섭하거나 금지하는 태도를 지양해야 한다.

아동의 학교 생활에서 또래와의 관계는 학교 생활의 적응과 발달은 물론 대인관계의 발달에도 중요한 영향을 미친다. 아동은 또래와 어울리면서 그들과의 의사소통 방법을 배우며, 자신에 대하여 새로운 지각을 할 수 있게 되고 집단에 대한 소속감을 발달시킬 수 있게 된다. 아동기에 또래 집단에 참여할 수 있는 기회가 적은 아동은 그들의 집단에서 소외감을 갖게 된다.

또래 집단의 관계는 연령이 증가하면서 구조가 조직화되어 가며, 또래 집단 속에서 단짝 친구를 갖게 된다. 단짝 친구는 아동기는 물론 그 이후의 대인관계의 적응 양식에도 영향을 미치는 것으로 성격발달에 중요한 의미를 갖는다(김경희, 2001).

(3) 청소년기

동년배는 청소년의 자아정체감 형성에 영향을 미친다. 청소년기에는 자신에 대한 의문과 불확실한 미래 등과 같은 비슷한 고민으로 방황하는 시기이다. 청소년기의 또래 집단은 이러한 고민을 비롯한 부모와의 갈등, 가치, 신념, 진로, 장래의 직업 등에 대하여 의논하고 받아들일 수 있는 역할을 수행한다.

청소년은 동년배와 만나 이야기를 나누거나 다양한 활동을 함께하면서 그들과 지내는 시간이 많아지며, 그들로부터 많은 영향을 받게 된다. 청소년기의 동년배와의 관계는 아동기와는 달리 좀더 구조화되고 통합된 형태를 보이며, 그들과의 관계를 매우 중요시한다.

동년배는 청소년에게 정서적 안정을 제공하며, 우정을 통하여 자신을 표현하고 타인을 이해할 수 있게 한다. 그들은 청소년에게 흥미 있는 정보와 즐거움을 제공하며 지지, 격려, 환류 등을 통하여 청소년이 스스로 유능하고 매력적이며 가치 있는 사람이라고 느낄 수 있도록 돕는다. 또한 동년배는 청소년들이 서로를 비교하여 자신이 어떤 위치에 있는가를 알 수 있는 정보를 제공하며, 청소년으로 하여금 자신을 노출하고 타인과 따뜻하고 친근하며 신뢰할 수 있는 관계를 맺을 수 있게 한다(허혜경 · 김혜수, 2002).

그러나 청소년은 동년배와의 관계에서 갈등이나 긴장을 초래할 수 있으며, 이것이 지속되면 청소년에게 고통과 혼란을 안겨 준다. 또한 동년배는 청소년에게 개성을 억누르면서 집단의 규율에 일치하도록 강요하기도 하며, 청소년에게 바람하지 않은 행동을 학습시키기도 한다.

(4) 성인기 이후

성인기 이후에는 각자의 선택에 따라 다양한 집단 활동을 할 수 있다. 성인들이 이런 집단 활동을 하지 못하면 성격장애나 사회성 발달에 문제를 가져올 수 있다.

6. 집단과 사회복지실천

인간의 발달 과정에서 집단의 역할은 매우 중요하다. 특히 청소년기 이전의 집단 경험은 성격 형성과 발달에 많은 영향을 미친다. 집단은 상호작용을 하는 구성원들로 이루어져 있으며, 구성원들 간의 상호작용은 개별 구성원뿐만 아니라 집단 전체에도 영향을 미친다. 즉 집단 구성원은 집단 활동을 통해 자신에 대해서 이해하며, 자신의 성장과 발전을 도모한다. 집단 구성원 각자는 다른 구성원들로부터 영향을 받게 되며, 자신의 행동을 통해서 다른 구성원에게 영향을 미친다. 또한 전체로서의 집단은 성원들 각자의 활동에 의해서 변화된다.

집단은 하나의 사회체계로서 구성원들의 상호작용을 바탕으로 개인의 사회적 관계를 증진시키며, 다양한 욕구를 충족시키고 문제를 해결한다. 집단은 구성원들의 활동에 따라 구성원 각자와 사회에 유익하기도 하지만, 부정적인 영향력을 미치기도 한다. 한편 집단은 다른 집단에 의해 영향을 받으며 지역사회나 국가의 기대, 가치관, 문화 등에 의해 영향을 받는다.

Chapter 3

지역사회와 조직

1_ 지역사회

1. 지역사회의 개념

지역사회란 말은 여러 가지 요인들이 복합되어 있고 각국의 사회 문화, 역사적 발전에 따라 다양하게 접근하여야 하기 때문에 간단하게 표현하기 어렵다. 그리고 지역사회는 일반 대중 사회의 변동에 의하여 변화되고 있으므로 그 변화에 의해서 개념이 달라지고 있다. 특히 오늘날처럼 교통, 통신이 고도로 발달되어 주민 간의 교류와 이동이 증가하고 생활권의 범위가 확대되고 있어서 지역사회의 개념이 지리적이고 공간적인 지역사회의 강조 요인보다는 사회관계적인 인간 공동체 요인이 강조되고 있다(최재원 외, 1991).

그러나 공간 기능의 축소화가 넓어진다 하더라도 그 지역사회의 주체와 주민, 지역사회 단위 내에서 거주하는 사회체계와 구조적 특성을 이해해야 한다. 즉 지역사회의 본질적 의미는 인간관계가 밀접하게 형성되어 이루어지고 집단으로서 성격이나 특성은 사회관계의 공간적 영역이 아무리 확대되어도 그 의미는 그대로 존속되어 나타나게 되기 때문이다.

그러므로 지역사회는 특수한 지리적 공간을 점유하는 동시에 일상생활에 대한 욕구를 충족시키는 수단에 대한 공통적인 관심을 가져야 한다. 또한 지역사회는 형태와 특성에 있어서 지역사회 단위의 사회생활에 영향을 미치는 공통적인 습관, 관심 및 문화의 출현을 가능하게 해주어야 한다.

그러나 지역사회의 개념은 지역사회에 있는 모든 주민들이 동등하게 지역사회를 기능적인 것으로 만들려는 지역 활동에 기여하거나 의지하는 것을 함축(含蓄)하는 것은 아니다. 일반적 지역사회에 대한 정의에는 일반적으로 사람, 지리적 공간, 사회적 상호작용 및 공동 유대 등과 같은 4가지의 요소가 포함되어 있는데 지역사회의 개념과 정의는 어떠한 방향으로 접근하느냐에 따라 그 중요 구성 요건이 달라진다고 볼 수 있다.

이런 다양한 지역사회의 개념 중에서 지역사회복지와의 관련에 있어서 그 의미를 함축하고 있는 H. Zentner의 견해를 살펴보면 다음과 같다(H. Zentner, 1964).

첫째, 지역사회란 거주 공간에서 주민들이 공통적으로 공유하는 직업과 거주 공간에서 유용한 활용 과정으로부터 나오는 목표에 대한 통합적인 집단구조이다. 둘째는 지역사회의 구성원들은 일정한 거주 공간에서 집단적인 동일성을 어느 정도 가지고 있어야 한다.

일본의 경우에는 1969년 9월에 community 문제소위원회에서 지역사회를 「생활의 場(장)에 있어서 시민으로서의 자주성과 책임을 자각한 개인과 가족을 구성 주체로 하여 지역성과 각종의 공동 목표를 가지면서 개방적으로 구성원 상호의 신뢰감을 지닌 집단」으로 규정하고 있다.

위와 같은 여러 가지의 견해는 지역사회의 개념을 보는 시각에 있어서 크게 2가지의 관점에서 접근하고 있는데, 첫째로 지역사회의 특수성을 인정하여 독립된 별도로 보는 적극적인 견해이고, 둘째는 기존의 사회 집단, 조직, 체제의 동일어로 사용하여 구분하지 않는 견해이다. 이중에서 최근에는 대부분의 학자들이 지역사회를 독립된 별도의 개념으로 보고 있으며 지역사회가 지닌 개념적 특성으로 볼 때 독립된 개념으로 보는 것이 타당하다고 할 수 있다.

우리나라의 경우에도 외국과 비슷한 수준에서 일정한 공간과 사회적 상호작용, 공동체 등을 강조하고 있다. 그러므로 지역사회의 개념은 일정한 지리적 공간인 생활권 안에서 사회적 상호작용을 통하여 공통된 이해관계, 문화, 규범 등을 형성하여 공통의 경험과 공동생활을 향유(享有)하는 일정 지역의 범위를 지역사회라고 규정할 수 있다.

2. 현대 사회와 지역사회의 격차

(1) 지역사회의 특성에 의한 지역사회의 격차

지역사회의 특성이란 일정한 공간적 영역으로서의 지역이 인구와 기관(제도)의 특정 속성에 의하여 독자(獨自)의 사회적 통일을 형성하고 있으며 지방, 자치제, 도시·농촌, 지역사회 등 다양한 의미로 사용되는 경우가 많고 그 자체로서 지역사회의 분화(分化)를 나타내고 있다(신섭중 외 역, 1995).

지역사회는 어떠한 의미로 사용되더라도 통상 그 자체가 전체 사회에서 분화된 일정한 지역으로서의 특색을 지니고 있다. 특히 시카고 학파에 의하면 도시에서는 인구와 기관의 특정한 속성에 대응해서 다른 지역사회와 구별되는 고유의 동질성을 이루어가는 응집(segregation)이 진행되고 자연지역(natural area)이 형성되며 지역 분화가 일어난다고 설명하고 있다.

예를 들어 E. W. Burgess의 동심원구조(同心圓構造) 모델에 의하면 도시는 중앙 업무 지역, 점이 지대, 노동자 주택 지대, 주택 지대, 통근자 지대의 5가지의 지대가 동심원적으로 확대·분화하는 과정으로 성장한다고 하고 있다. 즉 인구와 기관의 속성인 인종, 민족, 경제, 사회, 역사, 문화적인 속성에 따른 소득, 직업, 연령 등에 의하여서 지역 특성이 도출된다. 그리고 정치, 경제의 발전에 따른 지역 산업의 변화나 그에 따른 인구 이동 등에 의해 발생되는 지역의 사회 문제, 생활수준 등의 격차 등도 지역사회에 따라 크게 달라진다. 대표적인 현상으로서 대도시와 농촌의 소득 격차, 사회 자본의 정도, 문화 수준의 격차 등이며, 이에 따른 주민 생활, 복지 정책에도 차이가 발생한다.

우리의 경우도 1960년대부터 고도경제성장 정책을 유지하면서 지역사회의 특성과 격차에 많은 영향을 미치기 시작하였다. 특히 농촌에 있어서는 급격한 인구 감소와 지방 특유의 산업 붕괴, 지역 공동체의 취약화, 생활양식의 변화 등의 문제점이 발생하여 여러 가지 사회 문제, 사회복지 문제, 환경 문제, 주택 문제, 노동 문제, 교육 문제 등으로 나타나기 시작하였다.

그러므로 지역 격차의 문제는 단순한 정치적·경제적 문제로 접근하여 해결하는 것은 한계성을 지니고 있으므로 지역사회복지를 통하여 지역 격차의 문제를 해결해야 한다.

(2) 지역사회 문제와 지역사회의 격차

지역사회 문제는 크게 지역사회 간의 문제와 지역사회 내의 문제로 나누어 볼 수 있다. 지역사회 간의 문제란 선진 지역과 후진 지역, 도시와 농촌, 대도시와 중·소도시 간의 발전적 격차 문제이고, 지역 내의 문제는 지역사회 내에서 발생하는 여러 가지 문제를 의미한다.

이와 같이 지역사회 문제는 지역 간, 지역 내의 문제로 파악될 수 있으며 지역사회 문제를 구성 부문별로 살펴보면 지역 정치, 지역 경제, 지역 문화, 지역 교육, 지역 환경 등으로 살펴볼 수 있다(김안제 외, 1994).

그리고 지역 격차에 대한 정의에서 지역간 격차를 경제적인 측면에서 지나치게 집착한 나머지 다른 측면을 도외시하여 지역사회 문제에 대한 접근 방향이 잘못된 경우가 많았다. 그러므로 지역 격차는 단순한 지역과 지역 간 또는 지역 내의 경제적 수준차가 아니라 정치·경제·사회적 문제들이 복합적으로 발생되는 문제이다. 또한 지역사회의 특성에 의하여 이질적으로 발생하는 사회 문제는 획일적인 문제 해결 방법으로는 해결할 수 없다. 이러한 측면에서 근래에는 지역사회 격차의 개념을 소득, 지역사회복지, 생활의 질(QOL) 또는 인간의 기본 수요 등의 측면에서 광의적(廣義的)으로 정의(定義)하려는 경향이 나타나고 있다.

3. 지역사회의 구성과 유형

(1) 지역사회의 구성

지역사회는 인간 공동체로서 인간관계로 구성된 집단으로 규정해 볼 때 지역사회의 구성요소는 여러 가지로 접근해 볼 수 있는 것이다. 이중에서 어떤 요인들이 작용해서 인간의 생활 공동체를 구성, 형성하느냐에 초점을 두어 지역사회의 구성요소를 지리적 요인, 기능적 요인, 심리적 요인으로 나누어 살펴보고자 한다.

1 지리적 요인

지역사회는 지역사회 주민의 공통적인 생활 기반으로서 일정한 지역을 중심으로 해서 인간의 공동생활 집단이라는 의미가 내포되어 있다. 즉 지역사회가 성립되기 위해서는 주민 간의 정신적 공동체가 형성될 수 있는 지리적, 즉 공간적 영역이 필요하다. 지리적 범위가 인간의 생활 공동체의 형성과 발전에 중요하다는 것은 지리적 근접성(proximity)이 한 집단 구성원 상호간의 인간관계에 큰 영향을 미치기 때문이다.

현대 사회는 여러 가지의 교통, 통신의 발달로 인하여 앞에서도 언급한 바와 같이 공간적 범위의 개념이 약해지고 지역사회로서의 지리적 영역이 광역화되어 가는 한편 그 구분적 개념이 모호해지고 있다. 이런 변화에도 불구하고 지역사회의 지리적 요인은 지역사회의 구성원 상호간의 연대 의식 내지 공동체 의식의 형성과 공통의 이해관계 및 연대 의식이라는 측면에서 공동생활 환경은 비슷한 생활 욕구에서 나타나고 이것은 그 환경을 지배하는 문화권이 있어야 하므로 공동생활권의 형성은 지역사회의 지리적 문제라 할 수 있는 것이다.

특히 한국과 같이 지역적 범위에서 지역성이 강한 생활권 문화에서는 지역사회의 구성요소에서 지리적 요인이 차지하는 부분은 다른 국가보다는 그 중요성이 높을 것이다.

② 기능적 요인

지역사회는 지역 주민들의 공동 관심과 상호 유대감이 이루어져야만 그 교류 단위를 지역사회라고 할 수 있고, 같은 지역사회 내에서 생활하더라도 단절된 생활과 공동체 의식이 형성되지 않으면 지역사회라고 할 수 없을 것이다. 그리고 지역사회에서 기능적 요인은 상호작용 과정에서 형성되고, 이러한 상호작용은 둘 또는 그 이상의 개인 및 집단이 서로 상호작용하는 것을 의미한다.

지역사회 수준에서의 기능적 상호작용이란 상호 협동적이거나 경쟁적인 관계를 의미한다. 한 지역의 주민이 어떤 행동을 할 경우에 언제나 자기가 살고 있는 지역의 사람들이 어떤 압력이나 약속을 가하지 않을까 하고 늘 생각을 하고 행동을 하게 된다(최재석, 1978). 따라서 어떤 사회 집단의 구성원들 간의 경험, 기억, 관습, 전통 등이 보다 동질적이면 그 집단의 응집성이 굳어서 다른 집단과의 구별이 쉬워진다. 이와 같은 구별이 지역사회에서 독자적으로 발생하는 심리적 요인으로서 공통적인 규범과 가치 및 제도가 파생된다.

③ **심리적 요인**

일반적으로 일정한 지역사회에서는 일정한 특성을 일으키는 상호작용 형태의 특성 그리고 지역사회 체계의 사회적 구조의 다양한 분야에 의해 형성되는 독특한 형태는 주로 체계 문화의 내용에 의해 형성된다.

이러한 지역사회의 형성은 일정한 지리적 영역과 그 영역에 살고 있는 주민 간의 상호작용을 통해서 공동 유대감이 형성될 때 비로소 이루어지는데, 이것은 혈연 또는 지연(地緣) 등으로부터 나오는 원초적인 공동 의식보다는 그 지역사회의 주민들이 사회생활을 통하여 나타나는 이차적이고 획득적인 공동 의식을 말한다.

(2) 지역사회의 유형

지역사회의 유형은 여러 가지로 분류해 볼 수 있지만 일반적으로 지역사회의 특성, 기능 등에 따라 구분해 볼 수 있다. 본 서에서는 지역사회와 지역사회복지와의 관계에 초점을 맞추어 지역사회의 유형을 인구 구조, 산업 구조, 기능에 따라 구분해 보고자 한다.

① **인구 구조**

인구 구조에 따른 지역사회의 유형은 가장 기본적인 지역사회의 유형으로서 인구의 크기에 따라서 지역사회를 구분한다. 일반적으로 지역사회는 그 크기에 관계 없이 인구 구조의 특색을 나타내고 있다. 또한 인구 구조는 연령 분포, 인종 분포, 성별 분포 등의 내용에 따라 다양한 특징이 나타나고, 이러한 특징에 의하여 지역사회가 구분된다.

그리고 인구 구조의 특성은 인적 자원의 양적인 측면과 질적인 측면에 국한되지 않고 지역사회의 전체로서의 사회화 과정과 구성원 상호간의 연대 의식의 형성에 영향을 미친다.

이러한 인구 구조는 외형적인 크기와 인구 구성의 특성에 따라 구분할 수 있는데, 첫째는 인구 구조의 외형적인 크기로서 인구의 크기에 따라 대도시·중소도시·읍지역 등으로 구분하고, 둘째로 인구 구성의 특성에 따라 빈곤 지역, 외국인 집단 거주 지역 등의 경제적·인종적 특성을 중심으로 지역사회를 구분할 수 있다.

2 산업 구조

산업 구조는 크게 1차 산업, 2차 산업, 3차 산업으로 분류하여 볼 수 있는데, 1차 산업이란 농·어촌의 지역사회를 말하고, 2차 산업이란 광공업 지역, 3차 산업은 상업, 서비스업이 주종인 도시 지역을 말한다. 이와 같은 산업 구조에 따른 사회 내의 직업 구조는 지역사회의 구성원들 각각 그들의 경제 활동을 나타내고 있다. 산업 구조의 유형에 따른 여러 가지의 지역사회 중에서 대표적인 도시 지역사회와 농촌 지역사회, 도시와 농촌 지역사회 이외에 도시와 농촌의 혼합 상태의 지역사회 등으로 구분할 수 있다.

3 기 능

우리 사회에 존재하는 많은 이익 집단은 조직 구성원의 동일한 목표 달성을 위해서 규칙을 지키고 자금을 모으면서 사회적·경제적 이익 증대를 위해 동일 업종의 공동 사업을 전개하고 활동적인 각종 사회 단체를 기능적 지역사회 집단으로 볼 수 있다. 이러한 기능에 의한 지역사회의 유형은 직장 단위의 지역사회 등과 같이 그 지역사회 내에서 그들의 결속력과 소속감을 증대시키며 밀접한 인간관계가 유지되고 있는 특성을 지니고 있다.

4. 지역사회와 사회복지실천

(1) 사회복지실천에서 지역사회의 중요성

[1] 사회복지 욕구의 변화

우리의 지역사회는 급변하고 있으며, 이러한 변화는 그 지역사회의 가치관, 생활양식, 사회 구조 등에서 복합적으로 일어나고 있다. 이러한 관점에서 복지 서비스와 관련된 복지 욕구의 특징과 변화에 대해서 살펴보아야 한다.

우리나라의 복지 욕구는 1970년대까지는 경제적인 의미에서 빈곤 욕구가 강했다고 본다면 1980년대부터는 사회적 기능 문제가 경제적 욕구와 함께 나타났다. 그리고 1980년대 후반부터 1990년대에는 복지 욕구가 특별한 욕구를 가진 사람을 포함한 일반적인 국민들의 복지 욕구도 중요한 부분으로 등장하기 시작하였다. 또한 최근에 지방자치가 시작되고 지방자치에서 정치적 지지를 획득하기 위해서 국민의 욕구를 대변함으로써 복지 욕구에 대한 관심이 높아지고, 그리고 전국적인 차원에서 복지 수요가 지역사회 단위로 높아진 것이다.

또한 지방자치의 실시는 사회복지 정책의 차원에서 볼 때 정책 수요의 양적 증대와 지방적 특수 욕구의 다양화를 의미하게 되어 지역사회 차원에서 주민복지에 대한 책임과 역할이 불가피하게 될 것이다. 즉 사회복지 욕구가 지역 주민들의 지역 욕구의 다양화, 고도화 등으로 인하여 지역사회의 복지 수요가 크게 증대될 것으로 예상된다.

즉 이러한 욕구는 모든 지역사회 주민들이 가정이나 지역사회에서 정상적인 생활을 할 수 있도록 지역사회복지를 정비하고, 사회복지 전달 체계도 지역사회 내에서 가장 효과적인 서비스를 받을 수 있도록 정비되어야 한다는 것이다. 지역사회 조직과 활동을 통하여 주민의 다양한 복지 활동의 장을 마련하고 정비하여 지역사회복지 공동체를 형성하는 것이 지역사회의 복지 욕구를 수용하는 것이다. 그리고 구체적인 욕구의 변화의 경향을 살펴보면 다음과 같다.

첫째, 개인 욕구의 확대와 고도화로서 고정적이고 일시적인 욕구에서 욕구 수준의 상승과 다양화로 인하여 정형적인 욕구가 상대적으로 감소되고 비정형적인 욕구가 많이 발생하고 있다.

둘째, 복지 욕구의 지역성으로 지역적 상황에 따라 욕구가 달라진다.

셋째, 욕구 충족 방식의 변화로써 단순한 행정 기관에 의해서 현대 사회의 다양한 욕구를 충족시킬 수 없고, 다양한 공급 체계를 확립해야 한다.

넷째, 국민들의 복지 욕구가 단순히 사회복지 서비스를 받는 차원에서 직접 사회복지에 참가하려는 욕구가 증가하고 있다.

2 사회복지 체계의 변화

＊ 탈시설화와 시설의 사회화 : 재가복지

지역사회에 실시되고 있는 많은 사업들이 지역사회 주민들의 다양한 욕구를 충족시키지 못하고 클라이언트에게 포괄적인 서비스 체계가 마련되지 못하였다. 즉 사회복지 서비스를 실천하는 데 있어서 특정 기관·시설에 한정시키고 지역사회에 존재하고 있는 욕구를 제대로 해결해 주지 못하고 있는 실정이다.

그리하여 사회복지는 정상화(normalization) 등의 이념에 의하여 종래의 시설복지 중심의 방법에서 생활의 장을 거점으로 하는 재가복지 서비스의 중요성이 강조되고 있다. 즉 사회복지 욕구를 충족시키는 방법으로 지역사회의 역할이 중요하게 등장하고 있는 것이다. 이것은 자신의 문제를 자신이 생활해 온 자기 집 또는 지역사회에서 생활을 유지하면서 자립 성장을 하도록 제공되는 각종의 지역사회의 복지 서비스라 할 수 있다.

* **사회복지 체계의 변화**

사회복지가 산업화·도시화의 발달과 함께 증가하는 사회 문제를 적절히 해결하는 과정에서 각국의 사회·경제적 변화 및 정치적인 상황 등에 의하여 사회복지 체계의 주요한 영역과 방향이 변화하게 된다.

이러한 관점에서 현재의 사회복지의 체계 중에서 지역사회복지와 밀접한 관련성을 가지고 변화하는 상황을 살펴보면 다음과 같다.

첫째, 사회복지는 종래의 시설복지 중심에서 대상자가 거주하는 지역사회를 기반으로 한 재가복지로 그 중심이 변화였다.

둘째, 보호 대상자의 욕구가 앞에서도 언급한 바와 같이 다양화·고도화되어서 보호 대상자들에게 사회 자원이 할당되던 시기에서 대상자가 사회 자원을 선택하는 것으로 지역사회 자원의 범위와 서비스의 공급 주체가 점차 다원화·다양화되고 있다.

셋째, 지역사회복지를 추진하기 위해서는 개인의 원조 수준, 지역사회에서의 조직 수준 및 정책 수준의 각각에 관련되는 사회 자원을 단위로 광범위한 조직망을 구성해야 하는데, 이러한 측면에서 지역사회에 존재하는 사회 자원의 내용이나 특성 등과 이와 관련된 가치관들이 중요한 내용으로 등장하고 있다.

넷째, 사회복지 원조 방법의 관심은 대상자의 심리적인 측면의 원조보다는 대상자의 환경 조정을 지향하고 있어 보호 대상자의 환경에 대한 명확한 준거(準據) 틀이 필요하게 되었다.

이러한 측면은 욕구에 대한 서비스는 인간의 복잡성·다양성에 기초하는 개별적인 서비스를 제공하고 재가 중심과 지역사회를 중심으로 서비스를 제공해야 효과적이고 효율적이라는 것이 인정되는 계기가 되었다. 이와 같은 변화는 일반적인 사회복지 유형 변화와도 밀접한 관련성을 지니고 있는데, 전통적인 유형에서 새로운 유형으로의 변화를 알 수 있다.

(2) 관 계

지역사회 변화도 이러한 일반적인 사회복지실천의 변화에 의하여 변화할 수밖에 없을 것이다. 현재 우리의 사회 변화는 지방자치제의 실시 등으로 인하여 급격한 변화가 나타나고 있다. 그리고 복지 서비스 체계의 중심이 중앙집권화에서 지방분권화 방식으로 조금씩 변화하여 지역사회 중심의 체계로 전환될 것이며, 복지 서비스를 전개하는 방법에 있어서도 비전문화, 비조직화, 미시적 접근에서 구조적·거시적 지역사회 조직화, 사례관리 방식, 전문직화로 전환되어 갈 것이 예상된다.

즉 지역사회는 가족, 집단 및 조직과 같은 하위 체계와 사회나 문화와 같은 상위 체계의 사이에서 중간적인 역할을 하는 중요한 사회체계이다. 지역사회는 주민들의 공통적인 욕구를 충족시키고 문제를 해결하며, 그들을 사회화시키고, 그들에게 문화를 전달한다. 또한 지역 주민 각자는 지역사회와의 상호작용을 통해서 지역사회의 발전에 기여하며 지역사회로부터 영향을 받는다.

지역사회는 인간이 그곳을 떠나서는 살 수 없는 반드시 필요한 지리적 공간이며, 인간의 행동에 큰 영향을 미치는 사회적 단위이다. 특히 지역사회는 종교 단체, 학교, 대중매체 등을 통해서 개인의 행동에 중대한 영향력을 미치며 산업체, 행정 기관, 사법 기관 등 다양한 지역사회 기관들의 활동을 통해서 지역사회의 발전에 기여하고 사회 통제의 기능을 수행한다. 지역사회는 사회의 중요한 부분이며, 그 자체가 하나의 사회이다. 지역사회는 그곳에 위치한 가족, 집단 및 조직의 행동에 영향을 미치며, 그들에게서 영향을 받으며 변화된다. 지역사회는 거의 모든 학문 분야와 전문 분야에서 주요한 관심사가 되고 있다.

그리고 현대 사회에서의 대인복지 서비스란 일반적으로 사회복지 중에서 생활상의 곤란한 문제에 직면하는 개인, 가족 및 집단에 대하여 각각의 대면적인 관계를 통해서 개별적·구체적으로 제공되는 서비스이다. 즉 대인복지 서비스는 이용자가 생활하고 있는 지역사회를 기반으로 한 원조가 중시되고 지역 주민이나 시설, 기관, 서비스 등의 사회 자원의 활용과 정비가 중요하고 경제적 서비스와 비교해서 명확한 최저 기준의 설정이 어렵고 공식, 비공식 서비스를 포함한 지역사회와의 연계성이 필요하다. 그리고 시설복지에서의 대인복지 서비스의 문제점에 대해 지역사회를 중심으로 하는 재가복지 서비스로 확대되었다.

즉 지방자치제하의 지역사회복지는 그 핵심이 대인적 사회복지 서비스를 어떻게 효율적으로 제공하는가가 중요한 문제이다. 또한 중앙 정부에 의해서는 개별적 또는 대면적 접촉을 요하는 대인적 사회복지 서비스의 활성화가 되지 못하였으나 지역사회를 단위로 하여 대인적 복지 서비스를 전문적으로 실시하여야 한다.

2_ 조 직

1. 조직의 이해

(1) 개 념

조직은 특정한 목적을 달성하기 위해서 의도적으로 설립한 체계로서 일정한 크기와 구조를 가지고 구성원들이 업무에 의해서 상호 관련되어 있는 사회적 단위이다. 또한 조직은 계획적인 활동을 통해서 일정한 활동 영역을 가지고 있는 관리 구조인 것이다.

조직과 유사한 개념으로는 집단, 기관, 체계 등이 있으나 조직의 개념과는 다소 차이가 있다. 집단은 공통적인 목적을 가진 사람들이 모여 상호작용을 하는 집합체이며, 기관은 공공의 이익을 위해 설립된 공식적인 조직을 말한다. 체계는 상호 의존적인 관계를 가지고 있는 구성요소들로 이루어진 집합체인 것이다(이근홍, 2003).

우리가 조직을 연구하고 배움으로써 얻는 유익이 무엇인가를 생각해 보면 다음과 같다. ① 인간 행태의 보다 나은 이해를 할 수 있다. 인간의 삶의 종합적인 장소로서 조직은 인간과 불가분의 관계를 갖고 있다. 즉 인간은 조직 속에 태어나서 조직 속에 살다가 조직 속에서 죽는다. 따라서 조직은 인간을 이해하는 데 매우 중요한 영역을 제공해 준다. ② 조직의 설계를 위한 보다 나은 대안을 마련하고 선택하는 데 도움을 준다. ③ 보다 나은 관리 기술을 발전시킬 수 있다. ④ 조직의 기능에 대한 이해를 증진시킨다. ⑤ 조직의 목표를 보다 효율적으로 달성시킬 수 있는 방법을 체득하게 한다. ⑥ 조직 구성원이 심리적으로 보다 만족하고 행복하며 건강하게 되는 방법을 발견할 수 있다. ⑦ 조직에 대한 사회적 욕구가 무엇인가를 파악하고 그 효율적인 실현 방법을 탐구할 수 있게 한다. ⑧ 조직이 그 자신을 둘러싸고 있는 환경의 자원을 잘 활용하는 능력과 지혜를 갖게 한다.

(2) 사회복지행정 조직

사회복지행정 조직은 사회복지 서비스를 생산하고 이를 공급하는 주체로 이해될 수 있다. 사회복지행정 조직은 사회복지 서비스 전달 체계로도 불려지는데 이들 개념 간에는 약간의 차이가 있다. 사회복지행정 조직은 사회복지 서비스를 생산하고 공급하는 조직 체계로서 이 조직은 기획, 의사결정, 정책 결정, 인사 관리, 재무 관리, 의사 전달, 리더십, 욕구 조사 및 평가 조사와 같은 관리 활동을 전개하여 사회복지 서비스가 효과적이고 효율적으로 전달되도록 한다. 그리고 사회복지 서비스 전달 체계는 사회복지행정 조직이 생산한 서비스를 소비자(요보호자, 클라이언트, 수급권자)에게 전달하는 과정에서 활동을 전개하는 수평적·수직적 조직 체계라 할 수 있다. 즉 사회복지 서비스 전달 체계는 사회복지행정 조직을 포함하여 조직들 간의 연결 체계까지도 포함하는 좀더 넓은 개념이다.

2. 조직의 특성

일반적으로 조직이라 하면 다양한 정의가 있지만 이를 취합하여 정의를 내리면 조직이란 일정한 환경하에서 특정의 목표를 달성하기 위한 분업 체제라고 할 수 있다. 즉, 주어진 환경에서 특정 목표를 달성할 목적으로 의도적으로 구조화된 계획적 단위라고 정의할 수 있다.

이러한 조직의 특성을 이해하기 위하여 그 구성요소를 살펴보면 5가지로 구분하여 살펴볼 수 있다. 즉 ① 사회적 구조, ② 구성원, ③ 목표, ④ 기술, ⑤ 환경이다.

조직은 우선 구조화된 틀을 갖추고 있어야 하기 때문에 사회적 구조가 주요 요소가 된다. 사회적 구조란 가치, 규범 및 역할 기대 등에 의하여 구조화된 규범적 구조와 행동적 구조를 의미한다. 조직은 사회적 구조를 만들고, 목표 달성을 수행할 구성원이 있어야 한다. 목표는 구성원들이 과업 활동을 통해서 이루고자 하는 바람직한 미래의 상태를 의미하는데, 목표는 조직이 존재하는 궁극적인 원인이 된다.

조직은 목표를 달성하기 위하여 구성원들이 필요한 기술을 사용하게 되는데 기술은 물질적 장비와 더불어 비물질적 지식과 기술을 포함한다. 그리고 조직은 사회적 체계로서 더 큰 단위의 사회적 체계 속에서 물리적·기술적·문화적·사회적 조건들과 같은 환경과 관련을 맺고 존재하기 때문에 조직에서 환경이 중요한 요소 가운데 하나이다. 또한 조직은 그것이 하나의 사회적 체계이기 때문에 조직의 특성적 요소들이 독립적인 특성을 가지면서 다른 구성요소들에게 영향을 주기도 하고, 그것들로 영향을 받기도 하는 상호 의존적이고 상호작용적인 관계를 갖는다. 이는 개방 체제의 관점에서 조직을 바라보는 것이다.

3. 사회복지에 있어 조직의 특성과 결정 요인

(1) 특 성

사회복지 조직에 있어서 조직의 특성을 살펴보면 다음과 같다(박차상, 2001).

1 클라이언트의 중심성

사회복지 조직은 사회적으로 취약 계층의 욕구를 충족시켜 주기 위해서 존재하고 있다. 따라서 인간을 대상으로 하는 조직이기 때문에 다른 어떤 조직보다 서비스 제공의 성격이 강하다.

그러므로 길버트와 스펙트(Neil Gilbert and Harry Specht)는 사회복지 행정 조직이 접근성과 통합성 그리고 지속성을 유지하여야 한다고 주장하고 있다. 즉 사회복지행정 조직은 클라이언트가 쉽게 접근할 수 있어야 하고, 조직 상호간의 유대 관계를 통하여 종합적이고 포괄적인 치료를 하여야 효과적이고, 장기간에 걸쳐서 복지 서비스가 제공되도록 구조화되어야 한다는 것이다. 이를 위한 방안으로 조정, 시민 참여, 역할 부여, 전문직 분리, 특수 접근 구조, 의도적인 중복화 등을 제시하고 있다.

2 조직 구조의 탄력성

일반적으로 조직의 목표가 추상적이고 유동적일수록 조직 구조가 탄력적이어야 한다. 사회복지행정 조직의 목표도 추상적이고 장기적인 경우가 많기 때문에 일반 행정 조직의 구조에 비하여 탄력적이다. 조직 구조의 탄력성은 현대 사회의 모든 조직에게 요구되는 것이지만 사회복지행정 조직에서는 특히 그 목표와 관련하여 요구된다고 할 수 있다. 왜냐하면 조직 구조가 경직되고 계층화되어 있으면 복잡 다양한 클라이언트의 욕구를 충족시키기 어렵기 때문이다.

따라서 사회복지 조직 체계에는 공식적인 계층제 구조를 하고 있지만 실제에 있어서는 권한이나 책임이 사회복지사 혹은 업무 집단에 분산되어 있다. 예를 들면 사회복지사는 개별 클라이언트와 면접을 통해서 개별 지도의 목표를 설정하여 행동을 한다. 또한 어떤 사회복지 조직에서는 환경의 변화가 급속하기 때문에 사무 처리에 있어서 상부 계층의 주도권 행사나 통제가 어려운 경우가 있는 것이다. 그러므로 사회복지행정 조직은 탄력성을 유지하기 위하여 공식적인 조직을 임시 구조화할 수 있도록 하여야 하며, 동시에 주어진 공식적인 조직 내에서 구성원들의 기능을 활성화해야 한다.

3 전문적인 조직

사회복지행정 조직은 전문적인 혹은 준전문적인 조직에 해당된다고 할 수 있다. 에치오니(A. Etzioni)는 모든 행정 조직을 비전문 조직으로 분류하고 있지만 행정 조직 가운데 공공 사회복지행정 조직은 다른 분야의 조직에 비하여 전문성이 요구된다. 더구나 동일한 사회복지행정 조직가운데서도 일선에서 클라이언트와 직접 접촉하는 보건복지사무소나 사회복지관의 경우에는 보다 더 전문 조직이라고 할 수 있다. 따라서 사회복지행정직, 사회복지 전문 요원 혹은 의사나 간호사와 같은 전문직에서는 전문적인 권위와 자율이 강조되는 것이다.

(2) 조직의 결정 요인

조직의 결정 요인은 일반적으로 역할, 지위, 권력으로 구성되어 있는데, 사회복지 조직에 관련하여 살펴보면 다음과 같다.

1 역 할

조직에 있어 역할이란 사회적 관계에서 어떤 위치를 점하는 사람들이 해야 할 것으로 기대되는 행동의 범주이다. 역할은 기능이나 임무, 일, 과제, 직무 등으로 표현되는 경우도 있다. 역할은 그것을 맡는 사람이 바뀌더라도 변하지 않는 일정한 속성을 가지는데 사람들은 특정한 역할 담당자가 그들의 기대를 충족시켜야 할 의무가 있다고 생각한다.

2 지 위

지위란 어떤 사회적 체계 속에서 개인이 점하는 위치의 비교적인 가치 또는 존중도를 의미한다. 그리고 지위는 다른 사람들이 부여하는 것으로 타인의 지각과 평가에 달려 있다. 따라서 조직 내의 지위는 불균등하게 배분되어 차등적 지위에 따라 여러 가지 사항이 달라진다.

3 권 력

권력이란 어떤 개인 또는 집단이 다른 개인 또는 집단의 형태에 영향을 미칠 수 있는 능력을 말한다. 권력은 조직 구조의 근간을 형성하고 역할과 지위를 연결 짓고 인간행동을 규합하는 특성이 있다.

4. 조직의 유형

(1) 클라이언트의 상태와 조직의 기술

사회복지 조직의 주요 고객인 클라이언트와 조직이 클라이언트를 변화시키기 위하여 사용하는 기술에 따라서 사회복지 조직을 6가지 유형으로 분류할 수 있다.

클라이언트는 정상 기능을 하는 클라이언트(normal functionating client)와 비정상적인 클라이언트(malfunctionating client)로 구분하고, 사회복지 조직에서 클라이언트를 변화시키기 위하여 사용하는 기술의 유형을 인간 식별 기술, 인간 유지 기술, 인간 변화 기술로 나눈다.

여기서 인간 식별 기술(people-processing technology)이란 클라이언트의 개인적 속성을 변화시키지 않고 다른 사회 집단으로부터 바람직한 반응을 보일 수 있는 명칭 부여와 공식적인 지위 부여를 함으로써 클라이언트의 변화를 시도하는 것을 말한다. 예를 들면 '정신질환자' '대학생' '암환자' 등과 같이 클라이언트를 식별하여 분류하고 배치하는 것을 통하여 변화를 시도하는 것을 말한다.

인간 유지 기술(people-sustaining technology)이란 클라이언트의 개인적인 복지와 안녕의 약화를 예방하거나 완화시키거나 혹은 현 상태로 유지하도록 하는 것을 말한다. 예를 들면 병약한 노인을 요양원 같은 수용 시설에 수용·보호하는 것, 생계 유지를 위한 금품을 지급하는 것 등이다.

인간 변화 기술(people-changing technology)이란 클라이언트의 개인적 속성에 변화를 가하는 것인데, 예를 들면 사회심리적 상담, 교육, 의료적 치료와 같은 것을 들 수 있다.

그리고 이 2가지 클라이언트와 클라이언트에 적용하는 기술을 조합하여 | 표 4.3.1 | 과 같이 6가지 유형으로 분류할 수 있는 것이다.

| 표 4.3.1 | 클라이언트의 상태와 조직의 기술에 의한 사회복지 조직의 유형

클라이언트 유형	사용 기술 유형		
	인간 식별 기술	인간 유지 기술	인간 변화 기술
정상 기능	유형 I	유형 III	유형 V
		사회보장형	공립학교
	신용카드회사	요양 시설	YMCA
비정상 기능	유형 II	유형 IV	유형 VI
	소년법원	공적부조사무소	병 원
	진료소	요양 시설	수용치료센터

(2) 업무의 통제성에 따른 사회복지 조직의 분류

업무의 통제성을 기준으로 사회복지 조직을 분류해 보면 다음과 같다. 즉 관료 조직, 일선 조직, 전면 통제 조직, 투과성 조직으로 구분할 수 있다. 이를 구체적으로 살펴보면 다음과 같다.

관료 조직이란 공식적인 조직과 규정, 위계적 권위 구조, 명확하고 전문화된 분업, 문서에 의한 업무 처리, 기술적 자격에 기초한 신분의 보장 등을 특성으로 하는 합리적인 통제 체제의 조직을 말한다.

일선 조직이란 조직의 주도권이 일선 업무를 진행하는 단위 조직에 주어져 있고, 각 업무 단위 조직은 상호 독립적으로 업무를 수행하고 사무 단위의 직접적인 통제가 어려운 조직을 말한다.

전면 통제 조직이란 클라이언트를 시설에 강제적으로 수용하거나 자의적으로 수용하였다 하더라도 관리자가 수용자를 강하게 통제할 수 있는 권한을 가지는 조직을 말하며, 구체적인 조직의 예를 들면 정신병원, 기숙사, 교도소, 요양 시설과 같은 조직이다.

투과성 조직이란 조직의 구성원 혹은 참여자가 자발적으로 참여하며, 개인의 가정과 사적인 생활에 침해를 받지 않고, 조직의 문화나 규정에 의한 통제성이 약하고, 조직의 활동이 거의 노출되는 조직인데 예를 들면 자원봉사활동 조직과 같은 조직이다.

(3) 공식 조직과 비공식 조직의 개념

공식 조직이란 조직의 정관이나 운영 규정에 의하여 임명되고 선출된 이사회, 행정 책임자, 직원 및 위원회 등의 배열이며 조직의 기구표에 표시된 지위 관계를 의미한다. 즉 조직의 목적을 달성하기 위하여 인위적으로 만들어진 분업 체제인 것이다.

반면에 비공식 조직 혹은 자생 집단이란 공식 조직 안에서 자연발생적으로 일부 구성원들 간에 맺어지는 집단을 의미한다. 즉 조직 구성원들이 일상적인 접촉을 하는 과정에서 자연발생적으로 형성된 인간관계 및 역할 관계로 구조화된 집단을 의미하는 것이다. 공식 조직을 '제도상의 조직'이라면 비공식 조직은 '현실상의 조직'이라고 할 만큼 거의 모든 조직에 존재한다. 공식 조직과 비공식 조직을 비교하여 보면 다음과 같다.

① 공식 조직은 인위적 조직인데 비하여 비공식 조직은 자연발생적이다.
② 공식 조직은 외면적 혹은 외재적인 조직인데 비하여, 비공식 조직은 내면적 혹은 내재적인 조직이다.
③ 공식 조직은 성문화된 조직인데 비하여, 비공식 조직은 성문화되어 있지 않고 자연적으로 성장하여 만들어진 조직이다.
④ 공식 조직은 능률의 논리에 의해 운영되는 조직인데 비하여, 비공식 조직은 감정의 논리에 의해 운영되는 조직이다.

⑤ 공식 조직은 전체적인 질서로 움직이는 조직인데 비하여, 비공식 조직은 부분적인 질서로 움직이는 조직이다.

⑥ 공식 조직은 방대한 규모로 확대되는 조직인데 비하여, 비공식 조직은 소집단 상태를 유지한다. 따라서 비공식 조직은 집단이론과 집단역학이론이 적용된다.

(4) 계선 조직과 막료 조직(수직 조직과 수평 조직)

조직의 구조는 크게 2가지 차원으로 나누어 살펴볼 수 있다. 조직의 업무들이 분화된 정도를 나타내는 수평적 분업화와 권한이나 명령 계통을 나타내는 수직적 계층화의 정도로써 조직 구조를 이해할 수 있다.

수직 조직을 계선 조직이라고도 하고, 수평 조직을 막료 조직 혹은 참모 조직이라고도 한다. 여기서 수직 조직은 상하 명령 복종 관계를 가진 수직적이고 계층제적 계열을 형성하는 조직으로 공식 조직을 움직이는 중심 구조를 이룬다. 예를 들면 회장 - 부회장 - 부장 - 과장 - 계장 - 계원으로 연결되는 구조를 말한다.

이러한 수직 조직의 특징은 조직의 목표 달성에 직접적으로 기여하고, 결정권과 집행 권한을 가지고 있으며, 최고 책임자를 정점으로 계층제적 권한의 계열로 이루어져 있다. 그리고 분업화, 통합, 계층제, 통솔 범위, 명령 통일의 원리에 의해 체제 편성이 되어 있고, 서비스의 대상과 직접 접촉하여 서비스를 제공한다.

수평 조직은 수직 조직이 목표를 달성할 수 있도록 지원하고 조성, 촉진하는 기관으로 자문, 권고, 협의 조정, 정보의 수집, 기획, 통제, 인사, 회계, 홍보, 연구 등의 기능을 수행한다. 예를 들면 기획관리실, 총무과, 자료실, 경리과, 홍보실, 비서실, 자문위원회 등이 있다.

5. 조직과 사회복지실천

인간은 다양한 욕구와 잠재력을 가진 존재이기 때문에 합리적인 인간, 사회적인 인간, 자기실현 인간의 가정과 같이 단순한 것이 아니라 대단히 복잡한 존재라고 하는 것이 보다 현실적인 인간본질론이다. 이는 개인의 차이를 인정하는 가정이기 때문에 지도자는 훌륭한 진단가가 되어야 한다.

이러한 관점이 인간의 다양성을 강조한다고 해서 인간 행태의 일관성을 전적으로 부인하는 것이 아니고, 인간 행태를 일관성 있게 하는 여러 변수, 예를 들면 문화나 사회 제도 등이 작용하기 때문에 일정한 범위 내에서는 일관된 행태를 인정하고 있다. 그러므로 다양한 조직을 어떻게 접근하는냐는 전문적인 사회복지실천과 밀접한 관계를 가진다.

조직은 개인들로 구성된 하나의 사회체계이다. 조직 구성원인 개인은 조직과의 상호작용을 통해서 다른 구성원뿐만 아니라 전체 조직에 영향을 미치며, 조직은 또한 구성원 각자의 행동에 영향을 미친다. 즉 개인은 조직을 통해서 자신의 욕구를 충족시키고 다른 구성원의 조직행동에 영향을 미치며, 조직은 개인을 활용하여 목적을 달성한다.

조직은 사회환경과 상호작용을 하면서 생존해 나간다. 즉 조직은 끊임없이 환경 변화를 선택적으로 흡수하면서 환경에 적응하며, 사회환경은 조직 내의 개인이나 집단의 행동에 직접적 또는 간접적으로 영향을 미친다. 이와 같이 조직과 사회는 상호 의존적이며, 조직은 사회를 떠나서 존립할 수 없고, 사회는 조직의 업적을 통해서 변화된다.

그리고 인간관은 인간의 존재를 무엇으로 보는가에 관한 관점을 말한다. 인간은 기계가 아니며, 복잡한 정신 능력을 가지고 이성적·합리적 속성과 감성적·비합리적인 속성을 동시에 지닌 존재인 것이다.

조직이 인간 개인들로 구성된 실체이며, 인간들의 집합체로 간주한다면 합리적인 면과 비합리적인 인간 속성의 연속선상에서 조직의 본질을 이해해야 할 것이다. 인간의 본질과 조직의 본질을 연속선상에 있는 것으로서 파악하면 조직 현상을 설명하고 조직의 효과적인 관리를 위해서 인간의 본질을 먼저 이해하여야 한다는 것을 의미한다.

Chapter 4

문화

1_ 문화의 개념

문화라는 용어는 라틴어의 cultura에서 파생한 culture를 번역한 말로 본래의 뜻은 경작(耕作)이나 재배(栽培)였는데 나중에 교양, 예술 등의 뜻을 가지게 되었다. 그리고 문화라는 용어는 매우 다양하며 국가와 시대 또는 지역에 따라 조금씩 달라진다. 문화는 자신이 속한 사회의 문화를 내면화하여 사회 구성원으로 사회화되어 가며, 사회적 관계나 상호작용을 통하여 새로운 문화를 창출하기도 한다.

문화는 전체 사회 속에 존재하는 개인, 집단, 조직 및 지역사회에 영향을 미치는 거시 체계로서 세대 간에 전승되면서 직접적·간접적으로 사회의 모든 성원들에게 영향을 미친다. 한편 문화는 가장 작고 기본적인 요소인 문화 특질로 나누어지며, 특질들이 모여 복합적인 형태인 문화 복합을 이루고, 다양한 하위 문화들이 모여 전체 문화를 구성하고 있다. 하위 문화는 한 사회 속에서 공존하며 특별한 생활양식, 가치 체계, 행동 양식 등을 발전시키고 사회의 문화적 내용을 이루어 다양한 집단에 영향을 미친다. 이와 같이 문화는 사회의 가치, 규범, 신념 체계 등이 사회 구성원들에게 내면화되어 그들의 행동에 중대한 영향을 미친다.

또한 문화는 특정한 인간 집단이나 지역에서 특징적으로 나타나는 생활양식으로서 선천적으로 가지고 태어나는 것이라기보다는 후천적으로 특정한 사회에서 성장하는 과정 속에서 익히는 것이다. 이것은 인간이 생존을 위한 필수적인 요소이면서 거의 무의식적으로 인간의 행동과 사고에 영향을 미친다(한상복 · 이문웅 · 김광억, 1997).

문화는 사회의 생활 방식으로서 인간의 행동에 영향을 미치는 상위 체계이다. 인간은 특정한 사회 속에서 태어나 그 사회가 가지고 있는 문화를 배우면서 사회의 구성원으로 사회화되며, 사회의 문화에 영향을 미친다. 즉 인간은 독특하게 문화를 지니고 있는 사회적 존재로서 문화에 적응하면서 살아가며 문화를 변화시킨다. 따라서 문화란 인간의 생활양식으로서 특정한 민족이나 사회가 지속적으로 간직해 온 다양한 분야의 생활의 모습이며, 인간의 생존에 필수적인 요소로서 사회 구성원들에게 내면화되어 인간 행동에 영향을 미치는 사회체계라고 할 수 있다(이근홍, 2003).

2_ 문화의 이해

1. 문화의 특성

문화는 역사 속에서 인간들에게 전승되므로 개념에서 살펴본 바와 같이 서로 다양하게 나타나고 있지만 나름대로 서로 유사한 내용을 지니고 있는데 그 특성을 살펴보면 다음과 같다.

첫째, 문화는 창조되고 학습되어 전승되어진다는 것이다. 즉 문화는 사회생활을 통해 성장하면서 학습되는 것으로 인간은 특정의 문화를 갖고 태어나는 것이 아니라, 인간이 성장 과정에서 학습을 통해 문화를 습득한다.

둘째, 문화의 구별성과 공유성이다. 한 사회의 구성원들 개개인의 독특한 취향이나 버릇이 아니라 다른 사회의 구성원들과 구별되는 어떤 공통적인 공유성을 지니고 있다는 것이다. 문화는 학습에 의하여 사회적으로 습득되고 전달되지만 학습이나 사회적 전달도 그 자체만으로 인류에게 전해지는 것은 아니고 사회적 전달도 몸짓이나 음성에 의해 전달된다.

셋째, 문화는 보편성과 다양성을 가지고 있어야 한다. 즉 문화란 한 사회의 구성원들 개개인의 독특한 취향이나 버릇이 아니라 다른 사회의 구성원들과 구별되는 어떤 공통적인 경향인 것이다. 인간행동의 많은 부분은 그가 소속해 있는 집단의 행동 양식을 따르는 것이며, 이러한 행동 양식은 집단 구성원들끼리 서로가 공유하고 있다.

넷째, 누적성과 전체성이다. 문화는 의사 전달의 상징적인 수단인 언어를 통해서 세대 간에 전승되며, 축적되어 나간다. 즉 이것은 한 세대에 이루어진 것이 다음 세대로 전해져 내려가고, 시간이 지남에 따라 각 세대에서 이루어진 것들이 추가되면서 계속적으로 쌓여간다.

다섯째, 문화는 변한다. 문화를 구성하고 있는 부분들은 상호 밀접한 관련을 맺고 있어서 한 영역에서의 변화는 그 영역은 물론 다른 영역들에 변화를 초래한다.

2. 문화와 인간발달

문화는 여러 가지 측면에서 간접적으로 인간행동에 영향을 미친다. 심리학자나 사회학자들은 인간에 대한 영향력을 강조하고 있다. 사실 문화는 인간의 느낌과 일상생활의 행동 및 의식주, 언어 등 많은 부분에서 영향을 미친다. 그리고 이런 다양한 요인들이 인간행동에 영향을 미치고 있기 때문에 인간은 자신도 모르게 문화의 영향을 받으면서 행동하고 있는 것이다.

3. 집단 문화

집단 문화는 집단 구성원들이 공통적으로 갖고 있는 가치, 신념, 관습 등을 의미한다. 그리고 이러한 집단 문화는 성원들 간의 의사소통과 상호작용에 의해 용해되어 있기 때문에 쉽게 나타나지 않는다. 그리고 집단 문화는 다른 문화와는 달리 의도적으로 집단 경험을 얻기 위해 집단 문화를 만드는 경우가 많다.

3_ 문화의 접근 방법

1. 문화의 보편성과 상대성

(1) 보편성

문화의 보편성이란 인간이 사회를 존속시키기 위해 필요한 요건들이라 할 수 있다. 이러한 보편성에는 이성 관계와 재생산의 문제와 역할 분화와 자원의 배분, 의사소통, 공통된 목표, 목표 달성의 수단과 폭력의 통제, 사회화, 감정 표출과 긴장 해소 등이 있다.

(2) 다양성

문화는 사회마다 공통적인 요인도 있지만 나름대로 많은 다양성을 지니고 있다. 우리가 흔히 말하는 동·서양의 문화 비교가 그러하다. 문화의 다양성 또는 사회적 특수성은 사회 간의 차이와 사회 내의 차이로 구분할 수 있다. 그리고 문화의 다양성은 인간의 적응력, 창조력, 지능, 선택 등의 다양한 요인에 의해 달라진다.

그러므로 같은 사회에서 문화의 차이가 발생하는 것은 개인적인 차이, 특정한 직업 활동 등에 따라 선택 가능한 전문적인 규범이 생길 수 있는 것이다. 또한 우리 사회의 부분 집단, 부분 범주 현상에 의해 문화의 다양성이 발생한다.

2. 문화의 절대성과 상대성

(1) 민족 중심주의

민족 중심주의란 한 집단이나 사회의 성원들이 자기네 문화가 옳은 것이며 가장 우수하다고 믿는 태도를 말한다. 부정적으로 말하면 다른 문화를 부정하거나 좋지 않는 방향으로 생각하는 것이다. 민족 중심적 편견이 인간의 사회생활에 미치는 영향이 중요하다. 어떤 사회이든 얼마만큼의 집단 정체감이나 자존심은 있기 마련이다. 그래서 민족 중심주의는 이와 같은 집단 구성원들의 동류 의식, 집단 소속감 같은 것을 장려해 줌으로써 사회 통합과 질서 유지에 기여하기도 한다.

(2) 문화적 상대주위와 다원성

어떤 집단의 성원이라도 어느 정도의 민족 중심적 편견을 가지고 있으나 그것이 지닌 부정적인 효과 때문에 문화적 상대성과 다원성을 강조함으로써 이를 해소시키는 데 도움을 주고 있다. 문화의 상대주의란 어떤 문화적 가치관이나 관행이더라도 평가를 할 때에는 반드시 특정 사회와 특수한 역사적 시대의 맥락 속에서 그 문화의 가치 기준에 따라 판단해야 한다는 것이다. 문화적 상대주의라고 해서 남의 문화만 용납하는 것이 아니고 최소한의 존중과 이해가 서로 대치해야 한다는 것이다.

4_ 문화와 사회복지실천

문화는 사회복지실천의 대상이 되는 개인, 가족, 지역사회 등과 사회복지사에게 많은 영향을 미친다. 그러므로 이러한 문화의 영향에 따라 사회복지실천의 방향이 달라질 수 있다. 우리나라의 경우 문화의 다양성이 적어 아직까지는 사회복지실천에서 문화의 영향이 적다고 볼 수 있으나, 앞으로 그 중요성은 증가할 것이다.

그리고 문화는 인간의 생활양식으로 세대 간에 전승되면서 사회 구성원들에게 내면화되어 인간행동에 영향을 미치는 사회체계이다. 문화에 대한 이해는 사회복지실천에서 다양한 종교, 문화, 인종, 민족 등의 배경을 가진 클라이언트와 일하는 사회복지사에게 그들에 대한 이해를 촉진할 수 있다. 또한 이것은 클라이언트의 행동을 예측하여 대처할 수 있게 하며, 그들에게 적절한 서비스를 제공할 수 있도록 한다.

문화는 사회복지실천의 관점 중에서 민족학 관점에서 일할 수 있는 기반이 된다. 민족학 관점은 클라이언트들이 여러 민족 집단으로 구성되어 있을 때, 그들의 다양한 인종적·문화적·종교적 배경에 세심한 관심을 갖고 개별화하여 그들의 특정한 상황과 문제를 이해하고 수용하며 그들의 욕구와 문제를 해결하는 방법이다. 이와 같이 문화는 사회복지실천에서 다양한 문화적 배경을 가진 사람들과 함께 일하는 데 유용하게 활용된다. 그러므로 다양한 문화와 인종이 같이 살아가는 국가에서는 사회복지실천에서 문화가 차지하는 비중은 매우 높다.

Chapter 5

사회체계와 사회복지실천과의 관점

1_ 관점의 변화

1. 대상의 변화

과거의 사회복지실천은 지역사회를 사회복지 대상으로 보지 않고 개인의 기능을 향상시키는 수단으로서 지역사회의 자원을 강조하고 있기 때문에 개인이나 집단 및 지역사회를 대상으로 보는 포괄적인 정의라고는 할 수 없다. 1950년대 후반부터 사회복지의 방법에는 사회복지사가 수행하는 어떤 공통적인 역할과 요소가 있다는 점에 착안하여 사회복지 통합 방법이 나오게 되면서 사회복지에 대한 포괄적인 정의들이 내려지게 되었다.

사회복지실천은 하나의 독립된 영역으로 구체적이고 쉽게 정의를 내린다는 것은 쉬운 일이 아니다. 왜냐하면 사회복지실천의 기능이나 사회복지 실천 과정에 대해 분명하고 간결한 정의를 내리지 못하고 있으며, 실천 방법과 실천 장면들이 매우 다양하므로 모든 내용을 포괄할 수 있는 정의를 내린다는 것은 쉬운 일이 아니기 때문이다. 이러한 사회복지실천에 대한 개념은 사회복지가 발달하던 초기에는 개인이나 개인의 성격 변화에 초점을 둔 정의들이 대부분이었다.

그러나 사회복지실천이란 다양한 사회적 욕구를 개인, 집단, 지역사회

차원에서 사회복지사가 다양한 사회 변화 과정을 통해서 욕구를 해결해 주는 과학적인 방법이라 할 수 있다.

이와 때를 같이 하여 1958년 미국사회복지사협회는 사회복지실천의 개념을 다음과 같이 3가지에 목적을 둠으로써 1930년대 사회복지의 제3의 방법으로서 수용되었던 지역사회조직사업이 사회복지실천 개념에 분명한 위치를 차지하게 되었다(고수현 외, 2002).

첫째, 개인과 집단으로 하여금 그와 환경 간에 불균형 상태가 일어났을 때 문제를 정확히 발견하여 그 정도를 경감시키거나 해결할 수 있도록 도와주는 일이다.

둘째, 개인 또는 집단과 그 환경 간의 상호작용 과정에서 발생할 수 있는 잠재적인 문제를 확인함으로써 양자 간에 불균형 상태가 발생하는 것을 사전에 예방한다.

셋째, 개인과 집단과 지역사회 내의 잠재력을 찾아내고 확인하며, 이를 강화시켜 준다.

미국사회복지사협회(NASW)의 정의는 사회복지실천의 통합적 방법을 활성화시키는 중요한 계기가 되었다고 할 수 있다.

2. 통합적인 개념

사회복지실천의 개념은 환경 속의 개인을 다루어 개인이 효과적으로 환경과 상호작용하도록 도와주는 것으로 어떤 방법으로 원조를 할 것인지에 따라 달리 해석되고 있다. 따라서 사회복지사는 사회복지실천에 대한 포괄적인 개념을 명백히 해두는 것이 필요하다.

사회복지실천에 있어 방법이란 여러 가지 방법을 통하여 클라이언트를 원조하는 것을 의미한다. 사회복지실천의 방법에는 여러 가지 방법들이 있는데, 최근에는 통합적 방법이 중요한 부분을 차지하고 있다.

1981년 미국사회복지사협회가 제출한 사회복지실천의 내용은 다음과 같다. 사회복지실천이란 다음과 같은 4가지에 있어 전문직으로서 개입하는 것이다.

첫째는 인간들이 발전적으로 문제를 해결하고 곤란에 대처할 수 있는 능력을 배양한다. 둘째, 인간들이 자원이나 서비스를 제공하는 사회 제도를 효과적 · 인간적으로 역할화할 수 있도록 추진한다. 셋째, 인간에 대한 자원이나 서비스나 기회를 제공하는 사회 제도를 개선하고 개발한다. 넷째, 현재의 사회 정책의 개선하고 개발한다.

이와 같이 사회복지실천은 인간이 일상생활에서 직면하게 되는 욕구나 문제를 개인, 집단, 가족 및 지역사회 수준의 접근 방법을 통하여 원만한 사회적 기능을 수행하도록 돕는 전문적 활동이다. 따라서 사회복지실천의 핵심은 사회적 기능 수행상의 문제를 중심으로 사회복지사와 클라이언트가 함께 활동하는 것이다. 또한 사회복지실천이란 다양한 사회적 욕구를 개인, 집단, 지역사회 차원에서 사회복지사가 다양한 사회 변화 과정을 통해서 욕구를 해결해 주는 과학적인 방법이라 할 수 있다.

2_ 실천 영역의 범위와 유형

1. 범 위

사회복지실천의 범위는 일률적으로 규정할 수 없다. 사회복지실천의 범위는 각국의 사회복지의 발달과 수준 등에 따라 달라지기 때문이다. 여기에서는 우리나라에 일반적으로 실시되고 있는 사회복지실천의 범위를 중심으로 살펴보고자 한다.

(1) 개별 실천

개별 실천이란 개인적 또는 사회적 문제에 직면하고 있는 개인을 일대일로 만나 문제 해결을 원조해 주는 활동이다. 그리고 이러한 활동은 클라이언트로 하여금 주변 환경에 적응하도록 도움을 제공하거나 개인에 영향을 미치는 사회경제적 상태를 지원하여 완화시켜 주는 것이다. 과거에는 개별사회사업이라고 불렀다.

(2) 집단 실천

일반적으로 집단 실천은 집단사회사업과 집단 치료로 구분하여 접근해 볼 수 있다. 집단 실천은 개별 실천에 비해 개인의 사회화 촉진, 정보 교환, 비행 예방 등을 포함하여 집단적인 차원에서 문제를 해결하는 방법이다. 즉 집단 치료는 집단 구성원 간의 상호작용이나 집단 내의 역동성을 활용해 개인이 갖고 있는 사회적 · 행동적 · 정서적 문제들이 해결될 수 있도록 하는 활동이다(엄명용 외, 2000).

또한 집단 치료는 개인의 부적응행동을 변화시키는 측면에서는 개별 치료 보다 효과적이고, 동일 문제나 유사한 문제를 지닌 집단의 클라이언트를 한꺼번에 치료한다는 면에서 경제적인 요인도 지니고 있다. 이런 측면에서 우울증 환자, 알코올 중독자 치료, 약물 중독자 등을 대상으로 집단 치료를 실시하면 효과적이다.

(3) 지역사회 실천

사회복지사는 인간과 환경 모두에 동시에 관여할 수 있도록 지역사회의 다양한 구조와 인구 구성, 사회 특성 등을 파악해야 한다. 즉 지역사회에 대해 교육을 받지 않았거나 경험을 갖고 있지 않다면 지역사회 계획 활동 등에서 전문적인 지역사회복지 활동을 실시하지 못할 것이다. 그러므로 효과적인 복지 서비스를 제공하고 지역사회의 복지 정책에 중요한 영향을 미치기 위해서는 지역사회에 대한 기본적인 지식의 획득, 정보의 수집, 지역사회의 변천 과정 등을 알아야 한다.

1970년대 전후로 커뮤니티케어(community care)라든지 커뮤니티워크(community work)라는 영국계의 용어가 사용된 것은 사회복지의 긴급 과제가 빈곤구제 정책에서 서비스 공급으로 변화한 것과 관계가 있다. 미국에서는 제6의 복지로서 휴먼서비스(human service)의 필요성의 제기되고 있으나 이 변화에서 가장 먼저 대응하기 시작한 것은 영국이었다. 1968년 씨봄(seeboom) 보고, 칼벤킨안 보고에서 1982년 버클레이 보고에 이르는 과정에서 지역사회에 의한 케어, 서비스 제공과 그것을 관리하고 운영하는 전문직의 자세가 논의되어 지역사회 실천의 이론과 실제가 정비되었다.

그리고 장애인, 노인, 아동 등 사회복지 이용자가 지금까지의 거주지에서 정상적인 생활을 계속하는 것이 사회복지의 과제라고 생각하는 정상화(normalization) 이념이 일반화되어 재가복지 서비스의 수요가 확대되었다. 각종 다양한 개별적 수요에 대하여 적절한 서비스 공급이 요구되었고, 이를 위해 지역서비스 공급 체계도 다원적으로 변화하지 않으면 안 되었다. 따라서 지역사회 실천은 지금까지와는 다른 전문성을 필요하게 되었고 그 중요성이 부각되었다.

(4) 가족 치료

가족 치료는 가족을 하나의 체계로 보며, 그 체계 속의 상호 교류 양상에 개입함으로써 가족 체계의 역기능적인 상호작용 패턴과 관계 구조를 변화시켜 인간의 문제를 해결하고자 하는 치료적 접근법이다. 즉 인간 문제의 원인을 개인적 요인에서 찾는 것이 아니라 가족 성원들 간의 관계의 문제로 보고 인간 문제의 원인을 가족 구성원들의 상호작용적 맥락에서 이해하고 해결하고자 하는 접근하는 것이다.

(5) 사례 관리

사례 관리는 복잡하고 다양한 욕구를 지니고 있는 클라이언트에게 장기적으로 공식적 또는 비공식적인 자원을 조직 또는 조정하여 서비스를 효과적이고 효율적으로 전달하는 것을 목적으로 하고 있는 사례 관리는 1980년대 이후 영국, 미국, 일본 등의 선진국에서 크게 주목을 받아왔다. 이들 국가에서 사례 관리란 재가복지 영역, 발달장애 영역, 노인복지 영역 등에서 효과적인 서비스 접근 방법으로 평가받고 있다.

우리나라에서도 최근 사회복지 환경의 급격한 변화에 따라 전통적인 실천 방법, 즉 개별사회사업, 집단사회사업, 지역사회 조직 등의 기능들을 수용하면서도 클라이언트의 다양한 욕구에 초점을 맞추는 사례 관리 접근 방법이 전문사회사업의 중요한 패러다임(paradigm)으로 인식되고 있다.

이러한 사례 관리는 최근 인간에 대한 서비스 체계에서 클라이언트를 원조하는 새로운 기법으로서 복합적인 욕구를 지닌 사람의 복지와 기능화를 최대화시키기 위해 고안된 활동들을 포함하는 개념으로서 많은 역할을 하고 있다. 또한 클라이언트 수준, 서비스들 사이의 조정, 서비스의 통합, 보호의 연속성이라는 사례 관리의 초점은 의료적·사회적·경제적 측면의 서비스가 일련의 연속적 과정으로 장기적으로 제공되어야 하는 클라이언트의 특성과 그 맥을 같이할 수 있다.

2. 사회복지실천의 유형

(1) 인간 체계 수준에 따른 사회복지실천

인간 체계는 주로 개인, 가족 및 집단, 조직, 지역사회, 전체 사회, 세계 등으로 이루어져 있다. 전통적으로 사회사업은 이러한 인간 체계 가운데 개인을 주로 대상으로 하는 개별사회사업(scoial case work), 가족 및 집단을 대상으로 하는 집단사회사업(social group work), 지역사회를 대상으로 하는 지역사회조직사업(community organization) 등 셋을 사회사업의 3대 방법으로 중요시해 왔다.

나아가서 전체 사회를 대상으로 하는 사회사업 정책, 사회사업 행정 등도 사회사업의 방법으로 발전해 왔다. 그러나 이러한 방법적 체계는 각기 나름대로의 발전을 달성하였지만 하나의 통일된 사회사업의 방법으로서의 정체감 확립에는 성공하지 못했기에 70년대 이후 사회사업 통합 방법론에 대한 논의들이 활발히 전개되고 있다.

(2) 범위별·분야별 사회복지실천의 분류

사회복지실천의 구체적인 분류를 위한 다양한 노력들은 대체로 다음과 같은 3가지 방향으로 정리해 볼 수 있다(김융일 외, 1995).

첫째, 방향은 사회사업의 실천 방법을 크게 대상 영역별로 구분하여 재편성해 내는 시도이다. 거시적(macro) 방법과 중도적(mezzo) 방법과 미시적(micro) 방법 등의 구분이 이에 속한다.

둘째, 방향은 클라이언트와의 접촉 유무에 따른 서비스별로 구분하고자는 시도이다. 직접적(direct) 서비스와 간접적(indirect) 서비스 등의 구분이 이에 속한다.

셋째, 방향은 실천 방법 체계하에서 전개되는 방법의 공통적인 기반을 확인하여 그것을 토대로 통합된 방법의 기본적 틀을 구축하려는 시도이다.

이는 일반적으로 사회사업의 통합적 접근을 기반으로 하고 있다. 사회치료(social treateent), 사회사업 실천(social work practice), 임상사회사업(clinical social work) 등의 구분이 이에 속한다.

1 거시적·중도적·미시적 방법

근린 지역, 공식적인 조직체, 지역사회, 전체 사회 등의 거시 체계에 대응하는 실천 방법과 개인, 가족, 소집단 등의 미시적 체계에 대응하는 방법으로 분류하여 전자를 지역사회조직론, 사회행동, 사회 계획 등의 방법을 포함하는 것으로 보고, 후자에는 개별사회사업, 집단사회사업 등을 포함시켜 통합화를 시도하고 있다.

이후 이러한 이분법적 구분을 탈피하여 조직과 지역사회 영역을 따로 떼어 거시적·미시적 방법의 중간적 성격으로서 중도적 방법으로 구분하기도 하였다.

2 직접적 서비스, 간접적 서비스

직접적 서비스는 사회복지사가 직접적인 클라이언트와의 접촉을 통하여 서비스를 제공하는 것을 말하고, 간접적 서비스는 사회복지사가 직접 클라이언트를 대면하지 않으면서 클라이언트의 문제 해결에 간접적으로 도움을 제공하는 것을 말한다. 다시 말하여 전자는 클라이언트에게 직접 대응하여 서비스를 제공하는 것으로 개별사회사업, 집단사회사업 등이 이에 속한다. 이에 비해서 후자는 서비스를 제공하는 제도나 기구, 정책 등에 초점을 두어 전개하는 방법으로서 조직적·정치적 체계에 대한 지식과 기능, 경영 관리와 정보 분석 기술 등의 체계화를 포함하는 지역사회 조직,

사회사업 행정, 사회사업 정책 등이 이에 속한다.

3 사회 치료·사회사업 실천·임상사회사업

미국을 중심으로 하여 전통적으로 사회사업의 3대 방법으로 체계화되어 온 개별사회사업, 집단사회사업, 지역사회조직사업은 1970년대 이후 여러 가지 비판을 받음으로써 새로운 방법으로의 모색을 하게 되었는데, 대표적인 것으로 사회 치료, 사회사업 실천, 임상사회사업 등을 들 수 있다.

* 사회 치료

사회 치료적 접근의 기원을 사회사업학에서 찾고 그것을 '새롭고도 오래된 돕는 방법'이라고 말하고 있다. 그는 또한 사회 치료를 '개인과 가족 집단으로 하여금 그들의 사회 문제를 처리하고 사회 기능을 개선하도록 돕는 전반적인 방법'이라고 정의를 내리고 있다. 그는 또한 이 용어의 기원을 초창기 사회복지사업에 두고 있으며 리치먼드와 같은 학자가 사회 치료를 사회 집단의 측면에서 이해함으로써 이 용어를 중요시했음을 지적하고 있다.

* 사회사업 실천

1970년대 이후 미국 사회사업 실천 방법 분야에서는 2가지의 개념이 등장하게 되었다. 즉 그것은 직접적인 실천과 간접적인 실천 사이의 분명하게 구분되지 않았던 복합적인 서비스 개입, 그리고 과제들을 하나의 우산 밑으로 포괄하는 개념으로서의 사회사업 실천(social work practice)과 1978년 NASW에 의해 전문직으로서 공식적으로 인정한 '임상사회사업 실천(the practice of clinical social work)'인 것이다.

* 임상사회사업

사회사업 실천가 또는 실천의 형태로 묘사되는 '임상적(clinical)'이라는 용어의 사용은 (그 어원은 그리스어에서 유래되고 문자 그대로 환자의 머리맡에서(at the bedside)라는 의미이다) 논쟁의 대상이 되어 왔다. 비판하는 사람뿐만 아니라 지지하는 거의 모든 사람들은 그것에 대한 나름대로의 의견을 가지고 있다. 임상사회사업 California 협회는 전문적인 명칭으로 그 용어를 최초로 사용하였다.

_Reference

PART 1 | 인간행동의 이해와 사회복지실천

현정환(1998). 『영유아 심리학』. 문음사.

현정환 · 후쿠시마 오사미(2002). 『상담심리 그리고 이론』. 창지사.

詫摩武俊 · 飯島婦佐子 (1982). 発達心理学の展開 新曜社.

滝本孝雄·鈴木乙史·清水弘司 編著 (1985). 性格の心理 福村出版.

増田末雄 外5人 共著 (1996). 心理学一人間行動の基礎的理解 福村出版.

Bandura, A. (1971). 原野広太郎 · 福島脩美『モデリングの心理学』金子書房.

Bandura, A. 福祉広太郎(監訳) (1979). 社会的学習理論 金子書房.

古浦一郎(編) (1972). 最新児童心理学 誠信書房.

大橋秀夫 (1981). 精神分析読本 サイエンス社.

福島脩美 (1978). 認知的制御 ー行動理論と認知理論の交点ー 心理学評論, 21(3). 281-292.

北尾倫彦 (1985). 子どもの心理と教育 創元社.

上武正二ほか 2人(編) (1974). 児童心理学事典 協同出版.

外林大作 (1983). フロイトの読み方 誠信書房.

羽生義正(編著) (1988). 現代学習心理学要説 北大路書房.

祐宗省三 (1982). 発達と教育 第一法規.

祐宗省三(編) (1982). 乳幼児心理学 協同出版.

園原太郎編 (1980). 認知の発達 培風館.

佐藤方哉 (1976). 行動理論への招待 大修館書店.

佐治守夫 · 飯長喜一郎(編) (1983). ロジャース · エンカウンター中心療法 有斐閣.

佐治守夫(編) (1970). 人格 講座心理学10 東京大学出版会.

土居健郎 (1967). 精神分析 創元社.

八木冕(監) 佐々木正伸(編) 学習 I(現代基礎心理学 5) 東京大学出版会.

八木冕(監) 佐々木正伸(編) 学習 II(現代基礎心理学 6) 東京大学出版会.

平井久編 (1967).『子供の行動形成』新曜社.

アッカーマン, N. (1958). 石原潔外 1 人訳『家族関係の理論と治療』岩崎学術出版社.

サイム, M. 著(星訳) (1982). 子どもの目から見た世界 誠信書房.

ジェドリン, E. T. (村瀬孝雄訳) (1966). 体験過程と心理療法 ナツメ社.

ビーチ, H. R. 藤野 武(訳) (1974). 人間行動の変容 一行動療法の原理と技法 誠信書房.

ブリアリイ, M. 他著(山内訳) (1970). 幼児·児童教育のためのピアジェ入門 川島書店.

フロイト, A. (1959). 北見芳雄·佐藤紀子訳『児童分析』誠信書房.

フロイト, S. (生松敬三訳) (1975). 自叙·精神分析 みすず書房 フロイト著作集(全 8 巻) 人文書院.

ボウルズ, R. C. 今田 寛(訳) (1982). 学習の心理学 培風館.

マスロ, A. H. 佐藤吉一訳 (1973).『人間の最高価値』誠信書房.

マスロ, A. H. 佐藤三郎·佐藤全弘訳 (1972).『創造的人間』誠信書房.

リュケ, G. H. 著(須賀監訳) (1980). 子どもの絵 金子書房.

ロジャース, C. R. (福村正治編訳) (1967b). 人間論 岩崎学術出版社.

ロジャース, C. R. (伊東 博編訳) (1966). サイコセラピイの過程 岩崎学術出版社.

ロジャース, C. R. (伊東 博編訳) (1967a). パースナリティ理論 岩崎学術出版社.

ロジャース, C. R. (菖瀬直子訳) (1982). エンカウンター·グループ 創元社.

ロッター, J. B. 他(詫摩武俊 外2人 訳) (1980). Personalityの心理学 新曜社.

Aems, L. B. (1989). Arnold Gesell-Themes of his work. Human Science Press.

Bandura, A. (1971). Psychological Modeling. Aldine Atherton.

Bandura, A. (1977). Social Learning Theory. Prentice-Hall.

Berry, K., & Cook, V. (1980). personality and behavior. In Rie, H., & Rie, E. (eds.)

Handbook of minimal brain dysfunction. New York: Wiley.

Buhler, Charlotte & Melanie Allen (1972). Introduction to Humanistic Psychology. Monterey, Calif.: Brooks/Cole.

Dennis, W. (1972). Historical readings in developmental psychology. Applenton Century Crofts.

DeVries, R. (1969). Constancy of generic identity in the years three to six. Monographs of the society for research in child development, Vol. 34, No. 3, serial No. 127.

Eysenck, H. J. (1960). The structure of human personality(2nd. Ed.). Methuen & Co. Ltd. (London).

Flavell, J. H., Flavell, E. R., & Green, F. L. (1983). Development of the appearance-reality distinction. Cognitive Psychology, 15, 95-120.

Freeman, N. H., & Janikoun, R. (1972). Intellectual realism in children's drawings of a familiar object with distinctive features. Child Development, 43, 1116-1121.

Harris, P. L., Brown, E., Marriott, C., Whittall, S., & Harmer, S. (1991). Monsters, ghosts and witches : Testing the limits of the fantasy-reality distinction in young children. British Journal of Developmental Psychology, 9, 105-123.

Hilgard, E. R., & Bower, G. H. (1975). Theories of learning(4th ed.). Prentice-Hall.

Hughes, M., & Donaldson, M. (1979). The use of hiding games for studying coordination of viewpoints. Educational Review, 31, 122-140.

Hulse, S. H., Egeth, H., & Deese, J. (1980). The psychology of learning(5th ed.). McGraw-Hill Kogakusha, Ltd.

Karmiloff-Smith, A. (1979). Problem-solving procedures in children's construction and representations of closed railway circuits. Archives de Psychologie, XLVII, (180), 37-59.

Liben, L. S., & Belknap, B. (1981). Intellectual realism : Implications for investigations of perceptual perspective-taking in young children. Child Development, 52, 921-924.

London, P., & Rosenhan, D. (1968). Foundation of abnormal psychology. New York: Holt.

Maslow, Abraham H. (1968). Toward a Psychology of Being. Princeton, N. J.: Van Nostrand.

Maslow, Abraham H. (1970). Motivation and Personality. 2d ed. New York: Harper & Row.

Piaget, J. (1929). The Child's conception of the World, London: Kagan Paul, Trench, Trubner & CO. LTD.

Piaget, J. (1960). The child's conception of physical causality. Routledge and Kagan Paul.

Piaget, J., & Inhelder, B. (1956). The child's conception of space. London: Routledge & Kagan Paul.

Price-Williams, D. R., Gorden, W., & Ramirez, M. (1969). Skill and conservation : A study of pottery-making children. Developmental Psychology, 1, 769.

Reynolds, G. S. (1975). A Primer of operant conditioning. Scott, Foresman and Company, Glenview, Illinois.

Rogers, C. (1957). The necessary and sufficient conditions of therapeutic personality change. Journal of Consulting Psychology, 21, 95-103.

Rogers, C. R. (1980). A way of being. Boston: Houghton Mifflin Company.

Schatz, M., & Gelman, R. (1973). The development of communication skills : Thoresen, C. E. & Mahoney, M. (1974). Behavioral self-control Holt, Rinehart & Winston.

Willerman, L. Broman, S. H., & Fielder, M. F. (1970). Infant development, preschool IQ and social class. Child Development. 41. 69-77.

PART 2 | 인간 성장과 발달

加用文男 (1981). 幼児のケンカの心理学的分析. 現代と保育, 9, 176-189.

多田裕 (1979). 胎児の発達. メディサイエンス, 2, 16-29.

大日向雅美 (1988). 母性の研究. 川島書店.

東清和 (1979). 性差の社会心理. 大日本図書.

律守真 (1984). 自我のめばえ一2~3歳児を育てる. 岩波書店.

無藤清子 (1979). 「自我同一性地位面接」の検討と大学生の自我同一性. 教育心理学研究. 27, 178-187.

柏木恵子 (1972). 青年期における性役割の認知II. 教育心理学研究, 20, 48-59.

柏木恵子 (1988). 幼児期における「自己」の発達一行動の自己制御機能を中心に. 東京大学出版会.

山岸明子 (1985). 道徳性の発達と教育(上). 生活指導, No. 345, 74-83.

小嶋秀夫 (1988). 親となる心の準備. はた進・大日向雅美(編) 母性. 新曜社.

小林登・石井威望・高橋悦二郎ほか (1983). 周産期の母子間コミュニケーションにおけるエントレインメントとその母子相互作用としての意義. 周産期医学, 13, 1883- 1896.

小林さえ (1968). ギャングエイジ一秘密の社会をつくる年頃, 誠信書房.

牛田悦子 (1976). 保育園児におけるAssertive-aggressive behavior. 教育心理学研究, 24, 79-86.

伊藤裕子 (1978). 性役割の評価に関する研究. 教育心理学研究, 26, 1-11.

笠原嘉 (1977). 青年期. 中央公論社.

前川喜平・圧司順一 (1981). 行動の胎生学. 小児医学, 14, 986-1004.

佐方哲彦 (1985). 青年期の同一性拡散と成人期の同一性危機. アイデンティティの心理. 有斐閣. 69-94.

佐伯胖(編) (1982). 推論と理解(認知心理学講座 3). 東京大学出版会.

住田正樹 (1985). 子どもの仲間集団と地域社会. 九州大学出版会.

中里克治 (1984). 老年期における知能と加齢. 心理学評論. 27, 247-259.

中西信男 (1985). 社会的役割概念としての同一性. アイデンテイテイの心理. 有斐閣. 161-189.

川井尚ほか5人 (1983). 乳児一仲間関係の縦断的研究(1)－初期の発達的変化. 小児の精神と神 経, 23(1), 35-42.

村瀬孝雄 (1976). 青年期危機概念をめぐる実証的考察. 笠原嘉(編) 青年の精神病理 1. 弘文堂. 29-52.

夏山英一 (1985). 生命の誕生一受精から誕生まで, 小林登・宮沢康人・原ひろ子(編) 育つ(新しい子ども学1). 海嶋社, 85-129.

ウエクスラ-, D. (1958/1972). 茂木茂八・安富利光・福原真知子(訳) 成人の知能の測定と評価. 日本文化科学社.

ゲルマン, R. (1979/1981). 子安增夫(訳) 就学前児の思考. 子どもの知的発達(児童心理学3). 金子書房. 25-42.

コ-エン, L. B. (1979/1981). 高橋道子(訳) 乳児の知覚と認知に関する最近の知識. 子どもの知的 発達(児童心理学3). 金子書房. 7-24.

レビンソン, D. J. (1978/1980). 南博(訳) 人生の四季. 講談社.

Abramovitch, R., & Grusec, J. E. (1978). Peer imitation in a natural setting. Child Development, 49, 60-65.

Allen, V. L. (1976). The helping relationship and socialization of children : Some perspectives on tutoring. In V. L. Allen(Ed.), Children as teachers : Theory and research on tutoring. Academic Press. 9-26.

Asher, S. R. (1983). Social competence and peer status : Recent advances and future directions. Child Development, 54, 1427-1434.

Baltes, P. B. (1987). Theoretical propositions of life-span developmental psychology : On the dynamics between growth and decline. developmental psychology, 23, 611-626.

Baltes, P. B., Dittmann-Kohli, F., & Dixon, R. A. (1984). New perspective on the development of intelligence in adulthood : Toward a dualprocess conception and a model of selective optimization with compensation. In P. B. Baltes & O. G. Brim, Jr. (Eds.), Life-span developmental psychology, Vol. 6. Academic Press. 34-76.

Birren, J. E., Butler, R. N., Greenhouse, S. W., Sokoloff, L., & Yarrow, M. R. (1963). Human aging : A biological and behavioral study. U. S. Government Printing Office.

Cheng, P. W., Holyoak, K. J., Nisbett, R. E., & Oliver, L. M. (1986). Pragmatic versus syntactic approaches to training deductive reasoning. Cognitive Psychology, 18, 293-328.

Cote, J. E., & Levine, C. (1988). A critical examination of the ego identity status paradigm. Developmental Review, 8, 147-184.

Damon, W. (1983). The nature of social-cognitive change in the developing child. In W. Overton(Ed.), Relationship between social and cognitive development. Erlbaum. 103-141.

Dodge, K. A., Pettit, G. S., McCrasky, C. L., & Brown, M. M. (1986). Social competence in children. Monographs of the Society for Research in Child Psychology, 51(2), 1-85.

Dubowitz, L. M. S. et al. (1970). Clinical assessment of gestational age in the newborn infant, Journal of Pediatrics, 77, 1-10.

Erikson, E. H. (1959). Identity and the life cycle. Psychological Issues, No. 1, Monograph 1.

Fong, G. T., Krantz, D. H., & Nisbett, R. E. (1986). The effects of statistical training on thinking about everyday problems. Cognitive Psychology, 18, 253-292.

Gallup, G. G. Jr. (1977). Self-recognition in primates : A comparative approach to the bidirectional properties of consciousness. American Psychologist, 32, 329-337.

Ginsberg, D., Gottman, J., & Parker, J. (1986). The importance of friendship. In J. M. Gottman & J. G. Parker(Eds.), Conversations of friends : Speculations on affective development. Cambridge University Press. 3-48.

Gould, R. C. (1972). The phases of adult life : A study in developmental psychology.

Guardo, C. J., & Bohan, J. B. (1971). Development of sense of self-identity in children. Child Development, 42, 1909-1921.

Havighurst, R. J. (1972). Developmental tasks and education. David McKay.

Hill, R., & Aldous, J. (1969). Socialization for marriage and parenthood. In D. A. Goslin(Ed.), Handbook of socialization theory and research. Rand McNally. 885-950.

Hultsch, D. F., & Plemons, J. K. (1979). Life-span development behabior. Academic press.

Leader, L., Baillee, P., Martin, B., & Vermeulen, E. (1982). Fetal habituation in high risk pregnancies. British Journal of Obstetrics and Gynaecology, 89, 441-446.

Lerner, R. M. (1987). A life-span perspective for early adolescence. In R. M. Lerner & T. T. Foch(Eds.), Biological-psychological interactions in early adolescence. Erlbaum. 9-34.

Lubchenco, L. O. et al. (1963). Intrauterine growth as estimated from liveborn birth weight data at 24 to 42 weeks of gestation. Pediatrics, 32, 793-800.

Marcia J. E. (1966). Development and validation of ego-identity status. Journal of Personality and Social Psychology, 3, 551-558.

Marcia, J. E. (1966). Development and validation of ego-identity status. Journal of Personality and Social Psychology, 3, 531-538.

Montemayor, R., & Eisen, M. (1977). The development of self-conceptions from childhood to adolescense. Developmental Psychology, 13, 314-319.

Mortimer, J. T., & Borman, K. M. (1988). Work experience and psychological development through the life span. Westview Press.

Neugarten, B. L. (1968). The awareness of middle age. In B. L. Neugarten(Ed.), Middle age and aging. University of Chicago Press. 93-98.

Peck, R. E. (1975). Psychological developments in the second half of life. W. C.

Sze(Ed.), Human life cycle. Japan Aronson. 609-625.

Petersen, A. C. (1987). The nature of biological-psychosocial interaction : The sample case of early adolescence. In R. M. Lerner & T. T. Foch(Eds.) Biological-psychological interactions in early adolescence. Erlbaum. 35-62.

Piaget, J. (1962). Play, dream and imitation in children. Norton.

Puttallas, M. (1983). Predicting children's sociometric status from their behavior. Child children with day-care experiences of varying quality. Child Development, 59, 1286-1292.

Santrock, J. W. (1983). Life-span development. William C. Brown.

Siegler, R. S. (1976). Three aspect of cognitive development. Cognitive Psychology, 8, 481-520.

Siegler, R. S. (1986). Children's thinking. Prentice-Hall.

Smith, P. K. & Cowie, H. (1988). Understanding children's development. Basil Blackwell.

Watson, M. W., & Fischer, K. W. (1980). Development of social roles in elicited and spontaneous behavior during the preschool years. Developmental Psychology, 16, 483-494.

Wilkie, F., & Eisdorfer, C. (1974). Terminal change in intelligence. In E. Palmore (Ed.), Normal aging II . Duke University Press. 95-103.

PART 3 | 이상행동의 이해

滝本孝雄·鈴木乙史·清水弘司 (1985). 性格の心理 福村出版.

内海正編 (1973).『精神薄弱児のオペラント学習』日本文化科学社.

高橋雅春·北村依子 (1974).『精神薄弱幼児の集団訓練』青少年問題研究 23, 65-89.

高野清純 (1972). 遊戯療法の理論と技法 日本文化科学社.

東 正 (1975).『精神遅滞児の行動変容』明治図書.

北村依子 (1977).『過活動幼児(MBA幼児)の心理治療』嵯峨美術短期大学紀要 3, 86-100.

北村依子 (1980).『情緒障碍児の心理療法』嵯峨美術短期大学紀要 6, 72-87.

山中康裕他(編) (1981). 境界線の精神病理(現代のエスプリ No. 175) 至文堂.

西丸四方 (1972).『精神医学入門』南山堂.

小林重雄 (1980).『自閉症』岩崎学術出版社.

律守真・稲毛教子 (1961).『乳幼児精神発達診断法一0歳~3歳』大日本図書.

律守真・磯部景子 (1965).『乳幼児精神発達診断法一3歳~7歳』大日本図書.

平井信義 (1979).『自閉症の保育と教育』教育出版.

河野友信 (1980).『小児の心身症』医歯薬出版.

アスクライン, V. (1972). 小林治夫訳『遊戯療法』岩崎学術出版社.

エヴアラ-ド (1978). 井上鉄雄・久保鉱章監訳『自閉症児の教育的アプロ-チ』ルガ-ル社.

グリック, L. D. (鈴木浩二訳) (1983). 夫婦家族療法 誠信書房.

クリユツクシャンク, W. (1980). 伊藤康二・中野善達(訳)『学習障害児の心理と教育』誠信書房.

スピッツア-, R. L. 他(清水 信訳) (1982). DSMIII トレーニングガイド 星和書店.

ドロ-リエ, A., カ-ルソン, C. (1979). 高木俊一郎・佐藤文子訳『自閉症児の治療教育』家政教育社.

ロビンソン, N. (1980). 伊藤康二編訳『精神遅滞児の心理学』日本文化科学社.

Bandura, A. (1977). Social Learning Theory. Prentice-Hall.

Bellack, A., & Hersen, M. (1980). Introduction to clinical psychology. New York: Oxford Uni. Press.

Berry, K., & Cook, V. (1980). personality and behavior. In Rie, H., & Rie, E. (eds.) Handbook of minimal brain dysfunction. New York: Wiley.

Brown, G. (1974). 'Food additives and hyperactivity'. Journal of Learning Disabilities. 7 : 62-63.

Cantwell, D. (ed.) (1975). "The hyperactive child". New York: spectrum.

Clements, S. (1966). "Minimal brain dysfunction in children – Terminology and identification". NIN-DB, Monograph. No .3, Washington, D. C.: U. S. Public Health Service.

Clements, S., & Peters, J. (1962). 'Minimal brain dysfunction in the school age child'. Archives of General Psychiatry. 6 : 185-197.

Coffev, H., & Wiener, L. (1967). "Group Treatment of autistic children". New York: International Uni. Press.

Conners, K. (1970). 'Symptom patterns in hyperkinetic, neurotic, and normal children'. Child Development. 41 : 667-682.

Crook, W. (1974). 'An alternative method of managing the hyperactive child'. Pediatrics. 54 : 656.

Cummings, T., & Finger, C. (1980). 'Emotional disorders'. In Rie, H., & Rie, E. (eds.) "Handbook of minimal brain dysfunctions". New York: Wiely.

Erickson, M. (1978). "Child psychopathology". New Jersey: Prentice-Hall.

Eysenck, H. J. (1960). The structure of human personality(2nd. Ed.). Methuen & Co. Ltd. (London).

London, P., & Rosenhan, D. (1968). Foundation of abnormal psychology. New York: Holt.

Millichap, G. (1975). The hyperactive child with minimal brain dysfunction. Chicago: Year Book.

Moreno, J. L. (1964). Psychodorama, vol. 1, Beacon House.

Morrison, J., & Stewart, M. (1971). 'A family study of the hyperactive child syndrome'. Biological Psychiatry. 3 : 189-195.

Poss, D., & Ross, S. (1976). "Hyperactivity : Research, theory, and action". New York: Wiley.

Reisman, J. (1973). "Principles of psychotherapy with children". New York: Wiley.

Rimland, B. (1964). "Infantile autism". New Jersey: Prentice-Hall.

Satterfield, J., Cantwell, D., & Satterfield, B. (1974). 'Pathophysiology of the hyperactive child syndrome'. Archives of General Psychiatry. 31 : 839-844.

Schain, R. (1972). "Neurology of childhood learning disorders". Baltimore: Williams.

Simmons, J. et al. (1966). 'Modification of autistic behavior with LSD-25'. American Journal of Psychiatry. 122 : 1201-1211.

Skinner, B. F. (1953). Science and human behavior. New York: Macmillan.

Solomon, G. (1978). 'Minimal brain dysfunction'. In Wolman, B. et al. (eds.) "Handbook of treatment of mental disorders in childhood and adolescence". New Jersey: Prentice-Hall.

Stewart, M., & Olds, S. (1973). "Raising a hyperactive child". New York: Harper.

Wahler, R. G., Winkel, G. H., Peterson, R. F., & Morris, D. C. (1965). Mother as behavior therapists for their own children. Behavior research and therapy, 4, 79-84.

Ward, A. (1970). 'Early infantile autism : Diagnosis, etiology, and treatment'. Psychological Bulletin. 73 : 350-362.

Wender, P. (1971). "Minimal brain dysfunction in children". New York: Wiley.

Willerman, L. (1973). 'Activity level and hyperactivity in twins'. Child Development. 44 : 288-293.

Wing, L. (1972). "Autistic children". New York: Brunner.

PART 4 | 체계이론과 사회체계

고수현(2002). 사회복지개론. 대학출판사.

곽형식 외(2000). 인간행동과 사회환경. 형설출판사.

권중돈 · 김동배(2005). 인간행동과 사회환경. 학지사.

김경희(2001). 발달심리학. 학문사.

김동배 · 권중돈(2005). 인간행동이론과 사회복지실천. 학지사.

김만두 편역(1993). 사례관리실천론. 홍익제.

김수현·김익균(2003). 지역사회복지론. 대학출판사.

김안제(1994). 지방자치의 발전전략. 박문각.

김융일 외(1995). 사회사업실천론. 나남출판.

김익균·고순철(1997). 한국지역사회복지론. 대학출판사.

김익균(2003). 가족복지론. 교문사.

박차상(2001). 사회복지행정론. 대학출판사.

신섭중 외 역(1995). 현대복지학총람. 대학출판사.

양옥경 외(2000). 사회복지실천론. 나남출판사.

양정남 외(2003). 사회복지실천론. 양서원.

엄명용 외(2000). 사회복지실천의 이해. 학지사.

이근홍(2003). 인간행동과 사회환경. 대학출판사.

이영·조연순(1988). 영·유아발달. 양서원.

이영분 외(2002). 사회복지실천론. 동인.

이옥형(1997). 아동발달. 집문당.

이인정·최해경(2001). 인간행동과 사회환경. 나남출판.

장인협(1996). 사회복지학개론. 서울대학교출판부.

장인협(1997). 사회사업실천방법론(하). 서울대학교 출판부.

정옥분(2000). 성인발달의 이해 - 성인·노인심리학 -. 학지사.

정옥분(2003). 아동발달의 이론. 학지사.

조복희·정옥분·유가효(1997). 인간발달. 교문사.

조휘일, 이윤로 공저(1999). 사회복지실천론. 학지사.

조흥식 외(2000). 사회복지실천분야론. 학지사.

주수길·김지연(2003). 아동복지강론. 양서원.

최경석 외(2001). 한국 가족복지의 이해. 인간과 복지.

최경숙(2001). 발달심리학 - 아동·청소년기 -. 교문사.

최순남(2002). 인간행동과 사회환경. 법문사.

최옥채 외(2003). 인간행동과 사회환경. 양서원.

최재석(1978). 한국농촌사회연구. 일지사.

최재원 외(1991). 지역사회복지론. 백산출판사.

한상복 · 이문웅 · 김광억(1997). 문화인류학개론. 서울대학교 출판부.

허혜경 · 김혜수(2002). 청년발달심리학. 학지사.

현대아산재단(1997). 아동복지총람. 현대아산.

Anderson, R. E. & Carter, I. (1984). *Human Behavior in the Social Environment : A Social Systems Approach*, 3th ed., New York: Aldine de Gruyter. 장인협 외 역(1986). 『인간행동과 사회환경』-사회체계접근법을 중심으로-. 집문당.

Bronfenbrener, U. (1979). *The Ecology of Human Development*, Cambridge, MA: Harvard University Press.

Compton, B. R. & Galaway, B. (1984). *Social Work Processes*, 3rd ed., Homewood, IL: The Dorsey Press.

Germain, C. B. (1978). "Space an Ecologisal Variable In Social Work Practice", *Social Casework*, 59(9).

Germain, C. B. (ed) (1979). *Social Work Practice : People and Environments*, NY: Columbia University Press.

Moxley, David P. (1989). *The Practice of Case Management*, Newbury Park, CA: Sage Publications.

Norlin, J. M. & Chess, W. A. (1997). *Human Behavior and the Social Environment : Social Systems Theory,* Boston: Allyn and Bacon.

Parsons, T. (1960). *Structure and Process in Modern Societies*, Glencoe, Ill: The Free Press.

Pincus, A. & Minahan, A. (1973). *Social Work Practice : Model and Method*, Itasca, IL: F. E. Peacock Publishers, Inc.

Ramon, S. (Ed.) (1991). *Beyond Community Care : Normalization and Integration Work*, Houndmills: MacMillan Press Ltd.

Schriver, J. M. (1995). *Human Behavior and the Social Environment : Shifting Paradigms in Essential Knowledge for Social Work Practice*, Boston: Allyn and Bacon.

Siporin, M. (1980). "Ecological System Theory in Social Work", *Journal of Sociology and Social Welfare*, 7.

Tylor, E. B. (1958). *The Origin of Culture*, New York: Harper & Row.

Warren, R. L. (1978). *The Community in America, Chicago*, ILL: Rand McNally & Company.

White, R. W. (1959). "Motivation Reconsidered : The Concept of Competence", *Psychological Review*, 66.

Zanden, J. W. V. (1997). *Human Development*, 6th ed., New York: McGraw-Hill Co., Inc.

Zastrow, C. & Kirst-Ashman, K. K.(1997). *Understanding Human Behavior and the Social Environment*, 4th ed., Chicago, IL: Nelson-Hall Publishers.

Zenter, H. (1964). "The State and the Commity", *Sociology and Social Research*, 48.

________ (1993). "The Ecology of Cognitive Development : Research Models and Fugitive Findings", in Wozinak, R. H. & Fischer, K. (Eds.), *Scientific Environments*, Hillsdale, NJ: Erlbaum.

Index

_Profile

| 현정환 |

경남 밀양 출생. 동경 가쿠게이 대학에서 임상심리학 전공. 히로시마 대학에서 유아심리학 전공(심리학 박사). 현 서울신학대학교 보육학과 교수
jhhyun@stu.ac.kr

저서 | 아동의 발달을 아는 심리학(1993, 北大路書房) / 영유아 심리학(1998, 문음사) / 상담이론 그리고 연습(2002, 창지사) / 아이들의 자유(2003, 창지사) / 아동 문제행동의 이해와 지도(2003, 창지사) / 『The Role of the father in child development』 Lamb, M. E. (Ed.). (2003). New York: Wiley / 아동발달의 이해(창지사, 2005)

| 김익균 |

부산대학교 사회복지학과 졸업. 부산대학교 대학원 졸업(행정학 석사, 행정학 박사). 일본사회사업대학 사회복지연구소 객원연구원. Southern Oregon University 교육학과 교환교수. 협성대학교 아동보육학과 교수. 한국보육학회장 역임. 과천시보육위원회 위원장. 경기도보육정책포럼 대표. 한국보육정책학회 부회장. 한국유아교육보육행정학회 부회장

저서 | 보육학개론(공저) / 사회복지법제(공저) / 아동복지론(공저) / 보육행정론 / 노인복지론(공저) / 지역사회보육(공저) / 자원봉사론(공저) / 사회문제론(공저) / 지역사회복지론(공저) / 가족복지론 / 장애인복지론(공저) / 보육시설운영관리(공저) / 아동발달(공저) / 보육정책론(공저)

인간행동과 사회환경

초 판 1쇄 발행 2006년 7월 21일
초 판 5쇄 발행 2024년 3월 15일

지 은 이 | 현정환 · 김익균
펴 낸 이 | 김기섭
편 집 인 | 조영숙 · 이윤희
펴 낸 곳 | 창지사 www.changjisa.com
08589 서울시 금천구 가산디지털 1로 83 파트너스타워 1차 9층
전화 (02)719-2211~3
팩스 (02)701-9386
등 록 | 1977년 4월 28일 · 제1-421호

ISBN 978-89-426-2139-2 (93330)

값 16,000원